武汉纺织大学学术著作出版基金资助出版

武汉纺织大学人文社科文库（第四辑）

国家保障：民国时期公职人员抚恤问题研究

■ 姜迎春 著

中国社会科学出版社

图书在版编目(CIP)数据

国家保障：民国时期公职人员抚恤问题研究／姜迎春著．—北京：中国社会科学出版社，2017.6
(武汉纺织大学人文社科文库)
ISBN 978 - 7 - 5161 - 9257 - 3

Ⅰ.①国… Ⅱ.①姜… Ⅲ.①公务员—优抚安置—研究—中国—民国
Ⅳ.①D693.66

中国版本图书馆 CIP 数据核字(2016)第 266508 号

出版人 赵剑英
责任编辑 田 文 徐沐熙
责任校对 韩天炜
责任印制 王 超

出 版 中国社会科学出版社
社 址 北京鼓楼西大街甲 158 号
邮 编 100720
网 址 http://www.csspw.cn
发行部 010 - 84083685
门市部 010 - 84029450
经 销 新华书店及其他书店

印 刷 北京君升印刷有限公司
装 订 廊坊市广阳区广增装订厂
版 次 2017 年 6 月第 1 版
印 次 2017 年 6 月第 1 次印刷

开 本 710×1000 1/16
印 张 16.5
插 页 2
字 数 225 千字
定 价 69.00 元

凡购买中国社会科学出版社图书，如有质量问题请与本社营销中心联系调换
电话：010 - 84083683
版权所有 侵权必究

目　　录

绪　论

一　选题缘由

翻开近代中国100多年的历史，你会被我们这个民族所承受的灾难所震撼。内战、灾荒、外敌入侵……层出不穷。也许一个古老民族注定要在经历这种血与火的洗礼后，才能涅槃重生。中华民族就是在这种苦难中，学习、变革、再学习、再变革……在战争中艰难地向工业社会过渡。南京国民政府22年是这段历史的一个缩影，它身处转型的旋涡中。面对众多的政治竞争对手，需要整合国内各种势力，建立现代国家体系；面对强邻的步步紧逼，需要积蓄内力，抵抗强大的外敌入侵，这个政府从成立开始，没有一天没有灾难，没有一天没有死亡。仅就战争而言，据不完全统计，从1926年北伐战争算起到1949年新中国成立，国民党军队伤亡人数在550万左右[①]，平民伤

① ［美］何炳棣：《明初以降人口及其相关问题1368—1953年》，葛剑雄译，生活·读书·新知三联书店2000年版，第296—297页。按：1927—1937年估计国民党军队伤亡60万人左右，包括北伐的12万人，中原大战的15万人（双方总伤亡30万人，按1:1计算），剿共伤亡30万人等；抗日战争伤亡321万人；第二次国内革命战争伤亡171万人；总共552万人左右。

亡仅抗日战争时期就达1200万到1500万人。今天，当我们考察这段历史的时候，不禁会产生疑问，那些战场上、城市里数以万计的罹难者，他们残缺的身体和他们无助的遗族是怎样度过那段艰难的岁月的呢？我们的国家和社会曾经为他们做过什么呢？

民国抚恤制度的建立与发展是以传统抚恤为基础，借鉴近代西方社会保障制度，使之逐步法制化、制度化、科学化、大众化的过程。从以家庭保障为主的制度向以国家社会保障为主的新模式转换。西方社会保障是建立在工业化程度高、经济发达、社会组织健全的基础之上的，而国民政府却处于工业化初期，战事频仍、国困民穷、社会力量孱弱，如何保障那些浴血沙场的军人遗族的生存权利呢？如何保障国家行政机构中作为“食利”阶层的公教人员中的罹难者及维持遗族的基本生存呢？这些成为一个政权必须面对的问题，没有哪一个政府是甘愿灭亡的。

1927年到1949年这22年历史大致可以分为三个时期：1927—1937年，是相对和平时期，这一时期国民政府在政治、经济、社会相对稳定的过程中学习西方的社会保障经验，推进军人、公教人员、劳工的抚恤工作，其制度由此发端。1937—1945年爆发了抗日战争，国民政府虽然面临的经济、军事形势严峻，需要抚恤的人群庞大，但是国民政府因为领导这场民族战争，获得民众支持，其政权的地位却是极其牢固的。1945—1949年是内战时期，国民政府逐渐丧失民心，政权衰微，其抚恤制度在各种压力下，虽极力挣扎最终仍难以支撑。这三个时期的抚恤制度为我们观察极端条件下的社会保障制度的运行规律提供了宝贵的契机。国民政府在这三种极端的历史条件下灵活变通抚恤制度，调动各种社会资源，落实抚恤措施，取得了抗战的胜利，其间的经验值得总结；而1945年以后，国民政府生存环境大为改善，却在内战的旋涡中不能自拔，它虽然极力通过改善抚恤制度来提振军队士气、安抚公教人员的人心，但是却事与愿违，其间的教训令人深思。

现实中，现在国家的政治经济状况已超过民国千里，全面小康社会建成在即，但是我们仍然在财力有限的情况下推行着不完善的社会保障制度（相对于西方发达国家），我们以金钱为载体的单一社会保障手段是值得反思的。民国时期的抚恤是和政权紧密相连的，抚恤成为政府宣扬功德、控制民众、体现合法性的手段，同时政权的巩固与衰微，也影响着受恤人的利益。那么抚恤和政权的关系在民国时期的展现是否在暗示今天的我们，一个可靠的保障体系应该怎样做才能够独立于政权兴衰、经济起伏的影响之外？一个什么样的制度设计才能使芸芸众生无论在怎样跌宕起伏的政治经济环境下都能获得基本的生存保障呢？意大利历史学家克罗齐曾说过："为了将来，现在对过去进行反思。"研究特殊环境下国民政府的抚恤政策与制度，分析其得失，可以完善我们今天的社会保障制度，而且能够勾画出一个未来的轮廓。

在学术上，多年的抚恤制度研究，侧重于从条文来解读和评价抚恤制度的优劣。这就使我们容易陷入一个误区，认为民国抚恤制度较西方毫不逊色，甚至更先进。诚如王奇生所言：国民党政权是一个由上下两个极不一致的机体组成的"夹层面包"。带有现代色彩的上层文官整天忙于制定各种法令、计划和决议，不管下层有无承接能力，其结果是"层层推转，步步变质"①。民国那些立法者仿照西方制定的严谨的法律条文是否代表了抚恤的真实水平？精妙的法律条文经过那些浑浑噩噩的基层官员、目不识丁的乡镇保甲长的执行，受恤人的真实所得与制度设计者的初衷相去多远？另外，军人、公务员等公职人员的实际抚恤效果孰优孰劣，以及不同时期抚恤金的保障水平是否应该有一个客观的标准才能加以比较呢？这些都是本书试图解决的问题，希望通过该问题的研究能够对民国抚恤制度，乃至整个社会保障史的研究有所裨益。

① 王奇生：《革命与反革命：社会文化视野下的民国政治》，社会科学文献出版社2010年版，第391页。

二 研究对象的界定

（一）“抚恤”的概念

据《说文解字》的解释，“抚”意思是“安也。从手无声。一曰循也。”①“恤”通“卹”，意思是“忧也。收也。从心血声。”② 综合起来就是用手使其心安，不忧的意思。汉语词典对它的解释是“对因战或因公致伤、致残和牺牲以及病故人员的家属给予物质上的帮助和精神上的安抚”。它包含四方面的意思“一是抚慰救助；二是体恤爱护；三是慰问伤残人员或死者家属并给以物质帮助；四是指抚恤金。”抚恤在英文中有两个词可以用来表达它的含义：“pension”“assistance”，前者指抚恤金，后者指抚恤过程，含有帮助、援助的意思。

抚恤制度的缘起可以追溯到中国商周时代，但是不同立场的学者对 1949 年以前各个时期的抚恤赋予不同的含义，对它的解释也大相径庭。

孟昭华从阶级斗争的角度出发，在其专著《中国民政史稿》中的界定是“抚就是抚恤，即抚慰和恤赈，抚慰主要是精神上的抚慰和政治荣誉，恤赈乃是给与钱款或物质照顾”③。并认为封建社会的抚恤只不过是统治阶级的“恩赏”，“更谈不上什么优抚制度规定……”他认为真正意义上的抚恤“是根据中国革命的特点，随着人民军队的诞生而产生……”这种界定在 20 世纪 90 年代以前，被大多数学者认同。20 世纪 90 年代以后，随着研究的深入，这一解释被用于实际问题的研究中，出现很多歧义，一方面抚慰、救助、体恤、爱护、安抚这些词含义过于宽泛，难以准确诠释抚恤这一行为的具体内容，而且

① （汉）许慎撰，（清）段玉裁注：《说文解字注》，上海古籍出版社 1981 年版，第 601 页。

② 同上书，第 214 页。

③ 孟昭华：《中国民政史稿》，黑龙江人民出版社 1986 年版，第 130 页。

不能界定是不是所有的这些行为都叫抚恤；另一方面，物质的帮助和精神的安抚这些行为的次数和力度都缺乏界定，一次给予叫不叫抚恤？很难将它与救助、优待等行为区别开来。另外，如果把抚恤放到近代社会的语境中来考察，则出现了政府抚恤、企业抚恤、民间抚恤等多种形式，似乎不能以封建社会的抚恤概念来界定。对此不少学者出于自己研究的需要，对这个概念的内涵进行了丰富。

从国家合法性的角度，李翔为了研究抗战时期国民政府军人抚恤制度，对抚恤概念做了补充，认为抚恤伤残是国家合法性的体现，是国家应尽的义务，指出抗日战争时期军人抚恤的实施主体应该是国民政府，它运用政治权力以及组织管理能力，调动各种资源，对在抗战中伤亡的军人及其家属进行的安抚慰问和恤护。抚恤制度成为既涵盖抚恤的条文法规或行动准则，也包括在此基础上所形成的请恤、领恤、发恤等一整套制度体系及保证该制度有效运行的各项配套措施。它属军事后勤的一部分，同时它的请恤、发恤、核恤属于地方民政业务，应该纳入民政的范畴。①

无独有偶，中国台湾学者傅肃良为说明公务员的抚恤，对抚恤的概念做了以下说明："一、抚恤是政府对亡故公务人员之遗族给予抚恤金。二、给予抚恤金是酬庸亡故公务人员之生前服务于功绩。三、抚恤之目的在安抚遗孤之生计。"② 这个说明明确指出公务员抚恤的责任主体是政府，目的是为了酬劳死者生前的功绩，保障遗族的生存。

经过几位学者的补充和深化，抚恤的涵盖丰富许多，综合各个方面，抚恤在近代的语境中应该包含以下几方面的含义。

1. 就责任主体而言，抚恤作为一项维护国家安全和社会稳定的保障措施，涉及社会弱势群体利益的社会事业，客观上需要集中领导

① 参见李翔《抗战时期国民政府强化军人抚恤制度原因之分析》，《军事历史》2008年第1期。

② 傅肃良：《考铨制度》，（台湾）三民书局1980年版，第499—500页。

和统一管理。同时能否在全社会范围内实现最广泛的公平和正义也是政府的合法性所在，因此，国家在抚恤的组织和运营中的核心地位是不可取代的。社会团体和企业则承担部分责任。

2. 就抚恤范围而言，抚恤首先针对的是在战争中牺牲或受伤的有功将士。到了近代，除所有军人和公务员外，还应该包括工厂中因公伤亡的工人。

综上所述，在民国时期，抚恤应该指以政府为主体，以法律作为保障，社会共同参与的，针对特殊人群的国民生活保障系统的一部分，含救助、奖励、补偿的内容，并且有一套能够保证该制度运行的机制，其目的是保证伤者或遗族的基本生活。

根据抚恤方式的不同分为物质抚恤、精神抚恤、服务抚恤等。物质抚恤主要指恤金抚恤，受恤人拿到恤金后到社会上去购买产品和服务。恤金的种类主要分一次恤金和年恤金两种，一次恤金是在受难者遇难之后，一次性发给受恤人的恤金，主要用于解决罹难之后短期的丧葬、生活问题，具有救急性质。而年恤金则是按年发放，解决受恤人的长期生活，一般是到受恤人去世（如果是后代则到成人）。国际上不同国家对年恤金的年限规定不同，美国没有限制，其他国家分别有 16 年、20 年、25 年的区别，国民政府的年恤金年限有 16 年、25 年的变化，主要是考虑受恤人的后代（婴幼儿），大约最多需要 16 年就能够具有劳动能力。这种恤金具有近代意义上的保障性质，能够保证受恤人长期的生活。我们考察抚恤的效果多以此类恤金的购买力来计算。

精神抚恤主要是指对罹难者进行褒扬、授勋、赐号、树碑、建（入）祠、立传、荫子等宣扬其功德，肯定其价值，使受恤人能够在精神上得到慰藉，在中国传统社会，这种方式非常普遍。而服务抚恤则是在社会物质短缺，保障难求的情况下，直接向受恤人提供医疗、就业等服务，使其能够生存与发展，此种服务主要以弥补社会供给的不足为主。

（二）研究对象的界定

在当今社会，随着社会保险的推行，抚恤由纯粹国家责任让位于社会供给，逐渐被社会保险所代替，抚恤这个词也就越来越淡出人们的生活。但是在民国的历史环境当中，社会功能残缺，社会力量孱弱，再加之战事频仍，伤残军人和阵亡者数目庞大，劳资冲突激烈，抚恤成为那个时代备受关注的主题。国家责任成为抚恤的主要依靠 。根据受恤人群的特点，笔者将国民政府1927—1949年这一时期的主要抚恤对象分为三类：军人、公教人员（由于教师和公务员抚恤待遇、请恤等大致相同，所以将其归为一类，以便研究）、劳工。军人主要指国民党领导的陆、海、空军等；公务员指经国民政府考试院甄别的简任、荐任、委任的官员，教师则是指公立学校的专任教师和职员，私立学校的教师和职员不在考察范围之内；而劳工的含义较为宽广，学术界众说纷纭，本书中的劳工主要指国民政府控制的公营部门和企业，适用《工厂法》的工厂的工人，包括国有银行职员、政府非正式雇员、铁路职工、邮电职工、国营企业职工等。以上人员以国统区为范围，共产党及其他自治政府所推行的抚恤制度不在考察之列。

之所以选择这三个群体，是因为它们的典型性和可研究性，军人在当时是政权的支柱，是国民政府抚恤制度的最大受众群体，其人数之多、分布之广、抚恤难度之大且与政权命运联系之紧，足以令国民政府必须全力以赴，其经费由国家财政提供，占国民政府抚恤经费的大部分，它的制度的设计和执行应该代表当时抚恤的最高水平。公教人员多属知识分子，属于国民政府权力意志的执行者，其抚恤同样是由国家提供经费支持的，从它的待遇的优劣可以看出国民政府对精英阶层命运的重视程度。而劳工问题是近代中国工业化进程中的新问题，是当时社会矛盾的焦点之一，劳工抚恤问题的解决实际体现了国民政府的执政能力与管理水平。这个群体的抚恤由国家出台法规、制度，由工厂来执行，其抚恤经费的来源由企业和劳工个人承担。劳工抚恤的优劣能够体现国民政府对底层民众抚恤的关注程度，以及处理劳资冲突的倾向和智慧。

所谓公职人员是指由国家作为抚恤责任的主要承担者来保障的这一部分受恤人。主要是指军人和包括警察、外交官、教师在内的公教人员。本书作为民国三大群体的研究系列之一，重点研究政府主责的社会保障体制的优势和弊端。而劳工抚恤则作为政府主导，社会互济社会保障模式的探讨，留待日后研究。

三 学术前史

关于南京国民政府时期的抚恤制度研究，按时间来划分，可分为1949年以前的研究和1949以后的研究。

（一）1949年以前的研究

1. 军人抚恤。关于军人抚恤的研究散见于各类军事保障研究、时人的回忆录和言论集当中，以抗日战争时期的论著最为丰富。据笔者检索，抗战前的抚恤研究主要针对北伐到局部抗战期间的抚恤金匮乏、抚恤不周的问题进行探讨。文直公认为北伐军之所以抚恤不周主要是因为手续不完备和军费不足（《国民革命北伐成功史》，新光书店1929年版）；而蒋介石则从当事人的角度对抚恤不周的问题提出了抚恤费单列，实行专款专用和改革抚恤机构的解决主张（秦孝仪主编：《先总统蒋公思想言论总集》，中国国民党中央委员会党史委员会1984年版）。

抗日战争时期，因为当时战争伤亡严重，待恤的军民数量众多，一些从事抚恤业务的官员立足基层，对抚恤制度的设计、运行提出自己的观点。

如荣誉军人管理处处长魏益三针对伤兵流入社会，仅靠恤金难以解决物质贫乏、就业艰难及遗属生活教育无着等问题，在《荣誉军人之管理》（《陆军经理杂志》第4卷第3期）一文中，提出了“管、教、养、安置”的伤残军人抚恤方针，认为在当时条件下需设立专门机构——教养院。对伤残军人集中管理、教育、抚养、安置，既能够利用伤残军人及家属的残存劳动力解决生存与发展的问题，又能够稳定社会秩序，同时能够创造一定的社会财富，可收一举三得之利。这种观点一直成为国民政府抚恤伤残军人的主要方针。程树阴的《残废官兵的救济问题》（《陆军经理杂志》第3卷第5期）则明确提出政府对军人进行保障的义务，对以前的恩赏型抚恤观念做了纠正。方秋苇的《陆军抚恤行政机构》（《陆军经理杂志》第4卷第1期）则对国民政府抚恤行政机构的多头、多层级管理提出质疑，指出由各地申请，铨叙部审核，财政部发放的恤金管理制度在战争条件下过于繁琐，提出应该辅以属地管理原则，赋予地方政府灵活处置的权力，才能保证抚恤工作的高效运作。还有一些文章是针对具体问题的个案研究。如王敬敏的《荣誉军人违纪和犯罪的处置》，何陛三的《荣誉军人垦荒问题》等，它们都从某一方面来完善当时的抚恤制度，具有浓厚的实用色彩。

1945年以后，许多学者对民国以降的抚恤进行了总结，联勤总署抚恤处处长吴仲行在其《进步性的军人抚恤》（《联勤月刊》，联合勤务干部训练班联勤月刊社编1948年第10期）一文中，对比古今中外，认为传统恩赏型抚恤和民国抚恤的最大区别在于后者抚恤标准以保障受恤人基本生活为目的，与西方军人抚恤相比，物质抚恤相形见绌，但其精神抚恤的特点明显。许高阳在其专著《国防年鉴》（香港中美图书公司1969年版）中对1926—1946年的抚恤人数、官阶、金额以及抚恤机构的沿革等各类数据进行了统计与归纳，这些数据在当时条件下已经极尽翔实，虽然有所缺漏，但无疑是最权威的官方资料，为后来者的研究提供了基础。

综合来看，时人对军人抚恤的研究表现出如下特点：一是突出了军人抚恤属于国家义务的主张，并且认为国家不光应当提供救助性帮助，还应当承担保障性责任。二是从实践层面出发，为在当时的社会经济条件下如何提高抚恤效率提出了一些可行性的主张。

2. 公教人员抚恤的研究。这类人群的抚恤研究在当时相对薄弱，但是仍然有一些成果散见于各类资料和回忆录中。主要可以归为两类：一类是资料整理。如《铨叙年鉴》（铨叙部秘书处第三科 1932 年版），《铨叙年鉴》（续编）（铨叙部秘书处第三科 1936 年版）中设有专门章节对公务员抚恤的制度沿革、法规演进、抚恤人数的统计作了整理。另外考试院编写的《考试院公报》、铨叙部庶务科编写的《铨政公报》定期对公务员的抚恤案例进行归类、汇总。《教育公报》、各省的教育杂志对教师的抚恤事宜均有记录、评论。这些都为后人的研究提供了条件。

另一类是一些当事人的文存、日记、回忆录中所表达的观点。如考试院院长戴季陶的《戴季陶先生文存》（第一册）（台北中央文物供应社 1959 年版）及《戴季陶讲演集》（新生书局 1928 年版）指出，各种抚恤法规特别是 1943 年《公务员抚恤法》出台的背景和初衷，体现出抚恤应当与公务员考绩、级别相联系的抚恤思想，在抗战后期又提出了公务员保险替代公务员抚恤的设想，表现出一个政治家的谋略和眼光。而《王子壮日记》和《迟庄回忆录》则通过两位当事人描述他们在考试院多年的经历，从另一个侧面反映出当时这个国家抚恤主管机关的运行状况，以及各项条例法规的策划、审核、出台背景和它们的运行实态。

（二）1949 年以后的研究

如果说 1949 年前的研究是基于现实需要主要着重于实践层面，那么 1949 年以后特别是 20 世纪 80 年代以后一些国内学者和中国台湾学者的研究则侧重于历史角度和价值角度。随着研究阶段的不同，呈现出具体观点不同。

起初，一些研究者沿袭以往的阶级分析的模式，认为："国民党反动政府虽然在优抚方面有些明文规定，但由于反动政权的本性……不过极尽一些欺骗之能事罢了。"《中国民政史稿》（孟昭华、王明寰著，黑龙江人民出版社 1986 年版），同时刘国林在《中国历代优抚》（黑龙江科学技术出版社 1988 年版）的第 10 章专门论述了中华民国抚恤制度，认为国民政府为加强其反动统治，在沿袭封建军队优抚制度的基础之上，吸收了某些资产阶级军队优抚方面的积极因素，革除了封建军队荫袭等弊端，形成了一套具有半殖民地半封建色彩的军人优抚制度。文章虽然肯定了它在技术角度上的进步性，但定性仍然没有摆脱意识形态的约束。

进入 20 世纪 90 年代后期，一些学者开始关注社会底层。对抚恤制度与社会、家庭、军事、政治、经济的关系予以关注。敖文蔚的专著《中国近现代社会与民政》（武汉大学出版社 1992 年版）集中把清末民国时期包含抚恤在内的各项民政措施和制度放到了清末民国这 100 年的社会历史条件下来考察，在书中，作者对民国抚恤制度的沿袭和变异过程中的社会效应及缺失做了整体性分析，它的价值在于摆脱了以前研究抚恤制度时孤立地对制度本身的条文进行审视的片面做法，和当时的政治、经济、社会紧密结合起来进行考察。在文中第 2 编第 5 章，作者对十年内战的抚恤和抗日战争的抚恤分别讨论，认为十年内战中抚恤的性质虽然仍是反共、反人民的，但是其抚恤的范围已经从军人扩展到了文官、警察、铁路邮政职工等，含有普遍抚恤的近代化因素，而且认为这时抚恤的内容包括物质抚恤和精神抚恤两部分，是一大进步，对抗日战争时期国民政府的抚恤予以一定的肯定，认为国民政府的抚恤是抗战御敌的一部分，它不仅在制度上更加完善，而且在执行过程中也付出很大努力，为民族战争的胜利做出了贡献。

敖文蔚还在其专著《中国社会通史・民国卷》（山西人民出版社 1998 年版）中，从概念上把抚恤归类于社会保障。认为其民国抚恤的研究对象应拓宽至公务员、党员、教职员、守土卫国的民众等，使抚恤制度研究的视野由军人这一特殊群体扩展到底层大众，虽着墨不多，但研究思路令人耳目一新。

进入20世纪90年代以后，民国抚恤研究出现了从宏观向微观领域深入的趋势，研究成果主要有以下几类。

1. 以解析条文法规为主。如岳宗福《近代中国社会保障立法研究（1912—1949）》（齐鲁书社2006年版）从立法的角度，突出抚恤制度的法律价值；肖如平的《国民政府考试院研究》（社会科学文献出版社2008年版）第5章主要从考试院对公务员抚恤所做的制度、机构的准备入手，解析法规的实用性；姬丽萍的《中国现代公务员考铨制度的初创：1928—1948》从法规的颁布与实施两个层次入手，并结合相关的统计数字，对南京国民政府时期公务员的抚恤制度做了梳理；岳谦厚的《民国外交官人事机制研究》从外交官的任职与考核、薪俸与待遇等多方面阐述了民国外交官的人事管理，对外交官的恤金也有所涉及；朱金瑞、王少卿的《民国时期公务员制度述论》，胡翔的《民国时期公务员制度》以及姚琦的《论国民政府时期的公务员制度》均对国民政府时期的公务员抚恤制度有所涉及，但主要限于法规制度层面，对法规实施和制度运行则缺乏分析。

中国台湾“考试院”考铨丛书指导委员会主编的《中华民国公务人员退休抚恤制度》《中华民国铨叙制度》以及台湾学者傅肃良的《考铨制度》系统介绍了台湾现行公务人员的退休抚恤制度，对1949年国民党败逃台湾之前民国时期的公务员的抚恤制度也有所追溯，且该书的内容“均系依据现行法规规定之内容，综合分析；复就执行实际绩效，予以统计分析”，为人们进一步研究民国时期公务员的抚恤实际情形提供可能，该书的不足之处在于叙述“力求避免评论”，对公务员抚恤制度的实际运作没有作具体阐述和案例分析。

劳工抚恤法规的研究则包含于民国其他社会保障的研究之中，赵洪顺的《国民党政府劳工政策研究（1927—1949）》（山东师范大学2007年硕士学位论文），衡芳珍的《1927—1936年南京国民政府劳工立法研究》（河南大学2005年硕士学位论文）就是以分析劳工政策法条来考察包括抚恤制度在内的劳工保障制度的。

2. 重在分析抚恤制度的实施效果。中国台湾学者张瑞德于1993年6月出版的《抗战时期的国军人事》（中央研究院近代史研究所）在该书第2章第5节运用台湾地区的资料对国民党军队抗战时期的抚恤机构的沿革、抚恤伤亡官兵的数量和应受恤官兵比例及比例低的原因，以及中央和地方为提高抚恤效率所作的努力做了微观的考察，展现了国民政府在抗战期间所做的抚恤方面的努力，以及运行中暴露的各种问题。而李翔的《抗战时期国民政府陆军抚恤机构初探》（《抗日战争研究》2008年第1期）、《抗战时期国民政府强化军人抚恤制度原因之分析》（《军事历史》2008年第1期），兰雪花的《抗战时期国民政府的军人优抚安置制度述评》（《长春师范学院学报》第28卷第1期）则从抚恤机构、政治缘由、安置等方面对抗战期间国民政府的抚恤措施进行了新的解析和评价。任同芹的《国民政府时期公务员退抚制度探略》从立法的角度，论述了这一时期公务员抚恤制度的形成和发展过程，着重从社会环境、经济后盾和政治体制三方面剖析了该制度的缺陷。但是其研究深度还是不足以说明抚恤制度运行的实际情形。

综合来看，整个南京国民政府抚恤制度研究经过多年的资料挖掘和研究探讨，形成了一定数量的成果，但是仍有许多空白和薄弱之处。第一，对抚恤制度的评价难以摆脱研究者政治立场的制约，大陆和台湾学者各执一端，需要一种新的标准来重新评价国民政府抚恤制度的地位。抚恤制度，大多数学者认为只是一个简单的救济措施，只是关注了救济或者抚恤了没有？而不关注究竟应该抚恤多少人？实际抚恤了多少人？抚恤金支撑基本生活的能力如何？以及抚恤资源的分配背后当权者怎样进行价值取舍？第二，抚恤制度涉及制度学、法学、社会学多个领域的内容，但以往在研究方法上多以对抚恤制度的条文分析、解读为主，疏于对抚恤制度实际运行效果的深层次关注，结果往往被民国学者那些精妙的法律条文所迷惑，缺乏实际的检验标准，结论流于表面。第三，虽然早在20世纪90年代就有学者提出抚恤研究应该包括劳工、公务员等其他社会阶层，但是多年来关于公务员、劳工抚恤的专题研究就非常薄弱，更遑论将三者进行对比研究了。

四 研究思路、研究方法和创新之处

1927—1949年间，国民政府一方面在战争的旋涡中挣扎，用军队维护其政权的存在；另一方面则积极推行国家公务员制度，建立现代国家行政体系，并制定法律来调和劳资矛盾，缓和劳工问题，加强其政权的政治合法性。军人、公教人员、劳工三种人群分别代表了那个时代的三种社会力量，国民政府在实行抚恤制度时，采取了两种不同的方法，对待军人与精英阶层这些国民政府的上层核心，采取政府包办，倾其财力、物力确保其优越性，而对劳工却是许以一纸条文《工厂法》，任由企业和社会自行其是。这两种方法在南京国民政府初期（1927—1937）的相对和平稳定时期、抗日战争政府财力困窘时期和政权逐渐衰微的时期（1945—1949），接受了三种特殊条件下的检验。这两种方法在三个不同时期的命运实际上向我们昭示了政府包办和政府主导及社会参与这两种抚恤制度应对不同风险时的优劣。

我们考察这一过程，既可以窥探在近代中国没有脱离政治影响的抚恤制度的运行实态，又可以了解国民政府曾经为了抵抗外侮，稳定社会所做的努力和牺牲。同时，我们可以更多地了解什么样的社会保障制度，才能摆脱政治动荡、经济起伏的影响，成为我们普通民众可以依靠的“诺亚方舟”。

（一）研究思路

本次研究的主要内容有三：一是对抚恤思想的探索、形成和影响因素做一番探讨，突出国民政府抚恤思想中的传承、借鉴、创新之处。二是侧重于揭示1927—1937年、抗日战争时期、解放战争时期三个不同时段，国民政府军人、公教人员抚恤制度的变迁方式，揭示抚恤与政治、经济、社会的关系。三是结合当时的历史背景，包括政治、经济、社会状况，对国民政府的抚恤政策进行历史评价和价值评价。

首先，诠释研究中的一些基本概念，如抚恤、抚恤与社会保障的关系、抚恤与保险等，界定研究范围。其次，追溯抚恤发展的历史脉络以及影响民国抚恤制度的西方社会保障思想。再次，按照南京国民政府抚恤制度的形成阶段（1927—1937）、强化阶段（1937—1945）、崩溃阶段（1945—1949）分别对抚恤制度文本的内容和运行实态进行研究，把宏观政策和微观个案结合起来考察，在此基础上提出问题：（1）南京国民政府是如何在极端的军事、经济、政治危机的压力下保证抚恤措施的落实和抚恤效果的？（2）军人抚恤、公教人员抚恤、劳工抚恤在不同的历史时期分别遇到怎样的困难，呈现出怎样的发展路径？（3）抚恤制度在各个历史时期表现出怎样的政治、社会功能？最后，从抚恤思想、抚恤法规、抚恤机构、抚恤运行管理等方面来总结抚恤制度的近代转型因素，从抚恤与政治、抚恤与军事、抚恤与社会保障等方面来揭示抚恤在民国历史中的地位和作用。

重点：一是对抚恤条文进行解读，探讨国民政府在不同历史时期抚恤制度法规为适应需要所作的调整及其政治、社会、经济原因：军人抚恤法规于1929年、1934年、1947年进行了三次重大修订；公教人员抚恤法规于1927年、1934年、1943年进行了三次变革；法规除1929年的《工厂法》、1935年的《简易人寿保险法》外，中央政府再没制定或修订其他劳工抚恤法法规，后期颁布的主要是地方法规和行业法规。军人抚恤由纯粹的恤金抚恤向恤金和服务相结合的模式转变；公教人员抚恤则经历了恤金抚恤、救济抚恤两个阶段；而劳工抚恤则从一开始就走上了企业抚恤和保险抚恤相结合的道路。

难点：一是在研究内容上，既要注重法规条文的解析，又要获悉制度变迁后面的上层决策者的考量和下层受恤人的反应；还要兼顾各个时期的中外政治、社会背景，才能较为全面、真实地反映抚恤制度。而且研究时段长，范围宽（涉及军事、国家行政、劳资关系等多个领域），如何做到既有宏观把握，又不流于表面；既能深入其微，又不致“一叶障目，不见森林”，是一大难点。二是如何结合法学、管理学、制度学、社会学等方面的理论和方法对抚恤制度进行历史研究（这种方法被经济学、社会学借鉴较多），这是本书的又一挑战。

基本观点：通过对相关文献的初步解读，笔者认为当时国民政府为适应各个时期的需要对抚恤制度做了一些改革，既表现出战争条件下的国家责任特征，又表现出现代社会保障制度的普适原则：（1）抚恤法规的制定和实行使抚恤常态化、科学化、规范化。而劳工、公教人员抚恤法规的制定，扩大了抚恤人群，表现出现代社会保障普遍化的因子，但是保障的范围仍然有限。（2）在抚恤方法上注重多种方式的结合，军人抚恤国家负责，实行恤金抚恤和服务抚恤、精神抚恤相结合的措施，由为统治阶级服务转向为社会稳定服务。（3）在抗日战争的特殊环境下，国民政府为实现抗战建国的目标，在抚恤需求扩大、经济紧张、社会动荡、抚恤区域行政体系遭破坏等种种不利条件下，国家力量向民间人群延伸，受恤人群除军人、遗属、公务员（含教师、警察、保长等）外还包括空袭遇难的工厂工人、招雇的民工以及守土抗战的民众等，保证了国统区社会的稳定，也支援了对外战争。

（二）研究方法

统摄全过程的方法应该基于大量原始资料的实证研究、比较研究，力求做到计量分析与文献解读，宏观统计和微观个案的结合。另外注重多学科综合：从制度学、法学的角度对南京国民政府时期的抚恤条文进行重新解读；从社会学（特别是社会保障学）的角度对抚恤制度所产生的社会影响进行研究；从管理学的角度对抚恤制度实施过程中中央政府、地方行政部门在请恤、核恤、发恤、领恤过程中的程序运行效率和实态进行分析。

（三）创新之处

1. 新资料的发现。台湾行政院和第二历史档案馆以及云南、四川、浙江、江西、湖北等省档案新资料的发现，为本书的撰写提供了基础。另外，得益于近两年大型民国期刊数据库的开发，使得能够集中民国时期20多种中央及各部门、省、直辖市的公报、月刊，材料来源更加广泛，论证更有力。

2. 研究方法。从社会保障这个视角，注重将历史学研究法同社会学、管理学、法学、制度学的有关方法结合来对南京国民政府时期的抚恤制度作实证考察，为该项研究提供了新思路。另外，引入生活费指数来评价各个时期的抚恤效果也是本书的创新之一。

3. 研究内容。军人抚恤制度的研究除重新解读法规条文外，对以前研究中忽略的伤残军人问题将着重探讨。抚恤的保险化研究也是本书的一大亮点，而且对军人抚恤、公教人员抚恤进行比较研究，也能填补以往研究的空白。

第一章
国民政府抚恤制度的历史渊源与时代背景

最早的抚恤来源于战争，所以最早的抚恤对象理应是军人，随后由于各个时期统治的需要，逐渐扩大到文官故吏，近代开始涉及劳工。学界普遍认为在中国历史上，抚恤按照其发展的历程，大致可分为两个阶段：一是清末以前的传统恩赏型抚恤；二是近代以来的西方义务型抚恤。然而历史进程中这两个阶段绝不是一分为二的，它是一个有机的传承和变化的过程。1927 年后的国民政府处于近代社会转型的旋涡之中，传统的家庭保障体系因为工业化的发展在城市中首先解体，同时惨烈的战争、动荡的政治、孱弱的社会救助力量，使得大量因公罹难者需要政府的庇护，抚恤成为这个时期国家保障的一个重要形式，国民政府一方面承袭了传统抚恤中的有效因子，另一方面借鉴了西方近代社会保障的成功经验，这就构成了国民政府抚恤制度的传统与现代相互交融的色彩，本篇从传统与西方两个角度来梳理它们的发展脉络，以及国民党领导人早期的探索。

第一节　传统社会抚恤制度的变迁

自周朝以来，抚恤作为国家威权与恩泽的象征之一就已经存在，在晚清以前的整个传统社会，这种国家的抚恤与家庭保障相结合，成为伤残官员、士兵和因公亡故者遗族生活的基本保障。在漫长的传统社会，家庭以及扩大了的家庭——宗族是那些罹难者主要的庇护所，来自国家的抚恤不能够完全保证受恤人的基本生活，更多的是带有一种恩赏的性质，因此，众多研究者将这种抚恤称为恩赏型抚恤。然而各个朝代的恩赏型抚恤，它的制度设计和运行机制都带有那个时代的烙印，而且恩赏型抚恤本身也是一个不断完善和发展的过程，绝不可一以观之。要充分认识南京国民政府抚恤制度，需要对这一问题加以梳理。下面就从抚恤对象、抚恤内容、抚恤相关制度等几个方面来认识整个传统社会抚恤制度的变迁。

一 清末以前传统社会的恩赏型抚恤

我国的抚恤政策源远流长。最早的记录可以追溯到西周武王时期，太公吕尚（即姜子牙）辅佐武王从政治军，认为“凡行军吏士有伤亡者，给其丧具，使归而葬，此坚军全国之道也。军人被创即给医药，使谨视之，医不即治，鞭之”[①]。从姜子牙这句话可以看出，最初的抚恤对象为战斗中的伤者和亡者，内容是为其治伤以及提供丧具。春秋战国时期，各国竞相比拼用于鼓励三军的抚恤方式。对受伤和战死者妥善安置，《墨子·号令》中记载：“吏卒民死者，辄召其人，与次司空葬之，勿令得坐泣，伤甚者令归治，病家善养，予医给药，赐酒日二升，肉二斤。令吏数行间，视病有疗，则造事上。”这则材料告诉我们这个时候已经有诸侯把抚恤家属作为奖励军功的手段。无独有偶，《墨子·城守·号令》道：“发候，必使乡邑忠信、善重士，有亲戚妻子，厚资奉之。必重发候，为养其亲戚若妻子，为异舍，无与员同所，给食之酒肉。”就是说，替派出的细作供养他们的亲

① （唐）杜佑撰，王文锦、王永兴、刘俊文、徐庭云、谢方点校：《通典》卷149《兵典》，中华书局1982年版，第3808页。

属及妻子，不要让他们和众人杂居在一起，酒肉等要优先供应。到了春秋战国后期，秦国的抚恤已出现制度化的迹象，最为著名的就是军功授爵，废除世禄世卿的制度。《商君书·境内》言“从军当以劳论及赐”，其中包含立下战功的兵士，其妻子、子女能够得到奖励和补偿的意思。

两汉时期，在继承了春秋战国对军功赏恤做法的同时，加强了对阵亡将领的精神抚恤，也就是更注重对战死者事迹、精神的肯定和褒扬。“（霍去病）元狩六年薨，上悼之，发属国玄甲、军陈自长安至茂陵”[①]。汉武帝极为痛悼，特赐葬茂陵，并专门为其修建了一座形似祁连山的陵墓，以永志他的历史功绩[②]。另外，汉代也开启了对文臣病故、致仕、意外伤亡进行抚恤的先河。其目的是为了激励和平时期各级官僚为国家尽职尽责。并且出现了几种约定俗成的“规矩”，徐有守把这些抚恤内容概括为四项：“世袭爵位、荫任子孙、追封后代、致赠赙金”[③]。其中“致赠赙金”仍为主要形式，如宰相霍光病故后，因其特殊的地位，“赐金钱、缯絮、绣被百领，衣五十箧，璧珠玑玉衣、梓宫、便房、黄肠、题凑各一具，枞木外臧椁十五具，东园温明，皆如乘舆制度”[④]。普通官员如果功勋卓著，享受抚恤也颇为优厚。“山阳太守……以老病乞身，卒于家，诏特赐钱二十万。”[⑤] 永元元年，韦彪卒，“赐钱二十万，布百匹，谷三千斛”[⑥]。

另外，在名誉、地位上的赏赐也颇为隆重。如对一些栋梁之臣去世，天子都要临丧或素服、视丧、诏书褒扬。值得一提的是“荫子”。《汉书·哀帝纪》注引应劭曰：“吏两千石以上视事三年，得任

① （汉）班固：《汉书》卷55《霍去病传》，中华书局1962年版，第2489页。

② 刘国林：《中国历代优抚》，黑龙江科学技术出版社1988年版，第15页。

③ 考试院考铨丛书指导委员会主编：《中华民国公务人员退休抚恤制度》，（台湾）正中书局1984年版，第387页。

④ （汉）班固：《汉书》卷68《霍光传》，中华书局1962年版，第2498页。

⑤ （汉）范晔：《后汉书》卷45《周荣传》，中华书局1965年版，第1537页。

⑥ （汉）范晔：《后汉书》卷26《韦彪传》，中华书局1965年版，第920页。

同产若子一人为郎。”“（景帝中元二年）封故楚、赵傅相内史前死事者四人子。”[①] 这种制度满足了当时人们福耀子孙、香火永续的想法。但是，据现有资料显示，能够享受如此优待的官员都是高官重臣，朝廷柱石，皇帝以此来表彰其功勋，鼓励后来者。这种优待方式在当时没有一定规则，大多以皇帝喜好而定，诏命予之，因此随意性较大。[②]

东汉末年及魏晋南北朝时期，天下大乱，群雄并起，战事频仍。军事力量的强弱决定政权的存亡。各个统治者都竭力激励官兵勇往直前，舍命为国，因此抚恤的重心开始由将领逐步惠及底层士兵。诸葛亮在其文中阐述道：“古之善将者，养人如养己子，有难，则以身先之，有功，则以身后之，伤者，注而抚之，死者，哀而葬之，饥者，舍食而食之，寒者，解衣而衣之，智者，礼而禄之，勇者，赏而劝之。将能如此，所向必捷矣。”[③] 诸葛亮的观点代表了统治阶级为士兵抚恤的愿望，但是如此众多的士兵，政权拿什么来泽惠每一位受恤人呢？曹操则在实践层面提出了创新措施。建安七年（202），曹操下令：“其举义兵以来，将士绝无后者，求其亲戚以后之，授土田，官给耕牛，置学师以教之。为存者立庙，使祀其先人。”[④] 这就是屯田制，宋人何承天评价道：“比于优复队伍，坐食廉食者，不可同年而校矣。”[⑤] 虽然它不是专为抚恤士兵所设，但是他那种寓兵于农的做法，既提高了军队的战斗力，又减轻了民众的负担，还增加了政府的实力。众多的受恤人被国家赐以土地、耕牛，生活存续基本条件得以保障，成为那个时代抚恤制度的最大特点。

唐朝是我国历史上的一个强盛时期，国家财力和执行力不可同日

---

① （汉）班固：《汉书》卷5《景帝纪》，中华书局1962年版，第146页。

② 参见考试院考铨丛书指导委员会主编《中华民国公务人员退休抚恤制度》，（台湾）正中书局1984年版，第387页。

③ （蜀）诸葛亮：《诸葛亮集》卷4《哀死》，中华书局1975年版，第92页。

④ （晋）陈寿：《三国志》卷1《魏书·武帝纪》，中华书局2005年版，第22页。

⑤ （梁）沈约：《宋书》卷64列传第24《何承天传附谢元传》，上海古籍出版社1986年版，第1710页。

而语，以均田制和租庸调制为核心的经济政策为抚恤官兵提供了一个有效的手段。其对基层士兵的抚恤，显示出比屯田制更为完善和有效的机制。对府兵本人免除租庸调，但家属照样缴税服徭役。对因战争阵亡或失踪的士兵的家属及残废士兵本人不减少或不收回均田制下国家所受之田。[①] 开元二十五年授田令规定，“因战伤及笃疾废疾者，身分地不追减”[②]。文职官员的抚恤没有太大变化，以沿袭为主，种类大致为“袭爵、赠官位、赠谥、赠赙金”。如位高有功臣宰之死亡，多追赠官、爵，或散阶，甚或并赠。另并赠以谥号，以为旌表。有些细节较前朝更为周到，如文官在任死亡，当月之俸料全给，并按其一月俸钱作为赙赠，路远家无力运柩还乡者，由原任职机关运送。[③]

到了宋朝，社会经济形势出现了新的特点，即商业发达，国库税收殷实。于是朝廷在军制上实行募兵制，军人首创军俸制。以俸禄作为军人论功行赏的基础。在抚恤方面，财物金钱的货币补偿成为主要形式，减少了以前的赠官、赐爵的比重。财物抚恤容易增减，易于形成梯级，能够惠及底层官兵“兵卫至众，颁赉至多，府库之实，半供其费，中民十家之赋，禁卫一卒之赏”[④]。这一时期出现了大量关于底层士兵与官员的抚恤记载。伤残士兵的抚恤首次出现对受恤人保障终身的制度。“军士经战致废折者，给衣粮之米，终其身。不愿在军人，给钱三千，听自便。”[⑤] 对死亡军人的遗属也出现了长期保障的规定：“诸阵亡军士祖父母、父母无妻、子、孙依倚者，人日给米二升，以终其身。妇人改嫁即停给。”[⑥] 文官的抚恤对象则涉及诸司使、

① 参见刘国林《中国历代优抚》，黑龙江科学技术出版社 1988 年版，第 27 页。

② （唐）杜佑撰，王文锦、王永兴、刘俊文、徐庭云、谢方点校：《通典》卷 2《食货》2，中华书局 1982 年版，第 381 页。

③ 考试院考铨丛书指导委员会主编：《中华民国公务人员退休抚恤制度》，（台湾）正中书局 1984 年版，第 388 页。

④ （宋）夏竦：《文庄集》卷 13《省锡赉》，清文渊阁四库全书补录。

⑤ （宋）李焘：《续资治通鉴长编》卷 133，清文渊阁四库全书本。

⑥ （宋）李焘：《续资治通鉴长编》卷 252，清文渊阁四库全书本。

指挥使以上人员，或为国事殉职人员之遗孤，抚恤之种类，列为赠官、后代得赎罪或免役。[①] 其中后代得赎罪或免役是以前所没有的，可见荫护子孙与株连九族是针对官员奖与罚的两个极端。

元朝为激励军官的带头作用，则对军官和士兵区别对待。对军官实行月俸制，“军官差出者，殁于王事者，借俸免征”[②]，而且阵亡军官的子孙还可以承袭爵位，但是元朝对于承袭爵位制的规定更为细致。“万户、千户死阵者，子孙袭爵，死病则降一等。”后来又具体规定“凡军官之有功者升其秩。元授之职，另他有功者居之，不得令子侄复代。阵亡者始得承袭，病死者降一等。把总、百户老病死，不在承袭之例。凡将校临阵中伤，还营病创者，亦令与阵亡之人一体承袭”[③]。对士兵则“禁长军之官不恤士卒，及士卒亡命避役，侵扰初附百姓者，俱有罪”[④]。元朝抚恤措施中最有特色之处是设立“养济院”。对那些“诸父母在，分财异居，父母困乏，不共子职，及同宗有服之亲，鳏寡孤独，老弱残疾，不能自存，寄食养济院，不行收养者，重议其罪”[⑤]。官员抚恤的对象涉及三品以上的高级官员，其在职死亡者，天子赐其谥号，甚或同时赠阶升职，赐功封爵，以褒其功。[⑥]

明代官员抚恤可以用八个字概括：“旌章谏节、赠监赠官”[⑦]。明永乐十九年（1421）规定，在职死亡的官吏，一般可以追赠官衔，

---

① 考试院考铨丛书指导委员会主编：《中华民国公务人员退休抚恤制度》，（台湾）正中书局 1984 年版，第 388 页。

② （明）宋濂、王祎主编：《元史》卷 96 志第 85《食货志四·俸秩条》，中华书局 1976 年版，第 2450 页。

③ （明）宋濂、王祎主编：《元史》卷 98 志第 46《兵制一·序》，中华书局 1976 年版，第 2516 页。

④ （明）宋濂、王祎主编：《元史》卷 98 志第 46《兵制一·兵制条》，中华书局 1976 年版，第 2516 页。

⑤ （明）宋濂、王祎主编：《元史》卷 103 志第 51《刑法志二·户婚条》，中华书局 1976 年版，第 2641 页。

⑥ 考试院考铨丛书指导委员会主编：《中华民国公务人员退休抚恤制度》，（台湾）正中书局 1984 年版，第 388 页。

⑦ 同上。

取得比原品高一级或数级的丧葬待遇。对于殉职的官吏，除追赠官衔之外，还要抚慰其家属，[①] 荫子入监读书，或赠官子孙。对功勋卓著者，“有能奋勇杀贼，没于阵战者，不计职之大小。查照是实，一体褒赠录用，著为定例”[②]。在军人抚恤上则奉行优给和优养两种政策。洪武四年（1371）十二月制定了“军官军士优给之例”。

凡军职战没，无子弟承袭而有父母若妻者，给以全俸，三年后减半给之。有子弟年幼者亦如之。俟袭职给本俸，罢优给。见有子弟承袭者，止给营葬之费。有特旨令其子弟参随历练及未授职名者，给半俸。其病故，无承袭而有父母若妻者，给半俸终身。有子弟年幼者，初年与半俸，次年又减半给之，俟其袭职，则给本俸，罢优给。有子弟承袭者，止给本俸，不优给。有特旨令其子弟参随历练及未授职者，给半俸。军士战没者，有妻全给月粮，三年后守节无依者，月给米六斗终身。有次丁继役，止给营葬之费。继役者月给粮。其病故有妻者，初年全给月粮，次年总小旗月给米六斗，军士比旧给月粮减半。守节无依者，亦给月粮之半终其身。其有次丁继役者，止给月粮，不优给。凡军官、军士守御城池战没及病故，其妻子无依或幼小者，守御官计其家属，令有司给行粮，送至京优给之。如愿还乡者，亦给行粮送之。若无亲可依愿留见处者，依例优给。其新附军士未历战功而病死者，不在优给之例。其家属，官给行粮送还乡里。诏从之[③]。

明人陆容对洪武年间的优养政策作了较为全面的论述，“老而无

① 韦庆远、柏桦：《中国政治制度史》（第二版），中国人民大学出版社 2005 年版，第 556 页。

② 同上书，第 557 页。

③ 《明太祖实录》卷 70，台北中央研究院历史语言研究所 1962 年版，第 1259—1296 页。

子，月给全俸。早亡而妻守寡者，月给俸二石。子患残疾不能承袭者，月支俸三石，十年内有子，仍袭祖职，十年后有子，不准袭，令为民。无子而有孤女者，月给俸五石，年至十五住支，名曰优养”①。

清朝是中国历史的一个分水岭。1840 年鸦片战争以前，西方文化还没有大规模影响中国的传统观念，清朝基本沿袭明朝的抚恤制度，抚恤对象从一品扩大到九品所有官员。② 其中包含：（1）普通死亡恤金。官吏死亡后，国家根据不同情况及其生前的等级，给予种类不同、数量不等的恤金。一品官，即文官尚书以上，武官都统以上，祭银二十五两，葬银五百两，建碑费三百五十两。二品官，即侍郎、巡抚等，祭费二十两，葬费依照在任年数，有所区别。三年以上，四百两，未满三年，给其半额。但二品官不得请谥，故无建碑费③。（2）因公死亡的恤金。“凡官员歿于王事者，均照本官应升品级加赠，并荫一子入监读书”。对一些全节公正大臣，还“特立贤良祠”以“永享禋祀”④。

在军制上，明朝实行的是卫所制，而清朝实行的是八旗制度，军人抚恤有所不同。八旗军和后来的绿营军的抚恤也有很大差别。这里先说八旗军。八旗军和以前的军人抚恤最大不同就在于等级差别更大、分级更细。恤银的发给标准是：一品官按所任官职的不同，分为一千一百两、一千零五十两、一千两三个等次；二品官，按职别区分为九百五十两、九百两、八百五十两、八百两四个等次；三品官，按职别分为七百五十两、七百两、六百五十两、六百两四个等次；四品官，按职别区分为五百五十两、五百两、四百五十两、四百两四个等

① （明）陆容：《菽园杂记》卷 11，清文渊阁四库全书本。

② 考试院考铨丛书指导委员会主编：《中华民国公务人员退休抚恤制度》，（台湾）正中书局 1984 年版，第 388 页。

③ ［日］织田万撰，李秀清、王沛点校：《清国行政法》，中国政法大学出版社 2003 年版，第 407 页。

④ 韦庆远、柏桦：《中国政治制度史》（第二版），中国人民大学出版社 2005 年版，第 556—557 页。

次；五品官，按职别区分为三百五十两、三百两二个等次；六品官二百五十两；七品及七品以下官员二百二十两。[①] 而绿营官兵比八旗军相差两到三倍，乾隆都承认："旗员与绿营迥别，是以一切条例亦皆大相悬殊。"[②]

表 1－1 **历代抚恤情况略表**

时期	抚恤对象	抚恤制度	抚恤特点
春秋战国	将领、士兵、家属	军功授爵制	将领：升级、"赐虏"（奴隶）、"赐加""赐邑""赐税" 士兵：人臣隶圉免、免徭役赋税 家属：善待妻子（仅细作的妻子）
两汉	将领、士兵、家属、官员		军人：论功抚恤、注重褒扬阵亡者精神 官员：世袭爵位、荫任子孙、追封后代、致赠赙金
魏晋南北朝	将领、士兵、家属、官员	屯田制	注重对底层士兵的关照，减轻百姓负担
唐	将领、士兵、家属、官员	均田制 租庸调制	军人：赠田、减赋 官员：袭爵、赠官位、赠谥、赠赙金，仅限于高官
宋	将领、士兵、家属、官员	军俸制	军人：待遇优厚。"兵卫至众，颁赉至多，府库之实，半供其费，中民十家之赋，禁卫一卒之赏。" 官员：赠官、后代得赎罪或免役
元	将领、士兵、家属、官员	军人月俸制	军人：军官、士兵区别对待，设养济院 官员：涉及三品以上。赐谥、赠阶升职，赐功封爵
明	将领、士兵、家属、官员	优给、优养	军人：优给 文官、遗族：优养
清	将领、士兵、家属、官员	八旗制度	官分九等，且八旗与绿营抚恤标准不同

资料来源：根据前文引用资料整理。

① 王贵文：《浅析八旗抚恤制度》，《满族研究》1991 年第 3 期，第 10 页。
② 转引自刘国林《中国历代优抚》，黑龙江科学技术出版社 1988 年版，第 61 页。

纵观整个传统社会，抚恤制度的变迁有如下几个特点：（1）抚恤的内容不断丰富。由最初的伤者得其治，到后来的恤银、赐号、荫子、赏官、赠田、减赋、免役、加赙金，甚至设立养济院，施行全面安抚。值得注意的是精神抚恤和物质抚恤相结合的特点在整个传统社会一以贯之，成为中国抚恤制度的一个鲜明特点。（2）抚恤对象由最初的将领和官员，逐渐向士兵和低级别官员扩大。军人抚恤的记载从最初的霍去病等领军将领到底层士兵都有惠及。官员则最初是针对霍光等高官重臣，到了元代惠及三品以上，到清代则一至九品都有关照，而且遗族一直是抚恤的惠顾人群。（3）抚恤内容制度化、常态化越来越明显。最初的抚恤都是来自君王的命令，随着抚恤规模的扩大，更多的是倚重惯例来行恤，惯例的“条文化”就逐渐具有了制度的雏形。随着事物的发展，抚恤的条文越来越详细具体。例如清朝八旗军抚恤，在一品官抚恤里还有分级：一品或视月品的公、侯、伯、领侍卫内大臣、将军、左副将军、都统、一等子，一千一百两；二等子，一千零五十两；三等子，一千两。[①] 而且越来越客观、科学。医学鉴定伤情，按伤抚恤就是一个明证。

那么恩赏型抚恤和现代西方义务型抚恤相比，最大的不同点是什么呢？民国学者吴仲行认为“过去的抚恤，视为一种恩典，好像告朔的饩羊，仅存其礼，国家未虑其过少，受恤者也无由请其增多……”而“现在国家恤金的给予不是可有可无……而是恃为生活和生存的要件[②]。吴仲行的论断阐明了传统社会抚恤标准的随意性，它不是以保障受恤人生活为目的，而是体现君王恩典的一种形式。当代学者李翔则更加直接地表明：“尽管历代都有对伤亡将士的优抚之举，但并未

① 王贵文：《浅析八旗抚恤制度》，《满族研究》1991 年第 3 期。
② 吴仲行：《进步性的军人抚恤》，《联勤月刊》1948 年第 10 期。

形成可以一以贯之的制度，制度的约束性，远未树立起来，抚恤的推行主要取决于帝王等执政者一时的意气……君王居高临下，将一切抚恤都看作对伤残军人或其遗族的恩赏或奖饰……”①

笔者认为与近代西方义务型抚恤相比，传统社会恩赏型抚恤确实有其随意性的一面，它缺乏严格的施行规则，对抚恤效果不作考量，抚恤内容也带有君王个人意志。但是，君王作为国家的最高统治者，要面对众多的受恤者，完全凭意气不足以体现公平，达不到让官吏鞠躬尽瘁，让三军甘于用命的目的。在众多貌似随意的抚恤案例中，还是可以发现一些潜在的施行标准的，这个标准是什么呢？春秋时期就有了“劳大者其禄厚，功多者其爵尊”的行赏原则，这一原则同样适用于抚恤。《吴子兵法·励士》记载，魏文侯时，军队召开庆功大会，“设坐庙廷，为三行，以飨士大夫”，规定“上功坐前行……次功坐中行……无功坐后行”。就开始显示出功劳在赏恤中的作用，随后历朝历代将这一标准予以强化，南宋时期“军妻老幼，月支赡家米粮，随军日支券粮”，而“功成则转资给犒”②。明朝优给制度则直接指出：“其新附军士未历战功而病死者，不在优给之例。”③

另外还有一种抚恤标准也长期存在，按将领或官员的级别抚恤的现象也很常见。同一时期同一级别的官员抚恤内容基本相同。如西汉时期薛广德为御史大夫，与丞相于定国、大司马车骑将军史高俱乞骸骨，“皆赐安车驷马、黄金六十斤”④。各个朝代不乏一些以受恤人级别订立抚恤待遇的条例。《汉书·哀帝纪》注引应劭曰：“吏两千石

① 李翔：《1927—1949年国民政府军人抚恤观念之流变》，《军事历史研究》2008年第3期。

② （宋）吴自牧：《梦粱录》卷18，清学津讨原本。

③ 《明太祖实录》卷70，台北中央研究院历史语言研究所1962年版，第1295—1296页。

④ （汉）班固：《汉书》卷71《薛广德传》，中华书局1962年版，第3048页。

以上视事满三年，得任同产若子一人为郎。”① 唐代则有“从行身死，折冲赙物三十段，果毅二十段，别将十段，并造灵舆，递送还府。队副以上，各给绢两匹，卫士给绢一匹，充殓衣，仍并给棺，令递送还家”② 的规定。《通典·食货典六》载：“龙朔三年秋七月制，卫士八等以下，每年五十八放令出军，仍免庸调。”③ 宋代则有“禁军副指挥使以上至军都指挥使，伤重者支绢七匹，轻者五匹，副都头、副兵马使以上，重五匹，轻三匹，长行以上重三匹，轻二匹”④ 的规定。明代则出现了在职死亡的官吏，一般可以追赠官衔，取得比原品高一级或数级的丧葬待遇的规定。⑤

清朝的八旗抚恤中官分九等，出现了严格的恤银发给标准：一品官按所任官职的不同，分为三个等次；二品官分四个等次；三品官、四品官分四个等次；五品官分两个等次；六品官二百五十两；七品及七品以下官员二百二十两。⑥

可见，在传统社会中不乏像魏晋时期的屯田制和元朝的养济院那样带有扶贫帮困性质的抚恤，而且一些抚恤内容中还含有诸如伤重、伤轻区别对待的按需抚恤的因子。但从整个传统社会看，功劳与职位仍然是获得抚恤优寡的主要条件。这种恩赏型抚恤特点的影响一直持续到民国时期。

二　晚清抚恤制度的近代因素

1840 年鸦片战争以后，随着军队装备和军种的分化，军人出现职业化、专业化的趋势，如炮兵、海军等再也不是随意挑个农民就能

---

① （汉）班固：《汉书》卷 11《哀帝纪》第十一，中华书局 1962 年版，第 336 页。

② （唐）长孙无忌等编：《唐律疏议》卷 26，四部丛刊三编景宋本。

③ （唐）杜佑：《通典》卷 6《食货》6，清武英殿刻本。

④ 徐松：《宋会要辑稿》兵十八之七，中华书局 1957 年影印版。

⑤ 韦庆远、柏桦：《中国政治制度史》（第二版），中国人民大学出版社 2005 年版，第556 页。

⑥ 转引自刘国林《中国历代优抚》，黑龙江科学技术出版社 1988 年版，第 56 页。

胜任的了，于是中国的军队抚恤制度出现了重大转型。一方面旧有的兵制难以为继，技术型军人需要特殊的保障；另一方面，西方工业文明带来的近代军队管理制度传入国内，这一时期湘军、北洋海军、北洋陆军的抚恤都出现了新的内容。

太平天国运动爆发后，绿营兵溃不成军。1860 年江南大营溃破后，清军主力绿营精锐丧失殆尽。清朝政府为了维护其岌岌可危的政权，不得不倚重地方团练，曾国藩的湘军应运而生。曾国藩编练的湘军有两个特点：一是“兵必自招，将必亲选”[①]。二是厚饷重恤。曾国藩在给朝廷的奏折中写道：“臣初定湘营饷项稍示优裕，原冀月有赢余，以养将领之廉，而作军士之气。”[②] 据统计湘军军饷是当时一般水平的 3 倍。[③] 1862 年江西巡抚沈葆桢上奏折指出：“兵不可用非兵之过也，其月饷不及勇粮四分之一……名利俱穷无怪稍有所长者皆辞兵就勇。”[④]

具体到恤金的金额，差别也是很大。湘军“无论勇、夫，凡阵亡者恤银 30 两”[⑤]，而绿营最底层士兵阵亡“给银 25 两”[⑥]。两者相差银 5 两。更为难得的是，湘军首次出现受伤士兵根据伤情区别抚恤，这种按需抚恤的制度，与当时西方军队的抚恤精神不谋而合。“凡打仗受伤者分别重轻部位，赏给养伤银两，受伤成废疾者，除请给养伤银两外，本营官设法赡养。”[⑦] 在此基础上进一步厘定“伤分三等，头等赏银 30 两；二等赏银 20 两；三等赏银 10 两。临阵回身伤在背

① 罗尔纲：《湘军兵志》，中华书局 1984 年版，第 3 页。

② 唐增烈、荀昌荣等整理：《曾国藩全集》奏稿二，长沙岳麓书社 1987 年版，第 935 页。

③ ［美］芮玛丽：《同治中兴：中国保守主义的最后抵抗 1862—1874》，房德邻等译，中国社会科学出版社 2002 年版，第 243 页。

④ 吴元炳辑：《沈文肃公（葆桢）政书》，沈云龙主编：《近代中国史料丛刊》第 1 编第 54 辑，台北文海出版社 1986 年版，第 97 页。

⑤ 罗尔纲：《湘军兵志》，中华书局 1984 年版，第 114 页。

⑥ 罗尔纲：《绿营兵志》，中华书局 1984 年版，第 363 页。

⑦ 王诗正：《王壮武公（鑫）遗集》，沈云龙主编：《近代中国史料丛刊》第 1 编第 241—244辑，文海出版社 1987 年版，第 2227 页。

者不赏”[①]。

由于海军亘古未有，所以1888年建立的北洋海军各项制度仿照西方成制更加明显。正如李鸿章所言：“查英国海军饷章有常俸、膳俸、劳绩俸、责任俸。德国海军初创其饷章有常俸、房租、粮食、马匹、膳银等项，告退之官各国俱有养老俸，受伤者有养伤俸，病故伤亡者又有恤赡孤寡之俸。”[②] 鉴于海军士兵的专业性，所以李鸿章特别指出：“兵船将士，终年涉历风涛，异常劳苦，与绿营水陆情形迥不相同，不能不格外体恤，通盘筹计。”[③] 对于阵亡士兵：“其阵亡各员，副将、参将、游击，给恤银600两，都司、守备400两，千总、把总、外委及驾驶、管轮、教习、炮目等200两。”“匠役、兵勇阵亡者，给恤银100两，头目150两”[④]。这种抚恤标准相当于湘勇的3倍。除了抚恤优厚之外，北洋海军还开创了积劳病故给恤的先例。“凡提督以下，守备以上官员在海军供职逾15年”或“凡千总、把总、外委人员在海军供职20年”，“积劳受伤不能做官当差者……准予开缺之日起每岁给予在任官俸1/10，养其终身。”而且“查明身故后，无子弟者，俟该故弁祖父母、父母眷属亡故之日截止”[⑤]。

甲午战争的失败对清朝统治阶级触动最大。“一旦而败于蕞尔，且靡有孑遗，浸至赔饷巨万万，割全台以求成，言之真可谓为痛哭流涕者矣”[⑥]。随后签订的《辛丑条约》更是让清朝泱泱大国的颜面荡然无存，“欲讲求自强之道，固必首重练兵，而欲迅期兵力之强，尤

---

① 曾国藩：《曾文正公全集·杂著》卷一，传忠书局编刻，第24页。

② 总理海军事务衙门：《北洋海军章程》，沈云龙编：《近代中国史料丛刊》第一编第240辑，文海出版社1987年版，第213页。

③ 同上书，第214页。

④ 吴汝纶：《李文忠公（鸿章）全集·奏稿》卷七十八，第2270页，沈云龙：《近代中国史料丛刊续编》第70辑，文海出版社1983年版。

⑤ 总理海军事务衙门：《北洋海军章程》，沈云龙编：《近代中国史料丛刊》第一编第240辑，文海出版社1987年版，第234页。

⑥ 张秉铨：《北洋海军失利情形》，中国史学会主编：《中国近代史资料丛刊〈中日战争（五）〉》，上海人民出版社1988年版，第467页。

必更革旧制”[①]。张之洞明确提出：“中国非认真仿照西法急练劲旅，不足以为御侮之资。”[②] 1901年，清政府编练新军。据胡燏棻奏称：此次创练新军，一切操练章程，均按照西法办理。[③] 后来，袁世凯被委以编练新军之重任，在建军之初就仿照西法制定抚恤标准：“官弁兵丁因劳成病及打仗受伤者，医局诊治给药，分等给赏，仍照旧支饷。在营病故者，兵丁给埋葬银十两，官弁给薪水三个月。其阵亡者，官弁兵丁均赏饷薪二年。抚恤家属，另支造报。”[④] 凡打仗受伤士兵，按照伤势轻重分为三等，“受伤头等者赏银20两，二等者赏银15两，三等者赏银10两，成废者另加。官阶大者，赀劳深者，临时酌量优给”[⑤]。要知道1890年旅顺一个铁匠的月银是4—6两，[⑥] 此时一个受头等伤士兵的恤金相当于一个铁匠4个月的收入。另一个变化就是在鉴定伤情时引进了西方医学技术，避免了以前的由长官鉴定的随意性，“治病有特室，验病有专员”[⑦]。

1910年，也就是辛亥革命前一年，清政府颁布了被后代学者称为封建社会最完整的优抚条例《恤荫恩赏章程》[⑧]，这部条例共8章48条，抚恤范围包括阵亡、伤亡、因公殒命、积劳病故及临战受伤等。这部条例明显受到近代西方抚恤精神的影响，无论在抚恤种类的划分，还是在伤残等级的界定等方面更加趋向科学化、规范化，其保障性也大为增强。主要体现如下。

---

① 来新夏：《新建陆军兵略录存》卷一，《中国近代史资料丛刊〈北洋军阀〉》，上海人民出版社1988年版，第37页。

② 张之洞：《张文襄公奏稿》卷25，清宣统年间铅印，第24页。

③ 朱寿朋：《光绪朝东华录》（四），中华书局1958年版，第3556页。

④ 来新夏：《新建陆军兵略录存》（卷一），《中国近代史资料丛刊〈北洋军阀〉》，上海人民出版社1988年版，第45页。

⑤ 席裕福、沈师徐：《皇朝政典类纂》兵一，沈云龙编：《近代中国史料丛刊续编》第910辑，台北文海出版社1969年版，第6976页。

⑥ 大连史志办公室编：《大连史志·劳动志》，方志出版社2004年版，第151页。

⑦ 商务印书馆编译所编：《大清光绪新法令》第八类《军政》，第14册，清宣统二年第五版上海商务印书馆铅印，第63页。

⑧ 参见刘国林《中国历代优抚》，黑龙江科学技术出版社1988年版，第62页。

第一，年恤金的出现。不仅有历代抚恤中的一次性抚恤金，用于受恤人处理亡者后事，叫作恩恤金。而且还设立了一种恩抚金，属于长期性的，按年发给死者之寡妇和孤儿，如无寡妇和孤儿则移给其父母或祖父母，且寡妇、父母及祖父母给予终身，而孤儿给予至 18 岁。[①] 这种恩抚金具有了近代西方抚恤的特点，能够保障受恤人长期生活。

第二，对于伤残等级的界定。以往对于伤残等级的划分及评定过于粗略、简单。本条例则做出了细致的划分：临战受伤分为三个等级，根据伤势轻重划分为头等伤、二等伤、三等伤。每个等级的审定标准又有详细规定[②]，而且对于受伤抚恤有了伤情变化而等级不同的考虑。对于受伤等级评定的期限：头等伤，因伤殒命以一年为期限；二等伤，因公殒命以十个月为期限；三等伤，因公殒命以六个月内为期限。凡在此限内伤发亡故者，按阵亡例抚恤。体现出根据伤情变化需要不同抚恤的要求。[③]

第三，军官子弟荫袭方面。按照清朝定制，凡武职将领不幸身亡，不仅可以得到恤银，而且还可以按照品级荫其子孙。这样的结果就出现了很多滥竽充数的不合格军官，影响军队的战斗力。《恤荫恩赏章程》规定：凡袭荫各员子弟须在陆军小学堂或普通高等小学堂以上各学堂毕业，得有毕业凭照者，始准袭荫。若来经入学，须令补入学堂，毕业后，再行核准。至请袭请荫各项事宜，应暂照旧例办理。

---

① 《恤荫恩赏章程》，载刘国林编著《中国历代优抚》，黑龙江科学技术出版社 1988 年版，第 120 页。

② 注：头等伤：双目失明者；两手脱落或两足脱落或两手两足伤废不能展动者；一手脱落或一足脱落举动需人者；与前项相当之一切伤病者。二等伤：盲一目者；一手或一足伤废而其他肢体尚完全者；两耳伤废而无闻者；脱落鼻部或一耳者；两手或一手脱落三、四指者；与前项相当之一切伤病者。三等伤：两足或一足脱落三、四指者；身受伤疾在三处以上致全身举动不便者；一手或一足受伤致举动艰难者；一手脱落一、二指者；与前项相当之一切伤病者。

③ 《恤荫恩赏章程》，载刘国林编著《中国历代优抚》，黑龙江科学技术出版社 1988 年版，第 120 页。

《恤荫恩赏章程》的科学性和规范性在一定程度上反映了西方制度的优长，尽管它的施行时间不到一年，但是其制度法规的首创价值不容忽视，它的某些原则一直为后人沿用。

综观整个晚清时期，伴随着西方医学、军事管理技术的传入，加之这一时期内乱外侵频繁，需要用抚恤来保障和激励将士。所以整个晚清抚恤呈现厚饷抚恤、医学鉴定、制度规范的发展趋势。在保持传统恩赏的遗风之外，多了一些西方近代抚恤的科学、规范、保障等因素。

三 北洋政府时期近代西方抚恤体系的初创

北洋军阀政府时期，由于工业化进程的加速，政府公务员体系建立，其队伍逐渐庞大，包括各级各个部门的职员，以及国立大中小学教师。由政府来抚恤的人群范围进一步扩大，由军队扩展到政府官员、教师等一系列公职人员，为了满足近代国家治理的需要，北洋政府借鉴西方成熟法文，形成了一套以西方保障制度为范本的抚恤体系。相比以前的抚恤制度，变化如下。

首先，军人方面。

（一）专门设立抚恤机构

中央专门设置了陆军部、海军部，对军队各方面进行独立管理。在陆军部下又设立了军衡司、军务司、军需司和军医司等部门，负责军队抚恤及相关事宜。军衡司的职能中有负责赏赉、叙勋、记章、褒章及赏给事项。军务司职能中有征募、召集和解兵退伍事项。军需司负责军政经费出纳并预算决算一切事项。军医司负责红十字会及恤兵团体事项。[①]

（二）细分受恤对象和种类

沿袭《恤荫恩赏章程》，北京政府制定了《陆军官佐士兵恤赏

① 张侠等编：《北洋陆军史料（1912—1916）》，天津人民出版社 1987 年版，第 10 页。

表》《陆军平时恤赏暂行章程》《陆军战时恤赏章程》《修正战时陆军恤赏章程》等。《陆军平时恤赏暂行章程》主要将抚恤对象扩展到非战争期间的伤亡军人。其中受恤对象分三类：剿办内乱伤亡者、因公伤亡者、积劳病故者。恤金形式分一次恤金和年恤金两大类。这些章程、条例中的平时抚恤突出对于剿匪、镇压内乱的将士的奖恤，另外对于勤务以及发明军用物件受到上级认可的伤亡病故者，也给予奖恤。对于战时军人赏恤按照作战性质的不同又进行分类。每类之中又有负伤与死亡的区别。

（三）重新厘定抚恤金额标准

1920 年 3 月 20 日，陆军部制定《陆军官佐士兵恤赏表》。对大将军到二等兵的 16 个级别的官佐士兵的恤赏做了规定：主要采取恤金抚恤。阵亡一次恤金，阵伤致废每年恤金，根据特别规定的伤亡等次标准定等级，分为一等伤、二等伤、三等伤；另外，还提高了遗族年恤金。不同等级的官兵抚恤金额不同。最高的大将军阵亡一次恤金达 1500 元，年恤金 800 元；最低的二等兵一次恤金为 60 元，年恤金为 25 元。在 1923 年，上海一个五口之家的月生活费约 21. 31 元①，平均每人每年需 48 元左右。以最低的年恤金计算，一个二等兵的年恤金可供一个人在上海生活半年。可见当时的年恤金已经具有相当的保障能力。

其次，文官和武官（警察、司法官等）抚恤的制度化。专设铨叙局负责抚恤事务，由局长、参事、秘书、佥事、主事组成，主要职责为办铨叙部荐任以上官员任免，审核文官考试、恩典、抚恤及办理荣典授予外国勋章和配用等。②

文官抚恤金与军人的定额制不同，采取与工资挂钩的办法。北洋政府 1914 年 3 月 2 日颁布了《文官恤金令》，1914 年 3 月 28 日《文

① 陈达：《中国劳工问题》，商务印书馆 1929 年版，第 265 页。
② 袁继成、李进修：《中华民国政治制度史》，湖北人民出版社 1991 年版，第 313 页。

官恤金令施行规则》将恤金分为三类：终身恤金、一次恤金和遗族恤金。终身恤金即为退休金，它的金额为文官退职时俸给的1/6，在职满10年以后，每增加一年加给退职时俸给的1/60。对于致伤、致病不能工作者除定额给恤金外，还给退职时俸给之5/10。一次恤金的给付在退职时俸一月范围内，在职一年后，每增加一年加给其退职时一月俸额之2/10。遗族恤金的给付有终身恤金之1/2和2/3两种。① 按照《中央行政官官俸法》规定最低的第12级官员月俸为50元②，那么，如果因公亡故每年最少可得50元或60元的年恤金，是二等兵两倍的标准，相当于一个人在上海一年的最低生活费。

教师则属传统抚恤没有包含的群体。1914年12月的《教育部整理教育方案草案》称："昔德师丹之役。大将毛奇归功于小学教育，曰战胜俄，日皇至宴犒小学校长，盖国民教育，小学教员尸之，实无异一国命脉操之小学教员之手。"将小学教员与为国捐躯的将士相提并论，可以说明北洋政府对教师的重视，但是当时"小学教员位置甚低，禄入又微，不惟社会所轻视，亦为政府所淡忘"。而西方对于小学教员"有年功加禄法，有退隐料，遗族扶助料之规定，体恤教员无微不至，其用意至为深远"③。

教育部于1919年《全国教育计划书》中提到小学教员抚恤经费："拟每年由国库指拨常款列入预算，以作补助之用，或筹有大宗的款，仿照各国教育基金办法，即以其子金所入为补助费。至其补助用途，则定为各省区小学教员年功加俸费，小学教员退隐及遗族恤金，优良

① 蔡鸿源：《民国法规集成》第16册，黄山书社1998年版，第42—46页。注：下列情形给予终身恤金的1/2作遗族恤金：在职满10年以上者死亡时；受终身恤金之退职者死亡时。给予2/3的情形如下：因公致死者；因公受伤退职后死亡者；因公受病退职后死亡者。

② 《中央行政官官俸法》，彭勃、徐颂陶编：《中华人事行政法律大典》，中国人事出版社1995年版，第1387页。

③ 舒新城：《中国近代教育史资料》（上册），人民教育出版社1981年版，第237页。

小学及私立小学奖励费补助费是也”①。

教师的抚恤与文官相似，同样与俸禄挂钩。1917 年 5 月 3 日教育部令公布《国立大学职员任用及薪俸规程》规定校长、学长、图书馆馆长、庶务主任、校医、一等事务员、二等事务员及正教授、本科教授、预科教授、助教、讲师、外国教员等的薪俸各自依照不同的等级给予恤金。职员获得终身恤金的条件是在本校前后任职满若干年，若因病废或年满 60 岁自请退职者，终身恤金的给予标准根据在职年数和薪俸的不同而各异。具体为：“职员在职年数满十年者，支其退职时所支月薪数 10%；满 15 年者，支 20%；满 20 年者，支 30%；满 25 年者，支 40%；满 30 年或 30 年以上者，支 50%。终身恤金的给予自退职之翌月起到死亡之月止”②。总之，北洋政府时期的抚恤制度已经从单纯的军事目的，扩展到解决社会问题的层面，其抚恤体系逐渐带有西方近代抚恤以保障受恤人基本生活的目的，但是这些制度缺乏一个强有力的政权和稳定的社会环境来施行。单就法规而言，既无严格的抚恤标准，又无监督实施的办法，基本是流于纸面，只能算作一种制度尝试。

第二节　一战前后西方抚恤制度的滥觞

第一次世界大战是人类进入工业社会以来第一场大规模战争，历时 3 年之久，各国共计死伤 1500 余万人，其死伤规模前所未有，这也给各国战后抚恤带来相当难度。由于各国经济状况与传统不同，对待这些伤残军人和阵亡者遗族的安置方法也各有特色，这些经验和教训也为近代中国抚恤问题的解决提供范例。

---

① 舒新城：《中国近代教育史资料》（上册），人民教育出版社 1981 年版，第 265—266 页。

② 蔡鸿源：《民国法规集成》第 27 册，黄山书社 1998 年版，第 160 页。

表1－2　　第一次世界大战各主要参战国家伤亡人数与抚恤费一览

国别	美国	德国	法国	英国	意大利	加拿大
动员总数（人）	4355000	13000000	8410111	6600000	5615000	619636
死伤（人）	360300	6111862	5623000	3000000	1597000	222045
1932年支出抚恤金（金元）	1072064527	298690000	286722000	174802000	69853300	61113000

资料来源：刘觉民：《列强抚恤伤亡将士之现状》，《时代公论》1932年第26期，第22页。

从表1－2可以看出美国参与世界大战的士兵与其伤亡之比率虽远逊于英法，但其每年对参战士兵的抚恤金则远远超过英法诸国之总和。1932年英、法、德、意及加拿大支出之抚恤金之总数为891180300金元，较之华盛顿政府支出的抚恤金1072064527金元之数，尚差10%。

美国对士兵的抚恤费之所以如此庞大，因其财政取之有法。美国早在1812年即开始实施救济法，1924年颁布《世界大战退伍军人法》，并且对于服役士兵施行保险制度，保险加救济成为其解决军人抚恤经费的主要办法。[①] 其负责军人抚恤的机关为Veteram Administration，可直译为"老兵管理局"，隶属于总统，所有在乡军人，包括伤残在内，约1800万人，连同其眷属与死亡军人之遗族，约4千万人，福利事项统归其管理。全国13个分局，分局下设150余个事务所，所下更有数千个办事处，每个处编制人数不一，每个处的主管均称经理，局本部工作人员6000人，全国工作人员，共计约20万人。[②]

起初对伤残军人和未亡遗族抚恤没有年限限制，所以出现1812

① 方秋苇：《上次大战后各国军事抚恤行政概述》，《陆军经理杂志》第6卷第3期（1943年9月15日）。

② 吴仲行：《进步性的抚恤》，《联勤月刊》1948年第10期。

年战争最后一个退伍军人在 1905 年去世，但是到 1932 年仍有 5 个未亡人每年继续从政府中领取约 4000 美金抚恤金的情况。[①] 由于这个原因，在美西战争中服役的士兵仅有 392000 人，伤亡人数还不到 1 万人，但是 30 年后，每年仍须对退伍军人支出 1 亿美元以上的抚恤金。[②] 一战前后，由于军人数量猛增，此种方法让政府财政不堪重负，1917 年 10 月 6 日美国国会通过《战争风险保险法》，以保险来解决巨额的抚恤支出。这个法令的主要内容是：（1）士兵每月军饷扣 15 元，外加最多可达 50 元的政府津贴来维持其家属的生活；（2）实行政府战争风险保险。一切服役的人都要购买 1 万美元以下的保险。保险费是根据通常的死亡率表来确定的，1 万美元的保险费月平均需 6. 6 元，保险费从士兵军饷中扣除，保险单的票面价值是在保险人死亡后每月偿付 57. 5 元。行政费用加上出乎正常估计以外的战争损失的补偿则由政府负担。[③] 这种以保险代替抚恤的方法大大减轻了政府财政压力，且能充分保证受恤人利益，后来为各国效仿。

英国死于战火的军人，阵亡的士兵约有 85 万人，动员参军的 800 万人中，约有 200 万人受伤，1922 年领取战争抚恤金的人数超过 90 万人。到 1928 年，还有 48 所专设的精神病院里住着 6 万多名被炮弹震伤的人。[④] 英国在抚恤问题上汲取了美国的教训。

首先，规定将士遗族之抚恤以 16 年为期，少数之遗孤救济亦只限于 1938 年以前。将士之孀妇已去世或已转嫁者，政府均停给抚恤金，又凡请给恤者，必为参战时因战争伤亡及其遗孤孀妇为限，如因轻伤治愈而能照常工作者，则政府不再给予恤金。[⑤]

---

① ［美］德怀特·L. 杜蒙德：《现代美国（1896—1946）》，宋岳亭译，商务印书馆 1984 年版，第 314—315 页。

② 同上书，第 315 页。

③ 同上书，第 315—316 页。

④ ［英］阿萨·勃里格斯：《英国社会史》，陈叔平等译，中国人民大学出版社 1991 年版，第 313—314 页。

⑤ 刘觉民：《列强抚恤伤亡将士之现状》，《时代公论》1932 年第 26 期。

其次，政府把1/4左右部分残废但有劳动能力的伤残军人加以训练，使他们能够从事新的和有用的工作。[①] 这样就使英国抚恤费年有递减，到1932年只有1920年之45%。1920年受抚恤之士卒、孀妇及儿童之总数为3344506人，恤金总额为105650000镑。到1931年之前恤金支出为51725000镑，受恤人则为1265000人。受恤人减少了2/3，恤金支出减少了1/2。[②]

最后，英国在抚恤部门和人员的配置上也是因陋就简，创造出一种高效、低成本的运作模式。英国负责军人抚恤的机关为Ministry of pensions，可直译为“恤金部”，对内阁直接负责，保管全英国三军之战时工作人员伤亡抚恤，其工作人员总数只有万人，只占美国的1/10，主要是因为发恤依托社会机构，委托邮局代为办理，省去不少人员和机构开支。[③]

法国由于财政困窘，恤金支出更是精打细算。1932年抚恤支出为286722000金元，仅为美国之1/10，其抚恤制度最不同于英美之处，在于士兵未满50岁而逝世时，其远遗孤无请领恤金之权，可能是考虑到遗孀有一定的劳动能力。而且政府订立对遗族救济标准区别对待：父母80元；孀妇115元；遗孤（以18岁为限）40元。1932年2月1日有领取此项救济金之资格者，为数1098047人。其中孀妇占379710人，再醮孀妇270080人，其余为遗孤或其父母之数。这种等级恤金使能够领取恤金时间最长的遗孤金额最少，而老人和妇女虽然金额高，但领取期限有限，按此方法计算，它就比遗族抚恤标准划一的情况下少支出了约1/3恤金[④]。

法国政府在伤残军人抚恤方面独具特色。一方面对那些伤残老兵

① ［美］德怀特·L. 杜蒙德：《现代美国（1896—1946）》，宋岳亭译，商务印书馆1984年版，第312页。

② 刘觉民：《列强抚恤伤亡将士之现状》，《时代公论》1932年第26期。

③ 吴仲行：《进步性的抚恤》，《联勤月刊》1948年第10期。

④ 刘觉民：《列强抚恤伤亡将士之现状》，《时代公论》1932年第26期。

给予优厚标准，1932 年继续领用恤金之“疆场老卒”尚有 633100 人之多，而均为在大战时置身前线 3 月以上之士卒。政府规定对于参战士卒年龄已达 50 岁者，每年多给 500 法郎（约合 20 金元），年龄达 55 岁者，每年多给 1200 法郎。完全残废者，年给 286 元，但此外如医药等费，亦视情节而各异。据政府之报告，一完全残废之士卒，于各种费用计入时，年可得 35200 法郎（约合 1400 金元）之多。另一方面加强对伤兵的优待和服务。轻伤者乘车治疾，亦受减价之待遇。在各个州常有一二个“士兵寓所”，凡失业之“疆场老卒”皆于此间[①]，其中有花园及运动场之设备，以供彼等之娱乐，惟须各自操持炊事。[②]

英、法、美等国家在一战以后面对庞大的抚恤人群，都摒弃了单纯依靠政府恤金抚恤的办法，要么依靠社会保险分担风险，要么依靠服务来提升抚恤保障水平，这些经验和教训给民国时期各个政权抚恤制度的建立和发展提供了众多的参考，主要影响方面有：

首先，承认对伤残将士的抚恤是政府应尽之义务。看到西方政府不遗余力补偿优待受恤人，时人惊叹道：“战后各国政府对于参战士兵及其遗族之抚恤，年恒支出数千万以至数万万元之巨款。”[③] 更为感慨的是“诚以参战将士之牺牲，乃为其民族国家利益之故，政府之予以抚恤，非所以云酬劳，乃于义为当然之义务”。“当然之义务”是在几千年的传统社会不曾听到过的声音。时值“八一三”淞沪抗战，十九路军浴血奋战，伤亡惨重。人们呼吁道：“吾祖国历年为国家而牺牲之忠勇将士——如 19 路军忠勇抗日之类——中央政府对于伤亡及其遗族之抚恤与救济，诚急不容缓之事也。”[④]

社会保障专家刘觉民针对中国实际阐述道：“综观上述诸国对于

① 刘觉民：《列强抚恤伤亡将士之现状》，《时代公论》1932 年第 26 期。
② 同上。
③ 同上。
④ 同上。

士兵之抚恤与救济，政府莫不视为当然之义务。中山先生主张之兵工政策，实一救济退伍士兵之善法”，刘氏认识到社会服务不发达，单靠恤金难以保障受恤人生存，而来源西方“残而不废”主张的孙中山兵工思想则适用于当时的中国。面对政府困窘的经济状况，刘氏认为单靠政府难以周全，而社会力量应当积极参与，“惟于为国家民族而牺牲之伤亡士卒及其遗族之抚恤与救济，政府当速有具体之办法，社会人士亦当乐于捐助，专做此项救济之热烈表示，政府与人民通力合作，则救济抚恤之款不难筹得也。‘凭君莫话封侯事，一将功成万骨枯’，吾人已痛心于往昔之‘工具利用’主义，又可忍心于今日而坐视莫救耶”①！

其次，对西方军人抚恤方法的借鉴。西方工业化时间长，各种措施完备，特别是一战以后，西方国家面对大量受恤人所采取的办法，美国的恤金加保险的办法；英国通过训练使伤残军人残存劳动力得以发挥，以及利用邮政代发等社会机构发放恤金，减少人员机构成本；法国的服务抚恤和社会优待；还有日本的小额短期保险等，都对民国抚恤思想产生了影响。如上文提到的孙中山的兵工思想、等级抚恤、循序渐进的原则、邮政代发、军人再就业、设置抚恤保障年限，恤金抚恤与服务抚恤相结合，制度化的抚恤与临时性的优待相结合等，这些措施都或多或少地能够在近代中国社会保障制度的发展中找到痕迹。

第三节　孙中山等人的早期探索

孙中山领导中国革命，高举三民主义旗帜号召民众，其中社会保障又与民生主义息息相关。在民国建立之初，新政府就面临着如何安抚那些为创立民国而捐躯的烈士遗族？如何通过对伤残病死的优厚保障来提高公务员对国民党政权的认同感？在长期对西方制度的思考和

① 刘觉民：《列强抚恤伤亡将士之现状》，《时代公论》1932 年第 26 期。

对中国国情的分析中，在民国初年的实践探索中，孙中山和他的追随者们逐步形成了一套针对军人、公务员等公职人员的抚恤思想和方法，这些思想和方法一直影响着其后各个时期国民政府的抚恤制度，因此我们有必要对其做一番探讨。

孙中山领导近代中国革命达30年之久，在革命的过程中，无数烈士血洒疆场。孙中山对此感慨有加："嗣乎筚路蓝缕，草莱以修……"[①]民国是由"我最可亲爱、可崇敬、可呜悒的一般有名无名之鼎鼎济济诸先烈之头、之血、之心腑、肤肉所交易而得"[②]。对那些捐躯的烈士孙中山的心中充满了愧意。"云何群烈，为国宣猷，面乃美弗终逮，果靡与收，殁不牖下，殓不安䩄。……呜呼！此日何日，此恩何恩，殷念群灵，生死骨肉，岂惟凉温"[③]。因此在南京临时政府刚刚成立，孙中山就着手抚恤忠烈，安顿遗族。据统计，孙中山一生中共批示各类恤金文件约110件，追赠类文件约35件，撰写各类祭文10余篇。[④] 纵观孙中山关于抚恤方面的言论有三大特点。

一　注重传统的精神抚恤

（一）授勋

1912年，经孙中山公布的《陆军勋章章程》，勋章分为九鼎勋章、虎罴勋章、醒狮勋章三种，每种分9等。九鼎勋章授予民国陆海军中有特别战功的人，奖金最高2000元，最低50元；虎罴勋章授予民国陆海军中有寻常战功的人，奖金最高1500元，最低100元；醒

① 孙中山：《祭革命死义诸烈士文》，《孙中山全集》第2卷，中华书局1982年版，第147页。

② 孙中山：《追悼粤中倡义死事诸烈士通告》，《孙中山全集》第2卷，中华书局1982年版，第176页。

③ 孙中山：《祭革命死义诸烈士文》，《孙中山全集》第2卷，中华书局1982年版，第147页。

④ 敖文蔚：《孙中山社会思想与现代文明》，《武汉大学学报》（人文科学版）2007年第1期。

狮勋章授予一般为国尽瘁、功劳卓著者，奖金临时酌定多寡不一[①]。

（二）祭文

孙中山曾言“君子听磬声而思死封疆之臣，仲尼以‘能执干戈卫社稷’且勿殇崖，古人故恒有刻木而祭，结蒲而葬者”[②]。孙中山秉承这一传统，他的祭文主要分两种，一种是专为一些忠勇烈士个人写的。如1912年3月6日，专为悼念吴樾、熊成基、杨笃生三位烈士，撰写祭文称：“以上诸烈士，或谋未遂而身赴西市，或难未发而瘐死囹圄，或奋铁弹之一击，或举义旗于万丈，或声嘶去国之吟，或身继蹈海之烈”[③]。另一种是为一些事件而作 。1912年2月22日，蜀都人士在民国成立、大功告成之时为其蜀地先烈开追悼大会，孙中山写了祭文表示哀悼。1912年3月1日，孙中山做了《祭革命死义诸烈士文》。1912年3月17日，有祭武汉死义诸烈士文。

（三）建祠、附祠

将烈士姓名列入忠烈祠。1912年2月23日，孙中山令陆军部通告各省都督将前清所建忠义祠改为大汉忠烈祠，将各省死难烈士供奉其中，并规定从此以后每年春秋两祭。即旧历8月19日（武昌起义纪念日）和新历2月15日（民国统一纪念日），各省执政要亲临垂范。[④] 1912年3月6日，令为革命而遭端方所害的杨卓林、郑子瑜建立烈士祠并要求吴樾、熊成基、杨笃生三位烈士附祠。[⑤] 1912年3月19日，令准被敌击中的山西行军参谋王家驹附祠晋、鄂两省忠烈祠。1912年3月27日，令黄兴将曾为革命奔走策划，传播革命思想，并

---

① 中国第二历史档案馆馆藏：《中华民国史档案资料汇编》第2辑，江苏人民出版社1981年版，第189页。

② 孙中山：《追悼粤中倡义死事诸烈士通告》，《孙中山全集》第2卷，中华书局1982年版，第176页。

③ 孙中山：《大总统令陆军帮准予建立杨郑二烈士专祠并附祀吴熊陈烈士文》，《孙中山全集》第2卷，中华书局1982年版，第183页。

④ 任同芹：《孙中山优抚思想与实践》，《南都学坛》2003年第2期。

⑤ 孙中山：《大总统令陆军帮准予建立杨郑二烈士专祠并附祀吴熊陈烈士文》，《孙中山全集》第2卷，中华书局1982年版，第183页。

为敌所害的革命先烈刘道一列入大汉忠烈祠。①

二 对阵亡者予以厚恤，保证其遗族生活

孙中山认为，凡交战受伤以致残疾不能任职者，其退伍后照本人现饷现俸赏给终身。凡在军身故者，无论将校兵士，均查明本人之父、母、妻、子女，每月给赡养费。父、母、妻养至终身，子女养至20岁。所给之费，兵士视其立功多寡，将校视其官职高低。②

1912年3月4日，适逢吴禄贞等在保定遭袁世凯暗杀，孙中山痛心万分，适时没有抚恤章程，孙中山建议先行抚恤，其言："窃维荡涤中原，肇建民国，为先祖复累世之仇，为后人造无穷之福，实赴义先烈捐躯洒血，以有今日。起义以来，救命疆场，碎身沙漠，若将若士，更仆难数。而吴禄贞、张世膺、周维桢三氏者，为同胞惨死，尤最凄怆，恤悼宜先抚恤者也。"但是"抚恤之典，尚尔缺如"。于是"爰采各国抚遗恤亡之例，定抚恤章程。凡此次起义诸将士、兵卒，或遇害于行伍，或遭艭于暗昧，均按其等级高下，申请赐予一时恤金及遗族恤金，以酬忠烈，而励将来"③。

表1－3 南京临时政府陆军官佐士兵恤赏表

类别 阶级		月俸	阵亡一次性恤金	阵伤致废每年恤金			遗族年恤金	埋葬费
				一等伤	二等伤	三等伤		
上等官佐	大将军	700	1500	800	600	500	800	80
	左将军	550	1200	700	550	450	700	80
	右将军	400	1100	650	500	400	600	80

① 孙中山：《大总统令》，《孙中山全集》第2卷，中华书局1982年版，第8页。

② 孙中山：《孙中山全集》第1卷，中华书局1982年版，第301页。

③ 孙中山：《令准陆军部呈请奖恤吴禄贞等文》，《孙中山全集》第2卷，中华书局1982年版，第173页。

续表

阶级	类别	月俸	阵亡一次性恤金	阵伤致废每年恤金			遗族年恤金	埋葬费
				一等伤	二等伤	三等伤		
中等官佐	大都尉	300	900	600	450	300	500	60
	左都尉	220	800	500	400	250	450	60
	右都尉	160	700	450	350	200	400	60
初等官佐	大军校	80	500	400	300	150	350	40
	左军校	50	400	350	250	220	300	40
	右军校	45	300	300	200	100	250	40
	额外军官		200	200	100	60	100	
军士	上士	7	300	200	100	60	80	30
	中士	6	300	150	80	50	60	30
	下士	5	300	100	70	45	50	30
兵	上等兵	4.5	200	80	60	35	40	20
	一等兵	4	200	60	50	30	30	20
	二等兵	3.5	200	50	40	25	25	20

资料来源：根据《陆军部规定陆军官佐士兵恤赏表》，《临时政府公报》1912 年 3 月 20 日第 43 号，第 1—4 页内容整理。

“查吴禄贞应照大将军例，赐一时恤金 1500 元，遗族每年恤金 800 元；张世膺照右将军例，赐一时恤金 1100 元，遗族每年恤金 600 元；周维桢照大都尉例，赐一时恤金 900 元，遗族每年恤金 500 元。拟请从先酌准，赐予三氏恤金，以为我共和开国报功酬勋之先表，宣示天下，以不负忠烈之意”①。以后的抚恤以此为标准完善，正式的恤赏标准在 3 月 20 日才公布。

考察该抚恤标准就能从一定程度上了解孙中山的重恤厚赏的思想。在当时，上海一个五口之家的月生活费约 21.31 元②，平均每人

① 孙中山：《令准陆军部呈请奖恤吴禄贞等文》，《孙中山全集》第 2 卷，中华书局 1982 年版，第 173 页。

② 陈达：《中国劳工问题》，商务印书馆 1929 年版，第 265 页。

每年需48元左右。而一个最低级的二等兵阵亡后的遗族年恤金达50元，可以在上海生活一年。而最高者大将军的遗族年恤金可以达到800元，相当于64倍的全国工人工资平均水平，相当于一个大学助教（月薪50—120元）的年收入[①]，而一个助教在当时中国可以算是中等收入阶层了。这种标准已经较北洋海军的两个月铁匠的工资，高了许多。此标准后为各届政府所效仿。

临时政府的公报中所列的军费开支，1912年3月份陆军达到893万余元，海军19万余元。两项合计，占当时政府总预算的93％。其中陆军支出概算中，现金支出总概算为8954680元，恤赏费占265170元，犒赏费占8000元，遣散费301576元，招抚费150000元。支出概算中共有16项，上述4项占总开支的6.4％。这种抚恤费支出比例也是1949年以前国民政府最高的。

值得一提的是孙中山的兵工计划。孙中山认为鉴于国家经济能力有限，现在的士兵（以广东为例）“饷项每月只发6、7元，有时伙食都领不到手，另外每日还有早操、午操、晚操，总共约有7—8小时之多，一旦有了战事，还要去拼命。这项情形是很苦的，是很可怜的”。[②] 化兵为工之后，每日做工不过6小时，一方面劳动是很舒服的；另一方面，饷项除原饷之外，另加工钱一倍。简言之，便是可以得双饷。至于做工的种类，或是开辟道路，或是办极大工厂，所做的工是永远的，不是临时的。在没有化兵为工之前，兵士的饷项既少，操练又辛苦，生命有危险；在化兵为工之后，兵士的饷项加倍，劳动合度，生命有安全保障。所以这次欧洲大战之后，欧美联军一共有几千万的士兵，不到一二年，大半可以裁去的道理，便是这种安插的

---

① 潘懋元、刘海峰编：《中国近代教育史资料汇编·高等教育》，上海教育出版社1993年版，第784—786页。

② 孙中山：《在广州滇桂军欢迎宴会的演说》，《孙中山全集》第7卷，中华书局1982年版，第122页。

办法。[①]

孙中山的兵工思想被朱执信做了更为详尽的说明。他以苏联为例，“寓兵于工，就是创造一种劳动军，这个劳动军，就似俄国最新的劳动军一样，拿战时杀人的军队，变做平时生产的大力量”[②]。他提出了具体的计划，首先将没有做工能力和做工思想的人淘汰，因为他们“没有改良的余地”。然后将剩下的兵卒分为熟练工人和普通人两类。“熟练工人就可以各应他的本领，替他找相当的事业。在没有相当事业以前，也可以要求他暂时做一个普通工人的工作。”而普通人“只要加一两个礼拜的训练，就可成一个普通工人”[③]。朱执信借鉴欧洲、日本和苏联的经验，给出一个理想状态下士兵的发展规划。

> 16岁起，做几成的工；18岁起，做完全的8小时工作；20岁起，当兵且做工；23岁，三年兵役满，算作预备兵，做完全工作；35岁起，算作后备兵，做完全工作；45岁起，免除兵役义务，做完全工作；50岁起，免除工作义务，受公众供给生活费用。[④]

他指出政府应尽的责任：“当者改造时期，一定要兴起各种工场和整理交通，改良土地，建筑各种新式设备，运输原料材料，意想里头工作，决不至不能容纳此理想军队的残部”[⑤]。“担保他们的工作机会……使之（管辖区域）变成‘歌于斯、哭于斯’的家乡，‘有猛虎

---

① 孙中山：《在广州滇桂军欢迎宴会的演说》，《孙中山全集》第7卷，中华书局1982年版，第122页。

② 朱执信：《兵的改造与其心理》，《朱执信集》（下），中华书局1979年版，第836页。

③ 同上书，第839—840页。

④ 同上书，第841—842页。

⑤ 同上书，第839—840页。

无苛政’的乐土”[①]。

对于这种寓兵于工的做法，朱执信认为有三点好处：一、“兵丁兼做工，就一个兵的饷可以养两个兵”。他假定一个礼拜里头四天做工，留两天操练，四天做工的工钱，比四天饷钱差不了多少，军队的饷可以减一半。二、心理安宁，兵卒开始做工，生活安定了，军营中就没有苟安的气氛了。三、就兵卒的前途而言。退伍以后，这些兵卒既是一个有能力的工人，又是一个预备兵。[②] 朱执信还对中国古代北魏、唐的寓兵于农的做法予以肯定。

孙中山对于烈士的优待迫于临时政府的政治、经济状况而收效不大，所抚恤的烈士大多是一些功勋卓著的领军人物，很少触及底层士兵，因为临时政府的军队大多来自五湖四海，没有统一的编制和统计，无法进行有效抚恤，而那些知名的烈士大多也只享受了一次性抚恤，至于年恤金可能很少能够有效享用，因为缺乏一个稳定的政权，政府保障很难长期有序，其早期的抚恤实践，制度价值胜于实际价值。但是孙中山和朱执信所倡导的兵工思想却极有现实意义，因为它既符合当时中国的国情，又能够有效及时地实施，并能够取得长远效果，只可惜短命的南京临时政府没有实施的机会。

---

① 朱执信：《兵的改造与其心理》，《朱执信集》（下），中华书局1979年版，第842页。

② 同上书，第840—841页。

第二章

沿袭和初创：南京国民政府初期的抚恤制度（1927—1937年）

1928年4月28日，南京国民政府成立，这个政权的合法性一开始就受到各方势力的挑战。在国民党内部有武汉和南京两个国民政府分庭抗礼，政府内大量原北洋政府官员，处于骑墙观望态度，使命感和归属感缺失；在外部，北洋军阀政府盘踞北方，尚有余威；各地新军阀貌合神离，见风使舵，随时都有分道扬镳的可能。而且，曾经轰轰烈烈的工人运动，虽然经过“四一二”政变的武力镇压，但是劳资纠纷和冲突并没有因为一场屠杀而消失①。如何建立一支强大的军队，如何建立一个高效的政府，增加公务员、教师的认同感是摆在新政权面前的一道难题。其中，军人、公务人员、教师的抚恤无疑是这道难题中的重中之重。国民政府动用了法律、经济、行政等多方面手段来保障这些人的利益。本章重点探讨这一时

① 上海自1927年9月至11月，各业工人为了“生存”罢工即有42次，参加罢工的工人有52833人，涉及邮电、纺织、电车、印刷、店员等多行业（参见刘明逵、唐玉良主编《中国工人运动史》第4卷《土地革命战争时期的工人运动》，广东人民出版社1998年版，第42页）。

期南京国民政府抚恤的法规、运行情况以及这些制度背后国民政府的政治考量。

第一节　励勇与酬功：南京国民政府初期的军人抚恤

统治阶级为了自身政权的安全，控制一支强大的军队，用优厚的恤赏来慰藉伤亡者，激励后来者是抚恤制度发展的主要动因，到了近代随着西方军人抚恤制度的传入，为军人抚恤提供了新的范本和模式。经过晚清新军的引入，到北洋政府时期，基本已经形成了一套以国家责任为主的军队抚恤体制。而南京国民政府时期，由于战争、军队、军人都发生了深刻的变化，军人抚恤面临着制度的创新和有效施行两大难题，本节就南京国民政府初期军人抚恤制度的演变及其背后的原因进行探讨。图 2－1 是 1927—1937 年间南京国民政府颁发的抚恤制度的网络图，从图中可以看出这一时期以《陆海空军平战时抚恤暂行条例》为主对伤残亡故军人进行抚恤，《残废军人教养院条例》则侧重于对伤残军人的管理与保障。最后在这两个条例的基础上形成了 1935 年新的抚恤条例。

据笔者检索从 1927 年到 1937 年，南京国民政府共制定和实施了两部关于军人抚恤的条例。分别是 1929 年制定的《陆海空军平战时抚恤暂行条例》（简称《1928 年陆海空军抚恤条例》）和 1934 年到 1935 年间的三部条例：《陆军平战时抚恤暂行条例》《海军平战时抚恤暂行条例》《空军抚恤暂行条例》（简称《1935 年陆海空军抚恤条例》）。

从图 2－1 这些条例中可以看出南京国民政府在抗战前，起初施行的是以《1928 年陆海空军平战时抚恤暂行条例》为主的抚恤法规，1935 年后则以《1935 年陆海空军抚恤条例》为主。这些抚恤条例承担着两大抚恤任务：一是抚恤对内战争的伤亡军人，主要是指在北

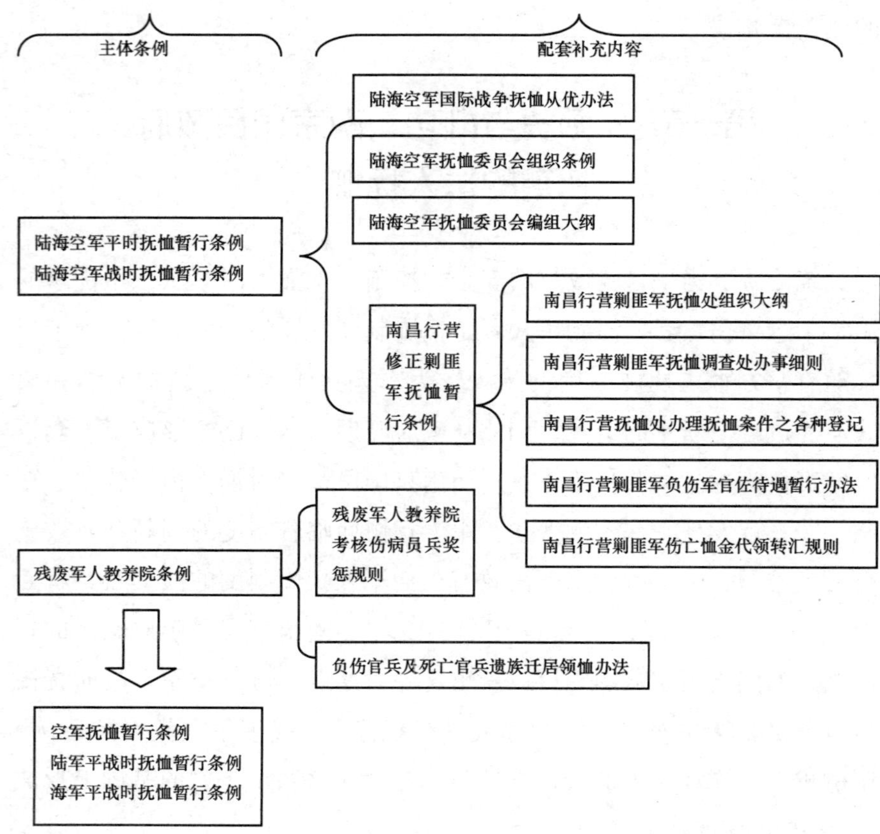

图 2－1　南京国民政府军人抚恤法规条例网络图（1927—1937 年）

资料来源：根据国民政府文官处印铸局出版《中华民国国民政府公报》第 1 册到第 137 册，国民政府军委会委员长南昌行营第二厅编《军政旬刊》，1933—1934 年第 3—18 期内容整理。

伐、新军阀混战、围剿红军战争中伤亡的官兵，专门的法规条例多达 7 条；二是抚恤对外战争的伤亡军人，主要指当时局部抗战中对日作战的伤亡军人。相关条例是《陆海空军国际战争抚恤从优办法》。从条例的数量看主要以抚恤对内战争伤亡人员为主，这与当时的“攘外必先安内”的政策不谋而合。

一 1928 年、1935 年两部军人抚恤法规的演变

早在 1926 年底，当湘鄂赣闽初定的时候，广州国民政府在盛赞各路军队“用于最短时间，建立伟大勋业”的同时，明令蒋介石查明“奖励抚恤伤亡事宜”“拟具办法，汇案呈候施行，以彰国典，而慰忠勤”①。文中提到“拟具的办法”，意味着不再沿袭北洋政府的抚恤条例。一是为了彰显新政权体恤将士的新气象；二是因为旧有的抚恤条例已经不能适应大规模战争的需要。

（一）1928 年的《陆海空军抚恤条例》

1927 年 5 月，国民政府授命国民革命军司令部修正战时抚恤条例，武汉国民政府于 7 月 8 日颁布了《国民革命军战时抚恤暂行条例》，同年 8 月南京国民政府在此基础上出台了《1928 年陆海空军抚恤条例》，该条例与北洋政府的《陆军战时恤赏章程》相比有如下改进。

1. 伤亡等级的界定

《1928 年陆海空军抚恤条例》规定抚恤对象为五类：阵亡、伤剧殒命、临阵受伤、因公殒命、积劳病故者。② 将旧条例的“伤亡”改为“伤剧殒命”，更为准确。对各种类型的界定也有区别，旧条例规定阵亡为“临敌殒命；临阵受伤，旋即殒命；战地防守受伤，旋即殒命”③。新条例则是：“临阵殒命；临敌或战地服务受伤后殒命；战时因服特别任务或在危险地遇事殒命者”。将范围由仅为战场战士扩大到了战地服务人员，如医疗、运输、情报人员等，体现了现代综合战争的需要。

而伤剧殒命和伤亡的界定主要体现在时间认定上，新条例规定

---

① 《国民政府奖恤北伐将士》，《特别党部半月刊》1926 年第 12 期，第 72 页。

② 国民政府文官处印铸局出版：《国民革命军战时抚恤暂行条例》（1927 年 7 月 8 日），《中华民国国民政府公报》第 11 册，宁字第 9 号，第 1—13 页。

③ 张侠等编：《北洋陆军史料》，天津人民出版社 1987 年版，第 242 页。

“一等伤剧殒命以 6 个月为限；二等以 4 个月为限；三等以 2 个月为限”[①]。每个等级分别比旧条例缩短了 4 个月、2 个月和 1 个月。

表 2－1　《1928 年陆海空军抚恤条例》《陆军战时恤赏章程》抚恤范围比较

类型	《陆军战时恤赏章程》	《1928 年陆海空军抚恤条例》
阵亡	临敌殒命；临阵受伤，旋即殒命；战地防守受伤，旋即殒命。	临阵殒命；临敌或战地服务受伤后殒命；战时因服特别任务或在危险地遇事殒命者。
伤亡/伤剧殒命	一等伤剧殒命以 10 个月为限；二等以 6 个月为限；三等以 3 个月为限。	一等伤剧殒命以 6 个月为限；二等以 4 个月为限；三等以 2 个月为限。
临阵受伤	以《阵伤等次表》为准，两条例基本相同。	以《阵伤等次表》为准，两条例基本相同。
因公殒命	战争防守时，因公差委忽罹水火等灾或误触弹殒命；战争防守时，因公差委在江河湖海以及各处危险地失事殒命者。	战时服务忽罹水火等灾或误触弹殒命；战时因服特别任务失事殒命者。
积劳病故	战时官佐士兵或出征或在军营立功之后，或在戍防守，及陆军各机关办理军务勤劳卓著染病身故者；未立功在营病故者；战时官佐士兵派赴他处要隘或边省戍守，在薪病故者。	战时官佐士兵其勤劳卓著染病身故者；无特别劳绩病故者。

资料来源：国民政府文官处印铸局出版：《国民革命军战时抚恤暂行条例》（1927 年 7 月 8 日），《中华民国国民政府公报》第 11 册，宁字第 9 号，第 1—13 页。张侠等编：《北洋陆军史料》，天津人民出版社 1987 年版，第 242—251 页。

临阵受伤的界定最为复杂。首先两个阵伤等次鉴定表的内容有些不同。新条例把旧条例中列为二等伤的“生殖器损失者”改列头等

① 国民政府文官处印铸局出版：《国民革命军战时抚恤暂行条例》（1927 年 7 月 8 日），《中华民国国民政府公报》第 11 册，宁字第 9 号，第 1—13 页。

伤，“失去机能”改为“中枢机能障碍”列头等伤。体现出对伤者生殖功能的重视。把旧条例中三等伤“一手失去拇食二指以上者”改为二等伤，体现出对伤者劳动功能的重视。除按《阵伤等次表》确定等次外，还有三种情况需加以区别对待：一是给恤时阵伤等次未经检验明确的，等治疗后再鉴定的；二是负伤时检视危重，治疗后毫无肢体器官之损折障碍的；三是受轻伤不在阵伤等次之内的。[①]

表 2－2　**《陆军战时恤赏章程》阵伤等次**

头等伤	二等伤	三等伤
两眼皆盲者	两耳皆聋者	盲一目者
失去一足或一手以上者	一足一手残废者	鼻脱落者
咀嚼言语之机能并废者	生殖器损失或失去机能者	咀嚼言语之机能生大障碍者
身体运动非人扶持不可者	身体运动失去自由者	一手失去拇食两指或三指以上者
与前项相当之一切伤病者	与前项相当之一切伤病者	一足失去四趾以上者及腰运动上有大障碍者
		与前项相当之伤者

资料来源：张侠等编：《北洋陆军史料》，天津人民出版社 1987 年版，第 247 页。

因公殒命者，新条例扩大了适用范围不再拘泥于“战争防守时，因公差委”等限定，而是直接以“战时服务”为界定。这样既提高了可操作性，又适应了现代战争攻防转换快、任务复杂等要求。积劳病故的界定也只是区分了有劳绩和无劳绩者，使得条文简洁明了，操作便利。而且为区别“积劳病故”与“因公殒命”设立了法定期限，超过期限殒命者按积劳病故抚恤。

① 国民政府文官处印铸局出版：《国民革命军战时抚恤暂行条例》（1927 年 7 月 8 日），《中华民国国民政府公报》第 11 册，宁字第 9 号，第 5 页。

2. 抚恤金额

《1928 年陆海空军抚恤条例》在抚恤金标准的制定上表现出了优于北洋军阀的抚恤力度。

表 2－3　《1928 年陆海空军抚恤条例》《陆军战时恤赏章程》抚恤金比较

类别		《陆军战时恤赏章程》（元）	《1928 年陆海空军抚恤条例》（元）
阵亡	一次恤金	45—1500	80—3000
	遗族年恤金	25—800	30—800
阵伤致废	一等伤	50—800	60—1000
	二等伤	40—600	50—800
	三等伤	25—500	30—600
因公殒命	一次恤金	45—1000	55—800
	遗族年恤金	20—600	20—500
积劳病故	一次恤金	40—750	60—1000
	遗族年恤金	15—500	25—600

资料来源：国民政府文官处印铸局出版：《国民革命军战时抚恤暂行条例》（1927 年 7 月 8 日），《中华民国国民政府公报》第 11 册，宁字第 9 号，第 1—13 页。张侠等编：《北洋陆军史料》，天津人民出版社 1987 年版，第 242—251 页。

从表 2－3 中可以看出在抚恤金额上除因公殒命外，新条例每个等级的金额都高于旧条例的标准，有的甚至翻倍。两个条例都是按上将、中将、少将、上校、中校、少校、上尉、中尉、少尉、准尉、上士、中士、下士、上等兵、中等兵、下等兵[①] 16 个军阶抚恤，相比之下优劣顿显。一方面显示出国民革命军对将士的保障和关怀，另一方面可以对各地军阀产生吸引力。

① 国民政府文官处印铸局出版：《国民革命军战时抚恤暂行条例》（1927 年 7 月 8 日），《中华民国国民政府公报》第 11 册，宁字第 9 号，第 13 页。

3. 请恤与领恤手续更规范

旧条例中请恤的手续非常简单，“受伤官佐士兵归该管长官出具切结”“死亡者之遗族，应由其本籍地方长官详细查明，取具票图及填载调查表，并出具切结”，最后，“由陆军部查核相符后，照章办理”[①]。新条例一方面强调程序的严密性。负伤要填负伤调查表，“至死亡者之遗族应由其本籍地方长官详细查明给予乙种调查表，令其填缴备文证明呈送省政府转国民政府查核相符后，照章办理”。程序上多一道省政府的审核转呈；另一方面又体现出为受恤人考虑的灵活性。“如无上项手续经国民政府核准先行给恤者，事后该管长官仍应补送调查表证明等呈国民政府备案”，而且为了表彰优异，“阵亡各军官佐如有生前功勋卓著者，或临阵率先遇害，或死事极惨被害极烈等情”，可以呈请从优议恤，但是“只准照其原级加一级以示限制”。为了能够对特别功勋者褒恤，规定“径由国民政府或总司令呈请特别议恤者，不受此限”[②]。

（二）1935年《空军抚恤暂行条例》《陆军平战时抚恤暂行条例》《海军平战时抚恤暂行条例》

1935年颁布的三部抚恤条例（简称《1935年陆海空军抚恤条例》）体现两大特点：一是突出了对和平时期军人的抚恤；二是突出了不同军种间的变化。

1. 和平时期军人的伤亡抚恤

在原来平时抚恤范围[③]内加上了一条“现役军人在平时服务期

① 张侠等编：《北洋陆军史料》，天津人民出版社1987年版，第247页。

② 国民政府文官处印铸局出版：《国民革命军战时抚恤暂行条例》（1927年7月8日），《中华民国国民政府公报》第11册，宁字第9号，第7页。

③ 《平战时伤亡抚恤划分标准》，蔡鸿源编：《民国法规集成》第48册，黄山书社1999年版，第34页。按战时抚恤条例办理者：一、自国民革命军誓师之日起至十七年北伐战役告终日止，凡参加北伐作战而伤亡者；二、捍卫国圉防御外患经战役而伤亡者；三、奉国民政府命令征讨叛逆而伤亡者。按平时抚恤条例办理者：一、各地剿匪及铲共伤亡者；二、防止变乱而伤亡者。

间，备役军人在平时应召期间”[①]，这种平战时的区分，体现了对和平时期军人的关怀，并且还规定“军法官、军用文官、军用技术人员、政治训练人员等（简称军需）得准照本条例行之”[②]。

抚恤种类同样分为“阵亡、因公殒命、积劳病故、临阵及因公受伤、伤剧殒命”五大类，“临阵及因公受伤”[③] 较以前的“临阵受伤”反映了非战斗人员的抚恤要求。对因公殒命的界定较以前有了很多新内容。“受毒气因而殒命者”表现出现代战争的新的致伤因素的考虑。积劳病故增加了“战时担任兵站勤务因尽瘁职务而病故者”[④]。而且在新的条文中解决了受伤后伤剧殒命者的界定问题，规定“一等伤伤剧殒命以六个月为限；二等伤伤剧殒命以四个月为限；三等伤伤剧殒命以二个月为限”。在期限内如果作战伤亡按战时阵亡抚恤，平时则按平时御乱被戕例办理。[⑤]

2. 对空军抚恤的优待

《1935 年陆海空军抚恤条例》最大特点是突出了军队兵种的差别。对陆军、海军、空军分别制定抚恤条例。其中对空军的抚恤最为优厚。其原因与当时的时代背景有关，第一次世界大战之后，战争呈现立体化趋势，在一战中偶试身手的空军，在战后受到各国的重视，得以长足发展。就日本而言，到 1937 年时，日本拥有战斗轰炸机 1500 架以上，且有相当雄厚的工业生产力，自制飞机源源不断出厂。[⑥] 国民政府从孙中山开始就对空军的发展给予了高度重视。一方面千方百计地筹措资金购买飞机，到抗战爆发前已经拥有各国制造的飞机 200 架（含教练机）；另一方面对飞行人才给予优厚待遇。由于空军飞行员的危险性极高，抚

---

① 《陆军平战时抚恤暂行条例》，蔡鸿源编：《民国法规集成》第 47 册，黄山书社 1999 年版，第 465 页。

② 同上书，第 47 册，第 465 页。

③ 同上。

④ 同上书，第 47 册，第 466 页。

⑤ 同上书，第 47 册，第 467 页。

⑥ 刘凤翰编：《民国军制》，中国大百科全书出版社 2010 年版，第 300 页。

恤成为飞行员身故后的唯一保障。中国第一个接受抚恤的飞行员是冯如——中国第一架飞机的制造者。1909 年 9 月冯如成功制造中国第一架可以载人飞行的动力飞机。辛亥革命成功后，冯如为了普及航空知识，唤醒国人对航空事业的热情，于 1912 年 8 月 25 日驾驶自己制造的飞机在广东燕塘大操场进行飞行表演，不幸飞机出现故障失事，当时广州军政府为了表彰其首创航空事业的功绩，认为："天下事难于创始，不难于踵武，乐于奖劝必乐于争趋。冯如以聪慧之姿，习飞行之术，殚思竭智，极深研几，不期初次试验，遂遭伤死，当从优抚恤，以慰前烈，俾旌来者。"[①] 临时大总统批准"请从优照少将阵亡给恤（银元 1000 元），并将事实宣付国史馆"[②]。

南京国民政府 1928 年 11 月正式成立军政部航空署，组建空军，1931 年有 3270 人，占军队总数的 0.18%。但是当年经费 162 万元（含抚恤费），相对于海军的 259 万元，陆军的 3378 万元，占军费总数的 10%。[③] 空军与其他兵种相比抚恤的优越性体现在：

（1）伤剧殒命的区分细化。分为当场死亡、第一延期殒命和第二延期殒命三种。[④] 其中规定"一等伤五年六个月，二等伤四年八个月，三等伤一年十个月内伤发殒命为第二延期殒命"。较之陆军、海军的延期殒命的时限更长。

（2）对阵亡、因公殒命、积劳病故的界定更为详细。阵亡分为"空中与敌作战殒命者"和"地面与敌作战殒命者"。每一种情况都分当场死亡或第一延期殒命、第二延期殒命，根据情况分别给予不同

---

① 高晓星、时平编：《民国空军的航迹》，北京海潮出版社 1992 年版，第 14 页。

② 国史馆编：《中华民国褒扬令集初编》（二），（台湾）商务印书馆股份有限公司 1984 年版，第 49 页。

③ 张梓生、章卓汉编：《申报年鉴（民国二十四年）补编》，上海申报年鉴社 1935 年印，国防第 3 页。

④ 伤重立时殒命或受伤后在七日内死亡为当场死亡；一等伤六个月，二等伤四个月，三等伤三个月期间伤发殒命者为第一延期殒命；一等伤五年六个月，二等伤四年八个月，三等伤一年十个月内伤发殒命为第二延期殒命。

抚恤。如一个空军上校在空中与敌作战，如果是当场死亡，就能得到11000元一次恤金和1050元的遗族年恤金；如果是第一延期内殒命的，则得到10000元一次恤金和1050元的遗族年恤金；如果是第二延期内殒命的，则是9000元一次恤金和1050元的遗族年恤金。而如果在地面与敌作战当场殒命，只能有2500元一次恤金和700元年恤金。地面和空中的差距在一倍左右。[①]

因公殒命则划分得更为细致。它分空中因公殒命和地面因公殒命。空中因公殒命分为平时空中因公殒命和战时空中因公殒命两种，而且对这两种的范围都有明确的界定。[②] 对每一种因公殒命的三种殒命期限，给予不同的抚恤，如一名空军上校如果战时因机械故障当场死亡，可以得到10000元一次恤金和1050元年恤金。而如果在平时机械故障当场殒命，只能得到9000元一次恤金和1050元的遗族年恤金。而在第一延期、第二延期其殒命抚恤金顺减。地面因公殒命也分为战时和平时两种[③]，但抚恤的金额要少得多。一个在地面因公殒命的上校最多只能得到1200元一次恤金和450元年恤金，一次恤金只有空中殒命的1/9，年恤金则只有不到1/2。

（3）恤金标准的变化。在没有单独的空军抚恤条例之前，空军官兵服行空中勤务时伤亡，恤金按陆军的5倍发给[④]，但执行过程中由于是否执行空中勤务难以界定，致使抚恤差别较大，如航空第三队的

---

① 《空军抚恤暂行条例》，蔡鸿源编：《民国法规集成》第48册，黄山书社1999年版，第1页。

② 战时空中因公殒命：一、作战因恶劣天候地势飞行殒命者；二、作战因机械故障飞行殒命者；三、作战因驾驶关系飞行殒命者。平时空中因公殒命：一、试飞发明飞机失事殒命者；二、试飞新装飞机失事殒命者；三、长途飞行因恶劣天候地势或机械故障失事殒命者；四、教练或练习飞行因恶劣天候地势或机械故障失事殒命者；五、长途飞行因驾驶关系失事殒命者；六、教练或练习飞行因驾驶关系失事殒命者。

③ 一、战时服作战或特别任务因而失事殒命者；二、平时剿匪或非常事变遇难被戕殒命者；三、平时服行职务或特别任务因而失事殒命者。

④ 《国民政府令》（1936年2月5日），《中华民国国民政府公报》第103册，第223号，第16页。注：在军政部拟定的《空军军官飞行遇险暂行给恤表》中规定：空军军人服行空中勤务者一次恤金按照陆海空军所定5倍给恤，但没服空中勤务时按陆军标准抚恤。

飞航员曾文炳于 1929 年 11 月在郑州讨逆时临阵负伤，该队飞航员李锡珪，观察员曾崇俊同役同日阵亡，但曾文炳只照陆军中校三等伤给恤，而李锡珪、曾崇俊分别照少校阵亡、上尉阵亡例，并援照航空人员服空中勤务殒命例，一次给予 5 倍恤金。① 1934 年《空军抚恤暂行条例》颁布以后，各种伤情的抚恤有据可依，抚恤标准也不再是整齐划一的 5 倍。从表 2－4 中可以看出在战时殒命例中，最低的一次恤金空军是陆海军的 3.75 倍，最高的一次恤金是 6.6 倍，遗族年恤金则分别为 2.25 倍和 1.8 倍。因公殒命的一次恤金则分别为 8.5 倍和 20 倍，遗族年恤金为 3 倍和 2.5 倍。而且陆海军因公殒命的抚恤金年限战时以 10 年，平时以 7 年为限，空军却以战时 20 年，平时 15 年为限。

表 2－4　　**1935 年抚恤条例中陆军、海军、空军抚恤费比较**

<table>
<tr><th colspan="2" rowspan="2">军种
种类</th><th colspan="2">海军②</th><th colspan="2">陆军</th><th colspan="2">空军</th></tr>
<tr><th>平时</th><th>战时</th><th>平时</th><th>战时</th><th>空中</th><th>地面</th></tr>
<tr><td rowspan="2">阵亡</td><td>一次恤金（元）</td><td>50—900③</td><td>80—3000④</td><td>50—900</td><td>80—3000</td><td colspan="2">300—20000</td></tr>
<tr><td>遗族年恤金（元）</td><td>30—600⑤</td><td>40—800⑥</td><td>30—600</td><td>40—800</td><td colspan="2">90—1500</td></tr>
</table>

① 中国第二历史档案馆馆藏：《国民党中央军校特别党部及航空第三大队参加蒋阎冯战役伤亡官兵抚恤》，行政院档案，档案号：2－4200－1213。

② 陆军级别一共分 16 个级别：上将、中将、少将、上校、中校、少校、上尉、中尉、少尉、准尉、上士、中士、下士、一等兵、二等兵、三等兵。

③ 16 个级别分别是：700、600、500、400、350、300、240、180、140、100、80、60、50、45、35、35 元。

④ 16 个级别分别是：1000、900、800、700、600、500、400、300、200、150、120、100、90、80、60、60 元。

⑤ 16 个级别分别是：400、350、300、250、200、160、130、100、80、60、40、35、30、25、25、25 元。

⑥ 16 个级别分别是：600、500、400、350、300、250、200、160、130、100、70、50、40、35、30、30 元。

续表

<table>
<tr><td colspan="2" rowspan="2">军种
种类</td><td colspan="2">海军</td><td colspan="2">陆军</td><td colspan="2">空军</td></tr>
<tr><td>平时</td><td>战时</td><td>平时</td><td>战时</td><td>空中</td><td>地面</td></tr>
<tr><td rowspan="2">因公殒命</td><td>一次恤金（元）</td><td>35—700①</td><td>60—1000②</td><td>35—700</td><td>60—1000</td><td colspan="2">300—20000</td></tr>
<tr><td>遗族年恤金（元）</td><td>25—400③</td><td>30—600④</td><td>25—400</td><td>30—600</td><td colspan="2">90—1500</td></tr>
<tr><td rowspan="2">积劳病故</td><td>一次恤金（元）</td><td>30—700</td><td>50—800</td><td>30—700</td><td>50—800</td><td colspan="2">300—20000</td></tr>
<tr><td>遗族年恤金（元）</td><td>25—400</td><td>25—400</td><td>25—400</td><td>25—400</td><td colspan="2">90—1500</td></tr>
<tr><td rowspan="3">负伤</td><td>一等伤（元）</td><td>30—450</td><td>40—800</td><td>30—450</td><td>40—800</td><td>50—1600</td><td>40—1200</td></tr>
<tr><td>二等伤（元）</td><td>25—400</td><td>35—700</td><td>25—400</td><td>35—700</td><td>40—1350</td><td>30—1100</td></tr>
<tr><td>三等伤（元）</td><td>20—350</td><td>30—600</td><td>20—350</td><td>30—600</td><td>30—1000</td><td>25—800</td></tr>
</table>

资料来源：根据《陆军平战时抚恤暂行条例》《海军平战时抚恤暂行条例》《空军抚恤暂行条例》，蔡鸿源编《民国法规集成》第 47 册，第 465、500 页，第 48 册，第 1 页内容整理，黄山书社 1999 年版。

二　抚恤推行中的困难及解决

条文的周密并不代表实施效果的完美，法规条文和实施条件的结合才能产生理想的效果。条文的优越性容易表达，但是实施和落实却是关键。北洋军阀的军队抚恤条例虽然与国民革命军的相差不大，但是在执行上差之千里。单就财政而言，陈志让认为军阀是私人军队，“能取得的养兵资源不多……只能做到粮饷，装备，服装，没有余力兼顾士兵的

① 16 个级别分别是：700、600、500、400、350、300、240、180、140、100、80、60、50、45、35、35 元。

② 16 个级别分别是：1000、900、800、700、600、500、400、300、200、150、120、100、90、80、60、60 元。

③ 16 个级别分别是：400、350、300、250、200、160、130、100、80、60、40、35、30、25、25、25 元。

④ 16 个级别分别是：600、500、400、350、300、250、200、160、130、100、70、50、40、35、30、30 元。

医药、教育、文化生活，更没有余力照顾军人退伍以后的生活”[①]。而国民政府抚恤条例的实施也是经历了一个不断完善的过程。

1926 年 7 月 1 日，广州国民政府正式开始北伐，随着战争进程的深入，伤亡也逐渐增多。据叶挺 9 月 9 日报告，北伐进行到 2 个多月时间，独立团就“伤亡 400 多人，逃亡病死 200 多人……”[②]，攻下武昌后全团约 70% 的人员伤亡。[③] 而国民革命军占领江西则付出了 15000 人伤亡的代价。[④] 而且越逼近直隶，北洋军的抵抗越顽强，伤亡也就越大。1928 年以前的战争伤亡从来都不超过几百人，而 1928 年后一次战役死伤几千人很普通[⑤]。根据齐锡生的计算，单是武汉国民政府的军队在河南作战中第三军团就损失 33840 人。文直公估算整个北伐战争国民革命军牺牲的营长以上的重要军官约 150 名，总阵亡人数在 5 万人左右，伤者在 7 万人左右。[⑥]

那么北伐期间受恤的人数有多少呢？据许高阳的《国防年鉴》记载，到 1928 年年底，实际受恤人数只有 2180 人，只有文直公估算的伤亡人数的 1.5% 。

表 2－5 **1926 年到 1928 年军人抚恤统计** 单位：人

	合计		官佐		士兵	
	伤	亡	伤	亡	伤	亡
1926 年（自北伐起）	572	280	81	99	491	181
1927 年	179	391	21	69	158	322

① 陈志让：《军绅政权——近代中国的军阀时期》，生活·读书·新知三联书店 1980 年版，第 2 页。

② 中央档案馆编：《北伐战争（资料选辑）》，中共中央党校出版社 1981 年版，第 2 页。

③ 曹云屏：《求索：一门三烈士》，中共党史出版社 2008 年版，第 145 页。

④ 中央档案馆编：《北伐战争（资料选辑）》，中共中央党校出版社 1981 年版，第 26 页。

⑤ ［美］齐锡生：《中国军阀政治 1916—1928》，杨云若、萧延中译，中国人民大学出版社 1991 年版，第 133 页。

⑥ 参见文直公《国民革命北伐成功史》（下），新光书店 1929 年版，第 173—189 页。

续表

	合计		官佐		士兵	
	伤	亡	伤	亡	伤	亡
1928 年	243	515	14	154	229	361
合计	994	1186	116	322	878	864

资料来源：许高阳：《国防年鉴》（第一次），香港中美图书公司 1969 年版，第 143 页。

究竟是什么原因致使抚恤率如此之低呢？国民政府此后又是如何改进的呢？下面通过对当时资料的解读，来回答上述的几个问题。

（一）北伐抚恤经费的筹措与管理

北伐时期抚恤费是包含在军费之中的，因此我们可以先来了解一下军费的状况。北伐初期的军费开支主要靠广东一省赋税和苏联的援助，在北伐最初的 10 个月里，广东每月负担 1 千万元。[①] 在北伐之前，广东一省承担国民革命军军费就勉为其难，廖仲恺在 1924 年曾致电蒋介石称："……（军费）实无法招架……弟何能为役，无论如何，请加节省，否则自困更甚。"[②] 此后，随着战争规模的扩大，北伐军人数从 1926 年的 10 万人，到北伐结束时一共有 82 个军，160 万人以上。军费支出大约在 3 亿 8 千万，而当年政府的收入不过 4 亿 5 千万。[③] 时任国民政府财政部部长的宋子文在 1928 年称，在整个北伐时期，要求他每隔 5 天向军队提供 16 万元。[④] 文直公后来追述道："惟各役伤亡甚多，奉准给予恤金者，为数寥寥，此其故一因经济困难，恤款无着……"他大致计算了抚恤费用"若阵亡给予一次恤金，残废者给予初年年抚

① 参见陈志让《军绅政权——近代中国的军阀时期》，生活·读书·新知三联书店 1980 年版，第 153 页。

② 中国第二历史档案馆编：《中华民国史档案资料汇编》第 4 辑，江苏古籍出版社 1985 年版，第 1349 页。

③ 参见陈志让《军绅政权——近代中国的军阀时期》，生活·读书·新知三联书店 1980 年版，第 154—155 页。

④ ［美］齐锡生：《中国军阀政治 1916—1928》，杨云若、萧延中译，中国人民大学出版社 1991 年版，第 161—162 页。

金，每人平均以 100 元计算，所需恤金约需 1300 万元，其每年年恤金尚未计入。仅为之统计必有惊人之数字现于统计册中”。因此建议“吾人追念铁血殊勋，似应由政府筹定大宗的款，源源发给，庶符抚恤之本旨。且以慰死安生，酬庸报功，彰国家之令典也”[①]。

由于军费紧张，所以经常出现拖欠军饷事宜。军费都欠发，抚恤金同样如此。1927 年第二、三、四集团军军饷被拖延达 6—8 个月之久。[②] 即使到 1928 年北伐后期，欠饷问题仍然存在。第四集团军司令白崇禧称：“北伐完成……惟千万革命战士，尚处饥寒交迫之中，北地深秋，莫以为计，即负伤疾病，亦无法治疗。”[③]

国民革命军总司令的蒋介石在 1927 年 11 月致电财政部催办抚恤呼吁：

> 我军誓师北伐，由粤湘鄂赣闽浙皖苏已达大江北岸，历时一年余，转战数万里，自非诸将领调度有方，各士卒舍生效命曷克臻此，然其中摧坚破锐克敌攻城，或因奋斗而残废，或为党国而捐躯，或服务辛勤积劳病故，或驰驱党国殒命，因公死亡者残骨未收，英灵何慰，伤者呻吟异地，余痛未销，甚或耄龄父母茕独无依，深闺少妇断炊有叹，或儿女甫产于闺帏而乃父已殁于战阵。凡兹苦况不忍卒言……

具体谈到抚恤现状，蒋介石不无担心。

> 此战时抚恤之举，似实为当务之急，计出师迄今先后诸役伤亡将

① 文直公：《国民革命北伐成功史》（下），新光书店 1929 年版，第 189 页。

② 陈志让：《军绅政权——近代中国的军阀时期》，生活·读书·新知三联书店 1980 年版，第 154 页。

③ 黄嘉谟：《白崇禧将军北伐史料》，（台湾）中央研究院近代史研究所 1994 年版，第 388 页。

士数逾钜万，唯请恤者纷至沓来，给与者寥寥无几，则以经济困难势使之然，非靳而不兴也，也在明瞭时局者必能仰体筹款之维艰……①

蒋介石指出改善抚恤的紧迫性。

……而一般穷苦无告之遗族以及负伤残废之官兵待恤不得，或生怨望，且将谓抚恤一条几同虚设，此种情形诚恐不免。若非赶筹的款次第给恤实无以慰伤亡之将士，亦无以全中央之信用，况值军事进展志在直捣燕京，肃清关外，为抚绥伤亡奖励士气计，对于办理抚恤事宜不容刻延，亟应呈请国民政府迅指何项的款若干，尅日着手办理，庶死者英魂稍慰，伤者藉资治疗，并以见政府待遇之优渥，使前方将士乐于用命不倦也等语。②

北伐前期军费短缺的情况一直到夺取上海之后才有所改观。其原因是得到了中国银行和江浙财团的支持。③ 根据费正清、齐锡生、罗铭、宋鸿兵等人的研究成果，整个北伐军费资金来源情况如下：苏联援助3000万金卢布；④ 发行政府公债2.16亿元；⑤ 江浙财团支持大约4100余万元；中国银行支持约250万元；⑥英美烟草公司支持200万元等。⑦ 另外随着地盘的扩大，税赋收入的增加，也是北伐后期军

① 国民政府文官处印铸局出版：《中华民国国民政府令·第54号》（1927年11月8日），《国民政府公报》第12册，第5期，第16页。

② 同上书，第16—17页。

③ 罗铭：《关于北伐战争的军费问题》，《民国档案》1992年第4期。［美］费正清编：《剑桥中华民国史》（上），上海人民出版社1992年版，第407页。注：两文都表明，蒋介石通过中国银行得到江浙财团及英美烟草公司的经费支持。

④ 宋鸿兵：《货币战争：金融高边疆》，中华工商联合出版社2011年版，第66页。

⑤ ［美］齐锡生：《中国军阀政治1916—1928》，杨云若、萧延中译，中国人民大学出版社1991年版，第152页。

⑥ 罗铭：《关于北伐战争的军费问题》，《民国档案》1992年第4期，第82页。

⑦ ［美］费正清编：《剑桥中华民国史》（上），章建刚等译，上海人民出版社1992年版，第407页。

费紧张得以缓解的原因之一。到 1928 年底，全国政权的建立，财政基础的扩大，军费才得到保证。

国民政府除积极筹措军费外，还着手对财政制度进行改革，以保证抚恤经费。蒋介石代表国民革命军司令部提出三条改进抚恤的措施：“1. 拟定条例交军政厅恤赏科办理；2. 设废病院并调查死伤官兵数目交主席团办理；3. 呈请政府迅指的款作抚恤金”[①]。

其中第三条就是建议专款专用。当时国民革命军的抚恤费是被包含在军费开支当中的，这就使得抚恤费挪为他用成为可能。蒋的建议得到中央军事委员会的认同。1928 年称：“中央虽经颁有抚恤条例，但不无与事实不合之处，且未经指定专款实行发放，距京窎远者不免偏枯情事”，建议“国府指定专款实行发放……”[②] 表 2 - 6 是在实行专款专用之前 1928 年每月的抚恤费和军费的开支分配情况。

表 2 - 6　**国民革命军 1928 年 3—7 月份军费、抚恤费开支**　单位：万元

月份	支出	抚恤费	残废军人教养院[③]	占总支出的比例
3 月份	1064	0.9	1	1.8‰
4 月份	241	1.4	0.7	8.7‰
5 月份	199	0.7	1	8.5‰
7 月份	126	0.715	1.15	14.8‰
8 月份	99	0.576	1.96	25.6‰

资料来源：根据国民政府军委会编《军事委员会公报》1928 年第 6、8、12、14 期表册内容整理。

① 国民政府文官处印铸局出版：《中华民国国民政府令·第 54 号》（1927 年 11 月 8 日），《国民政府公报》第 12 册，第 5 期，第 16—17 页。

② 国民政府军委会编：《军事委员会公报》（专件）1928 年第 13 期，第 61 页。

③ 注：此处的残废军人教养院应该是指蒋介石所说的废病院，而不是后来所指的集生产、教育、安置于一体的机构。

从上表中可以看出：抚恤费（含残废军人教养院费用）在军费开支中最高达到2.5%，最低只有0.18%，一般在1%左右。抚恤费加残废军人教养院的费用基本维持在每月2万元左右。蒋介石所倡导的专款专用在1931年的国民政府的财政预算和地方预算中得到体现，抚恤费作为财政支出经常分门单列。①

表2－7　1931—1936年南京国民政府抚恤费军费实际支出比较　单位：元

年份	1931	1932	1933	1934	1935	1936
抚恤费支出		321962.70	1926518.66	1102983.98	1500408.39	2554722.76
军务费支出		11058664.72	17078920.00	356448441.33	292931932.78	511200484.18
百分比		2.9%	11.3%	0.31%	0.5%	0.5%

资料来源：国民政府主计处统计局编：《中华民国统计提要》（1940），第146页。

表2－8　1935年统计各省抚恤费支出　单位：元

省份	江苏	江西	湖北	河南	山东	福建	察哈尔	河北	云南
抚恤费	30000	80000	63950	59659	10000	66319	4800	10615	37500
岁出	26896023	21894227	18679821	12719009	22641361	13104293	3323905	25772821	4625472
比例	0.1%	0.3%	0.3%	0.47%	0.04%	0.5%	0.1%	0.04%	0.8%

资料来源：上海申报馆印：《申报年鉴（民国二十四年）》，沈云龙编：《近代中国史料丛刊》第1编第98辑，（台湾）文海出版社1989年版，“财政”第352页。

由表2－7、表2－8可以看出抚恤费上升的幅度还是比较大的，由2万元/月上升到1932年的3万元/月，1933年的16万元/月，1934年的9万元/月，1935年的12.5万元/月，1936年的21万元/月。同时各省的抚恤费用也在财政支出中有所体现，如1935年的财政支出中，在曾经与红军及军阀战斗最为激烈的省份江西、湖北、河南、福建都达到了5万元以上，云南因为参与围剿红军也达到3万多

① 孔祥熙：《财政年鉴》，财政部财政年鉴编纂部1935年编，第1957页。

元，而未有战事的山东、察哈尔抚恤费较低。

（二）专门抚恤机构的设立与发恤的变通

蒋介石改进抚恤的第一条就是设立恤赏科专办抚恤事宜“各部队呈报手续未尽完备……且各部队伤亡官兵未据呈报，或竟无从查考者，为数尤多”①。原先的《国民革命军战时抚恤暂行条例》规定抚恤由总司令部办理。1927 年 10 月，按照蒋的建议设立军事委员会军政厅恤赏科掌管其事。但是恤赏科级别过低，与抚恤的重要性不相符合。北伐战争结束以后的 1929 年 2 月和 9 月，国民政府分别颁布了《陆海空军抚恤委员会编组大纲》和《陆海空编组委员会组织条例》，成立了抚恤委员会专管抚恤事宜。条例对抚恤委员会的构成、职责作了明确的规划，委员会下设四个处：总务处、审核处、教养处、经理处，每处各尽职责不同。②

值得注意的是，国民政府还为一些特殊情况专设抚恤机构，提高办事效率。如 1933 年，为了江西剿共的需要，特设南昌行营，颁布《南昌行营剿匪军抚恤处组织大纲》设立抚恤调查处，下属各员分头处理北路军、西路军等具体抚恤事宜，专办剿共伤亡官兵一次恤金事宜。③ 南昌行营剿匪军抚恤处直接受委员长指挥④，代表国民政府行使职权，请恤经省政府直接转呈行营即可，而且行营有直接优恤伤亡者的权力，不受只能越一级抚恤的限制。⑤ 到 1935 年江西战事结束后，这两个部门都被并入铨叙厅，设抚恤科专管。⑥ 可见，此时国民

---

① 文直公：《国民革命北伐成功史》（下），新光书店 1929 年版，第 189 页。

② 《陆海空军抚恤委员会编组大纲》，蔡鸿源编：《民国法规集成》第 47 册，黄山书社 1999 年版，第 464 页。总务处掌理关于陆海空军官佐兵夫阵亡及因公殒命各项善后（如建立碑塔铜像祠宇运柩埋葬等事）事宜并办理本会文牍庶务及部署各处的一切事项；审核处掌理关于陆海空军官佐兵夫阵亡阵伤、因公伤亡、积劳病故各项审核调查统计一切事宜；教养处掌理陆海空军官佐兵夫阵伤及因工受伤等之残废教养暨阵亡因公殒命等之遗族抚养教育各事宜；经理处掌理本会款项出纳会计保管及残废人员之被服经理各事项。

③ 参见《 南昌行营剿匪军抚恤调查处办事细则》，《军政旬刊》1933 年第 5 期。

④ 同上。

⑤ 参见《修正南昌行营剿匪军抚恤条例》，《军政旬刊》1933 年第 3 期。

⑥ 许高阳：《国防年鉴》（第一次），香港中美图书公司 1969 年版，第 143 页。

政府的抚恤机构已经能够根据军事的需要和提高抚恤效率的需要而灵活变通了。

（三）残废军人的抚恤优待

最能体现国民革命军与封建军阀不同的地方就是对待残废军人的态度。在民国以前，官府对待伤残军人多以“养”为主。如清朝的伤残兵丁“有子弟在营食粮的，每月给米 3 斗，无子弟在营食粮的，以离营之日起给守粮一份，以养终身”①。这种做法一直延续到北伐以前，只不过将昔日的“粮”改成了“恤金”。受恤人用恤金在社会上购买医疗、食物、教育等服务。但是 1927 年到 1937 年间，国内战火不断，国民党军队的伤亡超过了以往的任何一场战争。以北伐为例，文直公估算北伐国民革命军阵亡 5 万，伤 7 万，接受抚恤的人数仅 2 千多人，大部分伤兵流入社会，无所依靠，因此这段时间伤兵闹事事件频繁发生，江苏尤为严重，出现伤兵强求地方犒赏②，伤愈不愿归队，四处扰民③。武进县甚至出现伤兵抢劫杀人的事件，以至于武进县党部、商会、农会一致请求将伤兵移至蚌埠等地。④ 而蚌埠的商会、银业公会、淮盐商会等以伤兵向地方军警寻衅为由，联名要求当局将伤兵分拨他埠，以利于维持地方治安。⑤ 伤兵成了过街老鼠，人人厌恶。

1928 年蒋介石提出改善抚恤的三个建议中就有“设废病院并调查死伤官兵数目”。中央军事委员会也“并令各省设立残废工厂以教育残废官兵”⑥。而《国民革命军战时抚恤暂行条例》特别规定“凡残废士兵由政府设立废兵教养院教养之；死亡将士遗族子弟由政府设

① 刘国林：《中国历代优抚》，黑龙江科学技术出版社 1988 年版，第 61 页。

② 《制止伤兵强求地方犒赏》，《江苏省政府公报》1930 年第 537 期，第 27 页。

③ 《处理伤兵滋扰办法》，《江苏省政府公报》1930 年第 479 期，第 21 页。

④ 中国第二历史档案馆馆藏：《关于处理江苏安徽两省伤兵滋事》，档案号：2－4037－1209。

⑤ 同上。

⑥ 国民政府军委会编：《军事委员会公报》（专件）1928 年第 13 期，第 61 页。

立相当学校教育之”[1]。

1929 年 12 月 24 日国民政府特地颁布了《残废军人教养院条例》，而且又先后制定了与之配套的《伤病员兵入院条例》《伤病官兵出院暂行条例》《残废军人转院规则》《伤病官兵死亡处置规则》和《伤废官兵请领抚恤金及给予办法》等[2]，从条文上看，服务的范围已经远远超出了“养”的定义，兼有管理、教育、医疗、安置等功能。非战斗人员抚恤则规定：“战时各军佣雇人员从事战役或临阵死亡，或因公毙命，或罹各种伤痍时得按其职务之性质分别参照各恤金表与相当之恤金。”[3]

设立残废军人教养院收容残废军人，为其提供医疗、教育、就业服务。虽然没有资料说明教养院这一机构的来历，但是遍寻各国军制，只有苏联红军有这一机构，而且在北伐期间，国民革命军以俄为师，不难推测出这一机构应该是仿效苏联红军而设立的。《残废军人教养院条例》于 1929 年颁布，起初属于军政部陆军署管理，其办院宗旨是集管理、医疗、培训、安置为一体，但在实际运行过程中，情况大不一样。1930 年齐鲁大学的李树秀专门对山东的一家残废院及 41 名伤兵做了调查，认为残废军人在残废院衣、食、住、医都有保障，“残废院与济南各大医院都有联络，残废兵遇有其他临时小病，可不纳费去看病”。残废兵在残废院里每天吃三顿饭，每顿都是玉米面窝头、米汤和一些简单的菜蔬。随个人的饭量而用，没有限制；衣服床被等也均由院中供给”[4]。

但是残废院管理很松散，虽然也做些糊洋火盒子之类的工作，但

① 国民政府文官处印铸局出版：《国民革命军战时抚恤暂行条例》（1927 年 7 月 8 日），《中华民国国民政府公报》第 11 册，宁字第 9 号，第 7 页。

② 蔡鸿源：《民国法规集成》第 48 册，黄山书社 1999 年版，第 39 页。

③ 国民政府文官处印铸局出版：《国民革命军战时抚恤暂行条例》（1927 年 7 月 8 日），《中华民国国民政府公报》第 11 册，宁字第 9 号，第 7—8 页。

④ 李树秀：《41 个残废兵的研究》，载李文海等编《民国时期社会调查丛编》（底边社会卷下册），福建教育出版社 2004 年版，第 829 页。

缺乏组织；在里面的残废人是很自由的，出入可任意，即便出而不返，院中也不加追究；病好而不欲走者也听其自便。[①] 而且通过对41个残废兵的调查发现，这些残废兵要么是孤苦零丁，没有亲人的；要么是万念俱灰，无处想去的；还有的则是由于不愿回家给家庭增加负担的……可见这个教养院基本成了无法回归家庭的伤兵的收容所，这也代表了当时大部分残废院的特点。

对伤兵进行收容与管教始见于1931年陈诚在南通设立的18军军工厂，专收该军之残废军人，予以生产训练。1937年，经过整编、合并，全国有教养院4个，分设于汉口、西安、河南、安徽等处，隶属于当时的军政部军医署第二处伤管科，[②] 在院残废军人不过数千人。[③]

这些都反映出这一时期残废军人教养院并不是抚恤和安置伤残军人的主要手段，大部分的伤残军人依然领恤金，然后回归家庭，依靠社会提供的医疗、就业等服务来生存。

（四）请恤和领恤的困窘

国民政府为了规范抚恤管理，对请恤和领恤做了严格的规定，这样可以防止冒领和贪污，但也造成受恤人的困难。

1. 受恤人现场领恤的困难

根据抚恤条例受恤人要领取抚恤金必须到现场确认办理领取手续。由于受恤人，特别是遗族居住在全国各地，有时候为了恤金需要辗转千里，得不偿失。如张学骞女士的丈夫安上将阵亡后，恤金发放地在贵州，但张女士携子在京求学，而且自己“新病未廖”，更主要是“黔中道途阻滞，不能前往，即勉力至黔，而黔省财政枯

① 李树秀：《41个残废兵的研究》，载李文海等编《民国时期社会调查丛编》（底边社会卷下册），福建教育出版社2004年版，第829—842页。

② 参见许高阳《国防年鉴》（第一次），香港中美图书公司1969年版，第267页。

③ 《荣军遣散安置当局拟定四项办法》，载《残不废月刊》1947年第1卷第5期，第10页。

竭亦未见能予发给”。因此呈请能在京具领，经胡汉民、戴传贤提议，才予以就近发恤。[①] 南昌行营抚恤处长黄元秀分析本处“故奉准发给之恤令及一次恤金，尚有多数未经领去”的原因时，说：“有受恤人或籍隶远省，跋涉维艰，或家道贫苦难筹路费，且有衰年颓龄，及幼妇稚子之辈，亦极难亲身来领，若系士兵抚恤，则所领恤金本少，除川资外，将已无余”。他感到“长此久态，殊非慰藉伤残，体恤遗族之道”，因此提议“派定职员专负代领恤金由邮汇发之责”[②]。随后南昌行营颁布了《南昌行营剿匪军伤亡恤金代领转汇规则》，对此问题进行改进，规定四种情况可以转发“一、边远省份或临近省县交通极不便利者；二、伤者已成残废经审查属实者；三、亡者之父母衰老或妻子弱幼者；四、恤金数目除川资外所余无几者”。还特别提到“受恤人如系士兵，悉与代领转汇”[③]。国民政府于 1931 年 2 月 11 日颁布了《负伤官兵及死亡官兵遗族迁居领恤办法》规定：“受恤人如由甲省迁居乙省嗣后不能在原籍领恤时，应于迁居固定后将恤金抄呈迁居地县（市）政府请予备案，以便嗣后照章领恤。”[④]

2. 请恤时间太长，恤款发放不及时

按照《陆军平战时抚恤条例》的规定，受恤人要领到恤金，必须

---

① 国民政府军委会编：《军政公报》（命令）1930 年第 69 期，第 13 页。

② 国民政府军委会委员长南昌行营第二厅编：《军政旬刊》（命令）1934 年第 21 期，第 10 页。

③ 国民政府军委会委员长南昌行营第二厅编：《军政旬刊》（条规）1934 年第 21 期，第 1 页规则规定：伤者恤金得汇给其原属部队或所在医院转发，亡者遗族之恤金的汇给各该县政府饬区转发，但须将受恤人领到恤金及恤金之领据转报本行营备查。代领转汇之负责人员，由经理抚恤两处各指定职员一人会同办理。

④ 蔡鸿源：《民国法规集成》第 48 册，黄山书社 1999 年版，第 36 页。还有其他规定：县（市）政府接到上项呈报是应即派员查明该受恤人迁居辖境属实，即将原抄之恤金呈请省政府转送军政部查明原案函该原籍，省政府将恤金外备查一联调取转寄，以为发给恤金之根据，在此外备查尚未寄到以前，不得发款，但遇特殊情形，经军政部先行抄送恤金简明表者，仍应提前发给；县（市）政府接到受恤人迁居该县（市）辖境之报告时，如查明系一时旅居而无居住该地之固定性者，得随时批驳令仍回原籍领恤。

要先填调查表，然后转呈省政府审核，再转中央议恤。整个过程烦琐，公文来去至少要几个月，受恤人才能领到恤金。而阵亡或伤残官兵大多等钱救命，哪能经得住这般折腾。周浑元为其部下已故连长谭宗成写信给蒋介石鸣不平："去年10月11日，受故连长宗成胞弟宗良，前来搬运灵柩，为日已4月之久，以旅费颇巨，恤金有限，恳请早日发给……"蒋亲自批示先给一次恤金600元，乙种调查表由地方政府补呈。[①] 就连在1928年济南惨案中遇难的蔡公时等十余人，"皆身罹惨毒，为国牺牲，"国民政府特下令"除蔡公时已发治丧费三千元外，其职员张鸿渐等九员应发维持家族费500元；勤务兵王立泰等7名，各100元"[②]，外加新加坡等各地捐款，蔡公时本人1万元，职员分别给予3820元、3420元、3020元、2620元不等，勤务兵每人1659元。[③] 但是到1929年的4月9日恤金还未到位，蔡公时夫人蔡郭景惊呈请催促："……现在时经数月尚未颁发具领，抚孤度日困苦，非常拮据"。但财政部的答复是"迄未准拨付"，并称2月28日就呈请上级，但"事隔多日未准"[④]。可见请恤领恤的艰难。军委会为受恤人便利起见，呈准国民政府通令财政部、各省政府，转饬所属民政机关："嗣后凡遇请领恤金款者，就近核验恤金给与令，如无低错，即令其觅具保人，查明发给，列表登记，报部抵销，按年咨会备查，并饬令财政部查照办理"[⑤]。四川绵阳县观太乡邓贵一死亡后，遗属邓祈氏1934年6月7日请发恤金，几经省县公文周转，至1935年12月20日才领到恤金。[⑥]

---

① 国民政府军委会委员长南昌行营第二厅编：《军政旬刊》（命令）1934年第18期，第8页。

② 《国民政府为优恤济南交涉公署殉难员兵令四通》，罗家伦主编：《革命文献》第19辑，第3590—3591页。

③ 《关于山东交涉公署殉难人员抚恤案》，《外交部公报》第2卷第1号，第64页。

④ 同上书，第67页。

⑤ 国民政府文官处印铸局出版：《中华民国国民政府令·第236号》（1928年5月25日），《中华民国国民政府公报》（第16册）第61期，第39页。

⑥ 杨增义等编：《绵阳县民政志》，绵阳市民政志编写组1986年编，第177页。

为了解决这两个问题，国民政府还采取授权地方政府垫发恤金的办法。1915 年 11 月 7 日夏之麟被刺身亡，“先总理在日，尚有按月 25 元恤金，总理逝世后，并此区区之恤金亦已取消，似此情形何以慰忠魂而励来者”①。经多方呼吁，1927 年 11 月 19 日，国民政府令财政部转浙江省府，在国税项下支给夏之麟遗族一次恤金 800 元，转知该家属向浙江省政府具领②。1935 年抚恤事宜归并铨叙部之后，铨叙部制定了《划一恤金支拨办法》和《恤金支付办法》，允许各省在国税项下直接开支，将恤金垫发制度化。③ 另外，国民政府为了提高抚恤的效度，针对当时局部抗日的伤亡官兵制定了《陆海空军国际战争抚恤从优办法》，允许提前给恤，事后补办手续，使恤金能起到雪中送炭的效果。④ 中执委组织部也对党员和特工的请恤手续做了简化。⑤ 江西省主席熊式辉甚至下令“对于本行营汇寄恤款，须于款到两星期内，□屹呈复，如有延误，一经查明，即行严加处分”⑥。广东省政府也作出同样决定，并且要求各机关、医院对伤亡官兵恤款要随到随发，不得延误。⑦

但是各地财政状况不一，有的地方财源枯竭，无力垫发，托词延宕。中尉副官张忠熙二次东征时，在惠州阵亡，遗骸葬于黄浦东江烈士墓地，军委会照《国民革命军恤赏章程》阵亡例优给一次恤金 500

---

① 国民政府文官处印铸局出版：《中华民国国民政府令·第 70 号》（1927 年 11 月 21 日），《中华民国国民政府公报》（第 13 册）第 9 期，第 11 页。

② 同上。

③ 蔡鸿源：《民国法规集成》第 37 册，黄山书社 1999 年版，第 189 页。县市（隶属省政府之市）政府拨发后即检同领据向本省财政厅抵解正款，财政厅于期满后（上期六月底下期十二月底），汇集各县呈送之领据，除本省应发者外，其属于中央者向财政部呈请拨还（在财政厅兼管国税省份即在该省应解国税项下支拨，向财政部抵解，在设有财政特派员或国税收支处省份，即有财政厅径请就近拨还），其属于其他省市者即分别咨请拨还（各省市有代本省市拨款者，应照数抵除）。

④ 蔡鸿源：《民国法规集成》第 48 册，黄山书社 1999 年版，第 35 页。

⑤ 《中央执行委员会代电各级党部》，《中央党务公报》1932 年第 11 期，第 294 页。

⑥ 《江西省政府训令》，《江西省政府公报》1934 年第 58 期，第 8 页。

⑦ 《广东省政府训令》，《广州市政府市政公报》1934 年第 488 期，第 26 页。

元，年恤金300元，并颁给恤金给予令。1926年9月政治部组织科代领一次恤金及给予令，汇寄到黔。但1927年5月，其父张云兴到贵州省府核发遗族年恤金，省府起初批示应俟统筹办法后再核夺。6月以后，再呈核发，仍批静候。张云兴直接呈蒋介石抱怨道："至此种统筹办法未知何日方能实现。且民子死难，贵州无案可稽。即使筹有办法，仍难望领，荏苒数年更变难知。即有办法或无持令请领之人，伤心之余，惟有仰恳查案，明令贵州政府照发或通知政治部查照前案领汇。"①

还有的地方政府借机克扣牟利。国民革命军第2军第4师第2团团长陈咏初向原籍民政机关申请1927年、1928年两年恤金，共计400元，再遵令向原籍宁乡县公署具领。虽然两个年份恤金已到，但前湘鄂政委会却令湖南民政厅提成，官长2成，士兵5成②，照案核发。至于1927年的恤金，县公署以未奉命令，发放不敢擅行等理由搪塞。又有该军第二师连附黄桂良，临阵重伤致使手足跛蹶。政府发给恤金证后，依例每年5月以前向所在地民政机关呈领，但宁乡县仅发给三成，且系一半现金一半地方财产保管通用券，该券只能在该县八折通用③。黄桂良身躯残废，一家数口生计全赖恤金，如此发放，难以为继。不得已，陈、黄两人呈请国民政府，要求应得恤金就地如数发给，并请令饬嗣后凡遇此情形，地方政府不得减成发给，以昭公允而重恤典。

更有甚者勒索受恤人，中饱私囊。江苏铜山县的遗族田高玉梅，其夫田玉坤因遭县长王浩然亲戚陷害身亡，被准予中将因公殒命抚恤，王伙同财政副局长孙汉勋借故称："上峰支付令未到"，搁置恤

① 《中华民国国民政府训令·天字第262号》（1927年8月27日），《国民政府公报》（第11册）第12号，第48—49页。

② 《中华民国国民政府训令·第475号》（1928年9月5日），《国民政府公报》（第20册）第89期，第12页。

③ 同上。

金达数月之久。后新县长查明此事令其领恤，谁知孙汉勋索要200元回佣，田氏未答应，于是又谎称“局中无款”，后来虽然多次索恤，皆是托词延宕。最后田氏忍无可忍将其告到省政府，称其“重违上命，意图索贿”[①]，此事才得以大白于天下。

三 抚恤的实际效果考察

1927—1936年间国民政府出于体现“政府待遇之优渥，使前方将士乐于用命不倦”和“抚绥伤亡奖励士气”的目的不遗余力改进抚恤业务。[②] 值得注意的是，他们的目的，除了有激励本方将士打败各路敌对势力，特别是红军的目的外，更有以制度上、士兵待遇上的优势影响敌对方斗志的考量。如江西省政府在处理红军送回的伤兵问题时就言道：“（伤兵）在匪方备受良好优待，此即赤匪一种最毒辣之策略，若我方各县不予以方便，必生反感，事虽细微，影响极大，拟请通令各县，凡伤兵过境，须特别优待”，而且“其费用准予作正开支等请前来……”原因为“若听其流离失所，其何以策士气……”[③] 正是出于这些方面的考虑，所以南京国民政府在抚恤条例的制定，抚恤业务的推行方面还是取得了一定的成效。

（一）抚恤人数和抚恤金发放数增加

如果把1929年到1936年抚恤的人数与前文北伐时期（1926年到1928年）的抚恤人数相比，就会发现这种变化，北伐三年抚恤人数总共是2180人，而1929年抚恤人数就达到了2098人，1934年达到了22732人，为最高峰，共抚恤了69816人。可以说整个抚恤业务是逐步改善的（表2-9）。

---

① 《严查铜山县恤金案》，《江苏省政府公报》1929年第255期，第11页。

② 国民政府文官处印铸局出版：《中华民国国民政府令·第54号》（1927年11月8日），《国民政府公报》第12册，第5期，第16—17页。

③ 《规定安置匪方送回伤兵办法通令遵办》，《江西省政府公报》1933年第58期，第35页。

表 2－9　　1929 年到 1936 年抚恤统计

数目（人） 年份	合计		官佐		士兵	
	伤	亡	伤	亡	伤	亡
1929	1778	320	211	278	1567	42
1930	553	635	78	331	475	304
1931	171	1504	2	641	169	863
1932		982		399		583
1933	342	4595	43	1075	299	3520
1934	12298	10434	1632	1682	10666	8752
1935	11353	5606	1860	1497	9493	4109
1936	12139	4926	1827	1770	10312	3156
合计	38634	29002	5653	7673	32981	21329

资料来源：根据许高阳《国防年鉴》（第一次），香港中美图书公司 1969 年版，第 143 页整理。

抚恤金的实发数额从 1928 年的每月 2 万元到 1934 年仅南昌行营平均每月就达 4 万多元，从全国来看，由于高层的重视，地方政权的落实，抚恤实发金额最少的平均每月也达 42181 元（见表 2－10），这些金额还不包括残废军人教养院和年抚金的数目，就每个月而言比以前增长了 2 倍。

表 2－10　　1933 年 9 月—1934 年 11 月南昌行营抚恤统计

类别 月份	伤（人）	亡（人）	恤金（元）
1933. 9—1934. 1	31	81	75032
1934. 2	39	24	17785
1934. 3	28	38	33005

续表

类别 月份	伤（人）	亡（人）	恤金（元）
1934. 5	36	88	41715
1934. 6	214	111	39870
1934. 7	407	171	67996
1934. 8	904	149	87995
1934. 9	324	153	60342
1934. 10	438	165	70415
1934. 11	485	146	96381
合计	2906	1126	590536

资料来源：根据国民政府军委会委员长南昌行营第二厅编《军政旬刊》，1933—1934 年第 16、17、24、25、26、32、36、37、38、40、43、44 期抚恤报表内容整理。

但是应该看到，就整个伤亡人数来看，抚恤人数与应受恤的人数差距仍然很大。现在没有具体的资料表明 1927 年到 1936 年间国民党军队在对内对外战争中的伤亡人数，我们只能通过几场大的战役来估算一下：北伐战争文直公估计有 12 万人；中原大战史学界普遍认同双方伤亡 30 万人，按照 1∶1 的比例推算，国民党军应该伤亡在 15 万人左右；围剿红军的战役，仅就中央苏区而言，红军顶峰时期达 30 万人，到陕北不足 3 万人。① 红军伤亡 27 万人，同样按 1∶1 的比例推算，国民党军伤亡约在 27 万人，如果再加上其他苏区的作战以及对日的局部抗战，1927—1936 年间国民党军伤亡人数保守估计应该在 60 万以上。但抚恤人数仅 69817 多人，大约为 10%。这意味着 90% 的阵亡和伤残官兵没有受到抚恤优待。

（二）逐步建立了一套较为成熟的抚恤体系

这套体系包括从中央到地方管理部门的条例、办法，以及非常时

① ［美］何炳棣：《明初以降人口及其相关问题（1368—1953）》，葛剑雄译，生活·读书·新知三联书店 2000 年版，第 293 页。

期的运作方法，如南昌行营为提高抚恤效率所采取的一些措施，都为抚恤业务的扩展提供经验。值得注意的是，地方政府在抚恤实施过程中，对抚恤制度细节的完善做了很多补充。

如计算恤金开始时间的规定。1930 年 5 月 1 日，广东省政府致函军政部称："伤兵及阵亡军人遗族到署请领恤款时，缴验恤金给予令内所载受恤年期，有给若干年限者，有给予终身者，有在十九年填发之给予令，受伤则在此十六七八年不等，又有在十八年填发给与令，而至十九年始到署请领恤金。"于是恳请"核定第一年，以免参差计填"，1935 年的抚恤条例就规定："按战时抚恤条例第 16 条所载，填发恤金之年为发给恤金之第一年，而不能以各该受恤人伤亡之年为准。"①

如在恤金的继承权问题上，抚恤条例规定遗族领恤，但是有的遗族亡故，于是就立嗣续恤，此事在北平被率先规定："请恤表内如未填子嗣者不得以恤金关系续请立嗣，已杜流弊。"② 此事在湖南也被同样执行③，而且湖南还规定将不守妇道的受恤人取消受恤资格。④为了确认伤兵身份，责成族长、保甲长共同负责，缮具理由，填写保结，也是确保恤金准确发放的一大创新，因为"保甲长对于所属居民均系邻里，平日有相当的认识及考察"⑤。

另外，对冒领、诈领、蒙领恤金的现象也是严厉打击。如第六军的雷兴万因排长滕发桂亡故无遗族受恤，就伪造印章文书，并黏附自己相片，冒领恤金，被察觉后，以诈财罪未遂判处有期徒刑 2 年。⑥湖南东安县郭巨泉伙同李青、县长秘书刘震初、科长石鼎新，私设恤

① 国民政府军政部编：《军政公报》1930 年第 67 期，第 106 页。

② 《训令第 2507 号》，《北平市市政公报》1936 年第 361 期，第 23 页。

③ 《指令第 1366 号》，《湖南省政府公报》1937 年第 655 期，第 2 页。

④ 《指令秘文字第 2764 号》，《湖南省政府公报》1936 年第 398 期，第 10 页。

⑤ 《奉令饬死亡官兵请恤应责成族长保甲长共同负责等因令仰遵照》，《湖北省政府公报》1936 年第 166 期，第 6 页。

⑥ 国民政府军政部编：《军政公报》1931 年第 106 期，第 138 页。

金保管委员会，冒领金福青、席鑫等恤金 3840 元，后经告发，公务员交由中央公务员惩戒委员会处理，其余人员酌情受刑。[①]

第二节 酬绩与慰勤：南京国民政府初期公教人员的抚恤

1927 年南京国民政府建立后，言称继承孙中山“三民主义”，并以建国大纲为蓝图，建立了行政、立法、司法、考试、监察五院制的国家权力机构。服务于这些机构“食利”阶层——公务员[②]和各中小学、大专院校的教职员工构成了国家行政和教育的主体。傅肃良对公务员抚恤的定义为：“政府对亡故公务人员，为酬庸其生前服务及功绩，给予其遗族抚恤金，以安抚遗孤生计。”[③]

这些人一方面是国家意志和权力的执行者及传播者，对他们的因公殒命、积劳病故、意外伤亡进行抚恤有助于国家政权的稳定。如时文所言：“公务员献身国家，专心尽职，如因公伤亡或积劳病故，国家应予以抚恤”，可以“尽瘁职务，祛除后顾之忧”。[④] 另一方面，这类人群不能像农民依托土地，工人依托工厂那样有所保障，他们唯一的依靠就是所服务的国家机构。“公务人员为国服务，在任职期间不得经营商业以别谋收入，非依法令，不得兼任他项公职或业务，且纵依法令兼任，亦不得兼薪及兼领公费，因此公务人员仅能依赖每月薪俸以仰事俯蓄，若其因执行职务或罹病死亡，遗族生活势顿失依持。”因此，国民政府制定法律建立抚恤制度，能

---

① 《湖南省政府训令》，《湖南省政府公报》1936 年第 502 期，第 1 页。

② 为了和民国北京政府的文官制度相区别，同时为了体现孙中山“官吏是民之公仆”的思想，逐渐沿用当时世界上比较流行的公务员的概念，公务员逐渐取代了文官的概念，它包括文官、警察和司法官。

③ 傅肃良：《考铨制度》，（台湾）三民书局 1980 年版，第 500 页。

④ 国民政府主计部统计局编：《中华民国统计年鉴》，中国文化公司 1948 年 6 月发行，第 424 页。

够“俟死亡事实发生，依据法律拨给公务人员遗族恤金以赡养遗孤，既示抚慰，复资矜恤”①。

另一个原因，就是国民政府出于高薪养廉的考虑。孙中山在建国之初就对官吏腐败现象高度重视，他认为，官员的廉洁与待遇有很大关系，官俸太薄，官员则大肆贪污为退休做准备。“为官一年，则尽一年之力以刮削；为官一月，则尽一月之力以刮削”②。立法院在为官吏制定薪俸标准时亦言：“我国官吏之贪污几为必然之事，推原其故……由于俸给之不敷维持相当生活亦为主要原因。俸给数额如能使公务员在相当之生活程度内仰事俯蓄，而外兼能稍事储蓄，则贪污之引

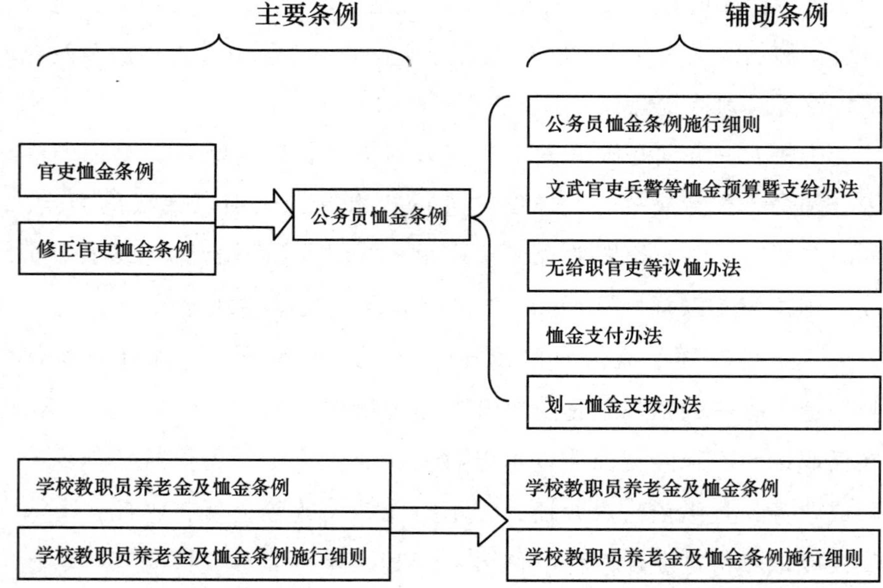

图 2－2 南京国民政府公教人员抚恤条例网络图（1927—1937 年）

资料来源：蔡鸿源编：《民国法规集成》第 16、37、59 册，黄山书社 1999 年版。

① 考试院考铨指导委员会主编：《中华民国铨叙制度》（下），（台湾）正中书局 1983 年版，第 411 页。

② 孙中山：《在广东各界人士欢宴会的演说》，《孙中山全集》（第 7 卷），中华书局 1985 年版，第 150—151 页。

诱既除，身心安定，作奸犯科之事，自不肯为。”① 在 1927—1937 年的 10 年间，国民政府颁布了 12 项公教人员抚恤法规。起初主要是沿袭北洋政府的抚恤条例，1934 年才正式颁布自己的公务员恤金条例，然后在施行的过程中逐步加以补充和完善。

从图 2 -2 可以看出，南京国民政府关于公务员的抚恤制度的发展主要包括两个时期，以 1934 年《公务员恤金条例》为界，前期的《官吏抚恤条例》主要以沿袭北洋政府时期的文官和警察抚恤条例为主；后期的《公务员恤金条例》则包括了众多国内国外因素，辅助条例是对条例施行过程中的主要问题予以解决。从法规的类型来看，主要是对条例抚恤对象的确定和恤金发放的规定。而教师的抚恤则一以贯之地执行 1926 年颁布的《学校教职员养老金及恤金条例》，一直到 1944 年。

一　公教人员抚恤机构、抚恤对象的特点

南京国民政府的考试院负责公务员的考选和铨叙，其中铨叙部“掌理全国文官、法官、外交官、其它公务员及考取人员之铨叙事项”②，包括甄别、考核、任用、奖恤、俸给等事宜。1928 年戴季陶在南京鸡鸣寺关岳庙筹建考试院，建立考试院编译局，编译各国行政制度。③ 随后任命张难先为铨叙部部长，1930 年 12 月钮永健任南京政府铨叙部部长，1935 年改由石瑛担任。厘定公务员考试法规，将原由内政部、司法行政部制定的《官吏恤金条例》加以修订。④

根据 1928 年颁布的《考试院组织法》：“考试院为国民政府最高

---

① 《制定官俸法规案审查报告》，《立法院公报》1935 年第 66 期，第 31—32 页。

② 考试院铨叙部编：《铨叙年鉴续编》（1931—1933），大陆印书馆 1934 年版，第 137 页。

③ 参见陈天锡《戴季陶（传贤）先生编年传记》，沈云龙编：《近代中国史料丛刊续编》第 43 辑，（台湾）文海出版社 1989 年版，第 99 页。

④ 同上书，第 117 页。

考试机关，掌理考选、铨叙事宜。”① 1930年1月，考试院正式成立，1931年1月，公务员抚恤的管理机构，考试院下属的铨叙部成立。下设秘书处、登记司、甄核司、育才司、铨叙审查委员会和法规编审委员会。其中育才司第二科掌管“年金之储蓄审查，及奖恤之办理审查等事项”“铨叙审查委员会以铨叙部次长、各司长、甄核司各科长、育才司一二两科科长，掌管公务员成绩、任用资格、升降、转调、免职、供给、年金及奖恤审查之复核事项……”②

当时全国各地的公务员抚恤都必须报请中央铨叙部审查，费时费力效率低。1936年6月15日，国民政府颁布《铨叙处组织条例》规定：“铨叙部得于各省设铨叙处办理各该省委任职公务员之铨叙事宜，铨叙处依铨叙部指定得兼办邻近省市委任职公务员之铨叙事宜。”③但是“初以经费支绌，未及设立……”④ 该条例抗战爆发后于1940年施行。

而抚恤对象的厘定则经历了一场争论。在1931年出现过将公立教师列入公务员范围之内的争论，考试院认为：“（教职员）在作育人才，似较普通行政官吏尤为重要，自应同受国家之指挥监督，同享国家之保障奖励。”⑤ 但是，“事实上的种种困难致未实现”，铨叙部拟定教育人员铨叙办法大纲规定：“凡公立中等以上学校校长，独立学院院长，及公立社会教育机关主管人员经审查合格，拟定办法铨叙……”⑥，教师虽然享受的抚恤待遇与公务员差不多，但属国家教育拨款，所以只规定校长和行政人员作为公务员考铨。1927—1937

① 林新奇：《中国人事管理史》，中国社会科学出版社2004年版，第359页。

② 行政院行政效率研究会筹备处编：《行政效率》1935年第2卷第8期。

③ 司法院参事处编：《新订国民政府司法例规》第1册，第201页，1940年10月。

④ 陈天锡：《戴季陶（传贤）先生编年传记》，沈云龙编：《近代中国史料丛刊续编》第43辑，（台湾）文海出版社1989年版，第246页。

⑤ 陈天锡：《考试院施政编年录》（初稿第2编），出版社不详，1935年版，第80页。

⑥ 《公立学校教育人员将施行铨叙办法》，《全国学术工作咨询处月刊》1936年第7期，第62页。

年资料中关于教师抚恤内容很罕见，原因有二：（1）教师职业较为安定，因公伤亡人数几乎没有；（2）由于国民政府沿用的 1926 年颁布的《学校教职员养老金及恤金条例》规定，一般要连续服务 10 年以上才能享受恤金。民国政府成立不过 10 多年，所以符合条件的受恤人少之又少。

在已受恤的抚恤人群中以警察为大多数。以 1930 年为例，从不同职位级别的领恤者身份来看，文官、司法官 126 件，仅占领恤总数 16.7%，警察官、长警领恤案有 628 件之多，占领恤总数的 83.3%（表 2－12）。

表 2－11　**1930 年领恤官吏退职及死亡时职别统计**　单位：（件）

		一次恤金	终身恤金	遗族一次恤金	遗族恤金	合计	百分比（%）
文官			4	73	39	116	15.2
司法官			1	5	4	10	1.3
警察	警察官		4	52	63	119	15.9
	长警	24	29	227	229	509	67.6
合计		24	38	357	335	754	100

资料来源：根据《考试院公报》1930 年第 1 期内容整理。转引自张春志《民国文官抚恤制度研究》，安徽师范大学 2010 年硕士学位论文，第 29 页。

如果再从表 2－12 中考察请恤原因就会发现，领取遗族一次恤金和遗族恤金的人中积劳病故、因公亡故等自然亡故的只有 242 人，占请恤总数的 32.2%，占遗族请恤总数的 34.97%；而因公被刺、济南殉案、被共党“杀害”、被“匪”杀害、“剿匪”阵亡、防俄阵亡等内战死亡的有 450 人，占遗族抚恤总数的 59.64%，占遗族请恤总数的 65.03%。可见大部分的请恤官吏都是遇难于战火之中。

表 2 - 12　　1930 年准领官吏恤金请恤原因统计　　单位：（人）

	剿匪受伤	因公受伤	因公致疾	防俄受伤	年老力衰	因公被刺	被共党杀害	济南殉难	剿匪阵亡	积劳病故	被匪杀害	因公亡故	防俄阵亡	合计
一次恤金	15	8		1										24
终身恤金	10	8	4		16									38
遗族一次恤金						1	6	2	167	64	44	68	5	357
遗族恤金						1	7	2	178	59	32	51	5	335
合计	25	16	4	1	16	2	13	4	345	123	76	119	10	754
百分比	3.3	2.1	0.13	0.53	2.1	0.26	1.7	0.53	45.75	16.4	10.1	15.8	1.3	100

资料来源：《考试院公报》1930 年第 1 期，转引自张春志《民国文官抚恤制度研究》，安徽师范大学 2010 年硕士学位论文，第 28 页。

二　抚恤条例在曲折中演进

1927 年 9 月 9 日，南京国民政府公布《官吏恤金条例》，集退休、抚恤于一体，可谓国民政府退休抚恤制度之滥觞。① 因为北洋政府 1914 年颁布的《文官恤金令》与《警察官吏恤金给予条例》，“公务员各种恤金均极低微”②，“不易维持最低生活，并且不论年资长短，均按同一比率给付，缺乏功绩报偿意义，难以鼓励官吏奋发进取”③。《官吏恤金条例》除了对恤金标准作了调整外，抚恤范围、恤

① 考试院考铨丛书指导委员会主编：《中华民国公务人员退休抚恤制度》，台北正中书局 1984 年版，第 31 页。

② 徐矛：《中华民国政治制度史》，上海人民出版社 1992 年版，第 280 页。注：据 1914 年的《文官恤金令》和《警察官吏恤金给予条例》，文官抚恤的最高恤金，终身恤金只有退职时俸给的 10/60，然后根据年限递增或减 1/60；警察稍高，但遗族恤金最多只有 5 年。

③ 考试院考铨丛书指导委员会主编：《中华民国公务人员退休抚恤制度》，台北正中书局 1984 年版，第 34 页。

金的种类、受恤条件、恤金标准、遗族恤金领受权、遗族恤金的领受顺序等基本沿袭了北洋政府的制度。最大不同有两点：一、将警察和文官抚恤合二为一，统一采用工资标准计算①，根据在职年限和最后薪俸来抚恤，具有按功绩而恤的思想；二、抚恤金较以前高许多。以文官为例，同样一个工作 10 年因公亡故者，按以前条例只能拿到最后俸给的 1/4 的一次恤金②；而新条例规定，在职 10 年以上、勤劳卓著亡故者按其最后在职时的俸金的 1/10 发给遗族作为年恤金，恤金的提高有助于增强保障能力。

（一）《官吏恤金条例》的运行

制度的运行远比制定更为复杂，与军人抚恤需要解决的效率低的问题相比，公务员由于岗位相对固定，恤金容易发放到位，它的首要问题是对受恤人身份的甄别。仅以 1933 年为例，“京内外各机关为伤亡退职之公务员或其遗族请恤，本年 400 余案，内共 590 余员，除其中有尚未退职，或退职已久，或死亡前已卸任，或子女已达成年，或任职未达法定年限，或非委任官而又非警察，或死亡事实与公务无关系者，计凡 20 余员依法不能给恤”③。

《修正官吏恤金条例施行规则》第 1 条规定：“本条例所称文官、法官、警察官吏以服务于国民政府为限；文官、司法官须委任以上依法任用者方得依本条例请恤。”④

总理陵园管理委员会常务委员林焕庭“早年参加革命，功成不

① 注：《警察官吏恤金给予条例》中将警察分为简任、荐任、委任、巡官、巡长、巡警 6 大类进行统一比率抚恤。缺乏年限、受伤程度不同的区别对待。而《官吏恤金条例》则是按在职年限和最后薪俸来抚恤。

② 注：《文官抚恤令》规定：文官在职满 10 年以上及未满 10 年给退职者以退职时俸给的 10/60，文官在职满 10 年以后每增加一年，递次加给退职时俸给之 1/60。终身恤金之支给自退职之翌月起至死亡之月止。

③ 《1933 一年的铨叙》，《时事大观》（下），上海时事新报 1934 年 4 月 1 日发行，第 83 页。

④ 《修正官吏恤金条例施行细则》，彭勃、徐颂陶主编：《中国人事行政法律大典》，中国人事出版社 1995 年版，第 1397 页。

居，恬淡襟怀，群流景仰。民国14年后，筹办总理陵墓工程，悉心规划，懋著勋劳，兹闻溘世，殊深悼惜……”。1933年10月16日，考试院戴季陶亲自提议由行政院转饬财政部拨给治丧费3000元，并交考试院从优议恤。[①] 但铨叙部根据《官吏抚恤条例》11月8日的回复道：“（林焕庭）既非现任官吏，亦未受官吏恤金，无从依照官吏抚恤。”但是碍于林的功勋，“拟请中央照党员特殊功勋为党身故例，特予优恤”。最后经中央执行委员会第93次常委会讨论，还是依照党员抚恤条例给予最高金额年金。[②]

无独有偶，侨务委员会委员黄吉宸积劳病故，申请优恤。铨叙部认为“任职不到三年，核与官吏恤金条例各条款，均不相符。惟该委员追随总理参加革命，已历30余年。功在党国，若不特予优恤，似无以激劝，而励来兹”，转请中央执行委员会讨论时特别强调，“拟请援照抚恤总理陵园管理委员会委员林焕庭案，按照党员抚恤条例请恤”[③]。

林焕庭、黄吉宸均属革命元勋，且请恤时有显要为其出面，铨叙部虽不能有违成法，但都尽力变通处理，为其转呈中央。

对于一般下级官吏，处理则比较直截了当。如“外交部讨论委员会常务委员朱成章，因公殒命，由部拨给恤金1000元。”然后申请官吏抚恤，但铨叙部“查该故委员朱成章系外交部聘任人员，原非官吏，且计算恤金，以官吏最后在职时之月俸为率，该故委员既未支领薪费，更属无从核算，未便使用官吏恤金条例议恤”[④]。

鉴于此类恤案的多发，1933年12月26日，国民党中央政治会议第388次会议进行讨论，做出了此类恤案的解决办法，即《无给职官吏等议恤办法》。“一、明令派充之无给职官员原则上不给恤，惟有特殊功勋者由各院院长依其事业身份比照现任给职文武官员议恤，提

① 《审核官吏恤金案》，《考试院公报》1933年第10期，第55页。

② 《审核官吏恤金案》，《考试院公报》1933年第11期，第62—63页。

③ 《审核官吏恤金案》，《考试院公报》1934年第1期，第37页。

④ 《关于办理请恤事项之驳复案》，《考试院公报》1931年第4期，第59页。

请国民政府核定；二、各机关有给职之非官员即聘任人员根据死亡者最后俸给数目比照官吏恤金条例由铨叙部议恤；三、学术机关职员受有政府聘任者凡属无给职原则概不给恤，其有特殊功勋者由各院院长依其事业身份比照现任有给职官员议恤，提请国民政府核定……"[①]

1933 年 6 月 18 日，中国民权保障同盟的总干事杨杏佛在上海遭暗杀身亡，由于杨杏佛早年革命，曾任东南大学教授、中国科学社第一届理事会理事、孙中山的秘书。汪兆铭、叶楚伧、于右任出面请恤，称："已故杨铨同志，平日致力科学及在中央研究院办事，卓著勤劳，在沪被刺，情殊可悯，请予以优恤。"虽然铨叙部核查后称："遵查中央研究院组织法第 1 条规定该院为中华民国最高学术研究机关，与普通行政机关似属有别，又第 4 条之规定总干事一职由院长聘任，亦与修正官吏恤金条例施行细则第 1 条所称，文官须委任以上依法令任用者不符，未便按照官吏恤金条例议恤，是否有当……查已故中央研究院总干事杨铨，系属学术机关聘任职员，核与修正官吏恤金条例施行细则第 1 条第 2 项[②]所称文官不同，自未便由部依例议恤。"但是教育部长蔡元培能够根据《无给职官吏等议恤办法》以杨教授的身份"准予发给遗族教育费每年 2000 元，继续 10 年，并一次拨给，经院议决通过，除令财政部照拨外，呈请鉴核备案，到府，经府指令准予备案在案"[③]。

此项决议受惠者不乏一些底层职员。河南省河务局呈"汛目董守忠、汛兵朱炳章均属因公殒命"，"查汛目汛兵，负防守河堤之责，职务尚属重要，应比照警察条款办理，以示激励"[④]。其中亦不乏外

---

① 陈天锡：《考试院施政编年录》（初稿第 2 编），出版社不详，1935 年版，第 154—155 页。

② 《修正官吏恤金条例施行细则》，彭勃、徐颂陶主编：《中国人事行政法律大典》，中国人事出版社 1995 年版，第 1397 页。注：第 1 条规定，本条例所称文官司法官警察官以服务于国民政府统治下为限；文官司法官须委任以上依法令任用者方得依本条例请恤。

③ 《审核官吏恤金案》，《考试院公报》1933 年第 10 期，第 56—58 页。

④ 《审核官吏恤金案》，《考试院公报》1931 年第 3 期，第 8 页。

国人，1935 年北平市公安特务督察挪威人曼德在该局服务 20 余年，身故。查公务员恤金条例对于外籍人员给恤办法并无明文规定，亦乏前例可援。然中政会根据《无给职官吏等议恤》决议比照《公务员恤金条例》，核给一次恤金 960 元。①

此外，《官吏恤金条例》中一些概念有些模糊不清，使得执行过程中争议较大。如因公亡故与积劳病故之间区别很不明显，难以区分，使所受恤金差别较大。如文官印铸局技师吴景潜，曾任广东兵工厂机器厂主任 、湖南铁工厂工务科长、湖南黑铅炼厂机械工程师、自民国十七年十一月奉委为职局技士，任监督印刷所工厂事务，并计划各项书表册据格式、监修机械，并监造本府图书馆工程事务。“服务以来，勤慎靡懈、深资得力。本月初旬，因劳苦过甚，感受风寒，医治无效竟于 12 月 20 日逝世，实堪悼惜。且身后萧条，无以为殓，尚遗有妻室子女数人，茕茕旅舍，孤寡无依，观兹惨状，良用恻然”。

文官印铸局认为“伏查官吏恤金条例第九条之规定，官吏因公亡故，得按其最后在职俸给十分之一，给以遗族抚恤金，又同条例第 13 条之规定，官吏因公亡故，除依第 9 条给恤外，得于该官吏最后在职时两个月俸给之内，酌给其遗族一次恤金。给予遗族一次恤金 360 元，饬由本府会计室先行拨给，俾克治丧。其年恤金一项，以该故员遗族现居都门，无计返湘，子女幼弱，端赖教养，拟请准予径由本府按期发给，以为赡养，孤寒有赖，存殁均戚。”②

但是铨叙厅根据提供的事实表认为：“查该技士吴景潜死亡原因，系属积劳病故，与公务无何等直接因果关系，似难依据因公亡故之款议恤，但查在职已有十年以上，拟依官吏恤金条例第 9 条第 2 款之规定，按其最后在职时月俸 180 元之 1/10，给予遗族恤金年额 216

① 《审核官吏恤金案》，《考试院公报》1935 年第 12 期，第 95 页。

② 《审核官吏恤金案》，《考试院公报》1931 年第 2 期，第 21—22 页。

元。”① 意思是吴氏遗族无权领取 360 元一次恤金两者的说法都有根据，说明法规的执行仍然需要一定的主观判断。

另一个案例更是真伪难辨。据建设委员会呈：安徽建设厅厅长程振钧兼任实业部工业司司长，历任浙江省政府委员兼建设厅厅长、民政厅厅长，“皖省灾乱之秋，财政奇窘，人多以舍易就难、竞向劝阻，乃竟不顾一身之成败利钝，毅然就任”。“夙具热忱，效命党国，扬历中外，历著成劳，卒于本年 8 月 8 日”，且“居官清介……所遗子女七人，均幼，尚有在襁褓中者，此后教养无资，情殊可悯”。1932 年 11 月 4 日，建设委员会建议“国家笃念尽劳之意，破格予以优恤”。陈公博、孔祥熙及徽宁旅沪同乡会亦先后电请行政院从优给恤。② 但国民政府 1933 年 2 月 15 日“兹据复称，遵查程振钧死亡事实，仅合《官吏恤金条例》第 14 条之规定③，拟按其最后在职时月俸 525 元给予两个月俸给之遗族一次恤金 1050 元，至该故委员宦劳党国，懋著勋猷，应如何从优议恤之处，格于条例，未便悬拟……”④ 意味着程氏只能按积劳病故抚恤。其妻程戴竞英对此种结果非常不满意，1933 年 6 月 28 日上呈国民政府称：“夫振钧身体素极强壮，尝言国难方亟，非全国上下，努力建设，不足以救危亡。当任安徽建设厅长之时，叠奉中央最高军事领袖电谕修筑京芜芜屯杭徽宣长安合及皖西各干路测量计划，积极施工，又以水电、电气、农林、工矿各事，与夫皖中南北急工振诸端，同时规划实施，不遗余力，复因省中财政艰窘，迭次往来京汉沪杭等处，筹款募债，冒暑遄征，体气大为损伤，未故前一日，适由京沪公回，漏夜赶办要公，心力交瘁，遂至

---

① 《审核官吏恤金案》，《考试院公报》1931 年第 2 期，第 21—22 页。

② 《审查官吏恤金条例案》，《考试院公报》1932 年第 7—12 期合刊，第 163—165 页。

③ 《官吏恤金条例》第 14 条规定：官吏在职 3 年以上未满 10 年而亡故者按其最后在职时 2 个月之俸给予其遗族一次恤金。铨叙部认为程振钧任安徽建设厅厅长不足 10 年，故只能按这一条规定抚恤。

④ 《据铨叙部呈复审核程振钧恤案转呈审核》，《考试院公报》1933 年第 2 期，第 76 页。

以身殉职，委系在因公亡故之例。”应该“按其最后在职时俸给1/10，给以遗族恤金”[①]。此事最后仍以国民政府意见为准。两者差别很大，年恤金可以享受至受恤人亡故或成年。一次恤金只能解决一时之需。另外，还有心神丧失、因公残废等的界定中都缺乏客观的标准。为此，1934 年的《公务员恤金条例施行细则》特别就因公亡故做了解释：“一、因执行职务所生之危险受伤或致病以致死亡；二、因出差遇险或罹疾病以致死亡；三、在办公突遇意外危险以致死亡”[②]。而心神丧失、因公残废则以“官厅认可之医生诊断书及服务机关之证明书”为准。[③]

另外，年限的界定有些脱离实际。最早出现的争议是关于警察的服役年限问题，条例中限以年逾六十。持异议者认为“长警服不眠不休之勤务，暴露风雨，精神心力，最易销靡，一届五十……”60 岁超过了长警这个工作所要求的身体、年龄要求，“恐与实际未合，似宜酌量修正，拟请将退职长警年龄限制，改为 50 岁”。铨叙厅在上呈给国民政府时也称：“长警地位接近民众，职务尤为重要，劳苦倍逾寻常，栉风沐雨，寒暑无间，昼夜从公，不遑甬息，精力易耗，衰损较速。平时自应有以安其心绪，俾无后顾之虑，斯能期其贞固，藉收整饬之功”[④]。1931 年 12 月 19 日国民政府正式下文修改为：“（官吏）在职 15 年以上勤劳卓著年逾 60 自请退职但长警年逾 50 得退职受恤”[⑤]。

有些年限界定不够严谨。如《官吏恤金条例》第 14 条规定，“在职 3 年以上未满 10 年而亡故者，给予两个月俸给之遗族一次恤金……”这就意味着“如在职 3 年零 1 个月与 9 年又 11 个月者，受同等恤金”[⑥]。

① 《修正官吏恤金条例案》，《考试院公报》1933 年第 6 期，第 113—114 页。
② 《公务员恤金施行细则》，蔡鸿源编：《民国法规集成》第 37 册，第 186 页。
③ 同上。
④ 《修改官吏恤金条例案》，《考试院公报》1931 年第 11 期，第 47 页。
⑤ 《修改官吏恤金条例第三条条文》，《考试院公报》1932 年第 1—6 期合刊，第 2 页。
⑥ 《修正官吏恤金条例案》，《考试院公报》1933 年第 6 期，第 66 页。

"监察院委员周觉扶躬清介，学术湛深，早岁加入革命，宣传主义，整饬纪纲勋勤懋著。兹闻溘逝，珍惜殊深……交考试院转饬铨叙部从优议恤，以彰忠烈"。铨叙部："经查表填该委员系积劳病故，在职未满 10 年，仅合官吏恤金条例 14 条之规定，应按其最后在职时月俸 675 元，给予 2 个月之遗族一次恤金 1350 元……嗣国民政府特予从优议恤之处，本部格于条例，未便擅拟……"① 如按 10 年计算则有 804.5 元的遗族年恤金。

（二）《公务员恤金条例》的修订

铨叙部综合各方意见于 1933 年 6 月 17 日公布了包括以上在内的 6 点不足，并在 1934 年推出的《公务员恤金条例》中一一做了修改。（见表 2－13）

（1）条例第三条第二款规定终身恤金的给予范围是"因公受伤致身体残废不胜职务；因公致病致精神丧失不胜职务；在职 15 年以上身体残废不胜职务；在职 15 年以上勤劳卓著年逾六十自请退职但长警年逾五十得退职受恤"②。人们认为"所称因公致病，精神丧失，不胜职务等语，似嫌宽泛，且易滋弊端，虽精神丧失与身体残废不同，其因公亡故则一，……"铨叙部修改意见为："拟将此款删去，归纳于第一款，修正为因公受伤或致病致成残废不胜职务"③。

（2）条例第三、第四两款及第九条第二款规定官吏享受年恤金的在职期限为 10 年。不同意见者认为"民国成立已 22 年，原条例第三条第三第四两款及第九条第二款规定在职 10 年以上，即可享受年恤金，年限过宽，恐失之滥……"，铨叙部认为"兹参考外国抚恤成

① 《审核官吏恤金案》，《考试院公报》1934 年第 2 期，第 105 页。

② 《官吏恤金条例》，国民政府主计处岁计局编：《岁计法令汇编》，1935 年版，第 166—171 页。

③ 《修正官吏恤金条例案》，《考试院公报》1933 年第 6 期，第 66 页。

法，准酌我国财政状况，修正为在职15年以上”①。

（3）遗族领受恤金之顺序，依条例第10条规定，为亡故者之妻，其妻受领后，发生亡故或改醮情事，该项恤金可否移转于未成年之子女，原条例并未规定，现在发生此类情事，请求救济者不少②。《公务员恤金条例》则对此点做了补充，遗族顺序第一款亡故或改嫁时其恤金分别移转于第二款遗族领受，经移转后领受恤金人未成年亡故时，并得分别移转于第三款遗族领受③。

（4）关于请给恤期限，原条例疏漏未作规定，1934年新条例规定为公务员年恤金在公务员死亡之月起两年内，遗族恤金三年内不请求时其权利消灭④。而且《公务员恤金条例》对根据任职年限给恤做了不同规定。

> 一、在职3年以上6年未满者，按其最后在职时2个月俸额给恤，但对于委任警官以3个月为率，对于长警以4个月为率；二、在职6年以上9年未满者，按其最后在职时3个月之俸额给恤，但对于委任警官以4个月为率，对于长警以5个月为率；三、在职9年以上12年未满者，按其最后在职4个月之俸额给恤，但对于委任警官以5个月为率，对于长警以6个月为率；四、在职12年以上15年未满者，按其最后在职时5个月之俸额给恤，但对于委任警官以6个月为率，对于长警以7个月为率。⑤

（5）公务员甄别审查条例及任用法，“均经先后施行，嗣后官吏请恤，除政务官及长警外，非根据上项法令，经本部登记有案者，不

① 《修正官吏恤金条例案》，《考试院公报》1933年第6期，第66页。

② 同上书，第67页。

③ 《公务员恤金条例》，蔡鸿源编：《民国法规集成》第37册，黄山书社1999年版，第185页。

④ 同上。

⑤ 同上书，第184页。

必给恤……”①

表 2－13　　《官吏恤金条例》《公务员恤金条例》比较

类别＼法规		官吏恤金条例	公务员恤金条例
受恤范围		因公受伤致身体残废不胜职务；因公致病致精神丧失不胜职务；在职 10 年以上身体残废不胜职务；在职 10 年以上勤劳卓著年逾 60 自请退职但长警年逾 60 得退职受恤。	因公受伤或致病至成残废或心神丧失不胜业务；在职 15 年以上身体残废不胜职务；在职 15 年以上勤劳卓著年逾 60 自请退职但长警年逾 50 得退职受恤。
恤金种类		终身恤金、一次恤金和遗族恤金	公务员一次恤金、公务员年恤金、遗族一次恤金和遗族年恤金
领受条件及标准	遗族年恤金	因公亡故；在职 10 年以上、勤劳卓著亡故；受终身恤金。未满 5 年而亡故，按其最后在职时俸金的 1/10 发给遗族作为年恤金；委任警官的遗族得 1/7，长警遗族得 1/3。	因公亡故；在职 15 年以上病故；受年恤金未满 5 年而亡故。遗族年恤金最后在职时俸给 1/10，委任警官得以其最后俸给 1/7 为率，长警得以其最后俸给 1/3 为率。
	一次恤金	官吏在职 3 年以上未满 10 年而亡故者得按其最后在职时二个月之俸给给其遗族一次恤金。	一、在职 3 年以上 6 年未满者，按其最后在职时 2 个月俸额给恤，委任警官以 3 个月为率，长警以 4 个月为率；二、在职 6 年以上 9 年未满者，按其最后在职时 3 个月之俸额给恤，委任警官以 4 个月为率，长警以 5 个月为率；三、在职 9 年以上 12 年未满者，按其最后在职 4 个月之俸额给恤，委任警官以 5 个月为率，对于长警以 6 个月为率；四、在职 12 年以上 15 年未满者，按其最后在职时 5 个月之俸额给恤，但对于委任警官以 6 个月为率，长警以 7 个月为率。
	遗族一次恤金		按其最后在职时 2 个月俸给之限度内酌给遗族一次恤金，但对于委任警官以 4 个月之俸给为率，对于长警以 10 个月之俸给为率。

① 《修正官吏恤金条例案》，《考试院公报》1933 年第 6 期，第 66—67 页。

续表

类别 \ 法规	官吏恤金条例	公务员恤金条例
丧失权利	被褫夺公权；丧失中华民国国籍	褫夺公权无期；丧失中华民国国籍
终止恤金	其妻亡故或改嫁；其子女已经成年；其父母、祖父母或夫之父母、祖父母亡故；其孙子、孙女或弟妹已成年。	其子女已成年；其孙子及孙女或弟妹已成年；其妻亡故或改嫁；残废之夫或残废之成年子女能自谋生或亡故时；其父母祖父母已亡故；公务员死亡之月起 2 年内、遗族恤金 3 年内不请求时其权利消灭。
恤金领取顺序	若受恤人为男性，其遗族领取恤金的顺序为受恤人之妻、子女、孙子、孙女、父母、祖父母、兄弟姐妹。若受恤人为女性时，其顺序如下：子女、孙子、孙女、其夫、其夫的父母、其夫之祖父母、其本身父母、其本身祖父母。	未成年之子女（成年而残废不能谋生者亦得领受）、配偶（亡故者之夫以残废不能谋生者为限）、孙子孙女、父母、祖父母、同父弟妹。

资料来源：《官吏恤金条例》，国民政府主计处岁计局编：《岁计法令汇编》，1935 年版，第 166—171 页。

《公务员恤金条例》，蔡鸿源编：《民国法规集成》，黄山书社 1990 年版，第 184—186 页。

国民政府 1934 年出台的《公务员恤金条例》，除了对原条例上述不足做了补充和修正外，另一个最大的变化就是称谓。官吏改称公务员，体现孙中山“官吏是民之公仆”的思想，孙中山认为“国家之本，在于人民”①。“国中之百官，上而总统，下而巡差，皆人民之公仆也”②。官吏改称公务员，既可以和北洋政府时期的文官制度相区别，表明南京国民政府是孙中山文官思想的“忠实的继承人”，同时又适应了 20 年代世界文官制度向公务员制度发展的潮流。

① 《孙中山全集》第 2 卷，中华书局 1982 年版，第 2 页。
② 《孙中山全集》第 6 卷，中华书局 1985 年版，第 211 页。

但是两部条例在交替时也会产生一些纠纷。1934 年 7 月 7 日广东省马福标遗族恤金证书遗失，“查该故警在职 10 年以上病故，于二十一年三月，由西南政务委员会按照官吏恤金条例第 9 条发给遗族年恤金，现在官吏恤金条例早经废止，若按公务员恤金条例呈准补发，则该故员在职未满 15 年，仅能给予遗族一次恤金，核与原案出入甚巨，若依法以此案事先未经国民政府核准有案，迳予驳复，则该项恤金，业经发给数期，在事实上，似有未便，兹为兼顾法律事实起见，拟予通融，仍按官吏恤金条例补发新证书”。[①]

（三）恤金支给的改进

公务员恤金依其最后服务机关划分国地支出标准，最后服务机关属国家机关其恤金归国家支给，反之其恤金归地方支给。[②] 具体实施办法为：一次恤金，公务员属中央者由财政部交最后服务机关转发具领，属地方者由该省财政厅或市财政局交最后服务机关转发具领。而公务员遗族年恤金，“由领恤人向住在地之市财政局或县市政府按期请领”[③]。

为了方便领恤人领取恤金，1934 年国民政府制定了《划一恤金支付办法》，原因是“嗣各受恤人之遗族，因依照前项划分国地拨付办法，恤金须在受恤人最后服务机关所在地领取，深感不便，先后具呈请予设法前来，当以各受恤人之籍贯与其最后服务机关往往不同在一省市，为免除各遗族困难起见，似应拟定变通拨垫办法，俾受恤人之遗族，得以就近领取恤金，以示体恤”[④]。为此财政部召集相关各部，共同商定，关于由地方支付之恤金，比照中央之抚恤金办法办理，由受恤人现住地之县市政府垫付，每年分两期向担负省市索还。公务员遗族年恤金以领受恤金人现住地之行政院直辖市财政局或各县市政府为拨发机

① 《审核公务员恤金案》，《考试院公报》1934 年第 7 期，第 67 页。

② 《公务员恤金条例施行细则》，蔡鸿源主编：《民国法规集成》第 37 册，黄山书社 1999 年版，第 186 页。

③ 《恤金支付办法》，蔡鸿源主编：《民国法规集成》第 37 册，黄山书社 1999 年版，第 188 页。

④ 《国民政府令划一恤金办法由》，《审计部公报》1934 年第 41 期。

关。拨发机关应查照恤金额数每年分2期发给，第1期以4月至6月为发款时期，第2期以10月至12月为发款时期，但年恤金总额在20元以下者，须在第1期一次发讫。1936年11月11日，铨叙部咨“奉考试院，准文官处10月30日，湖北省政府主席杨永泰，被刺殒命，给治丧费1万”。12月18日中国农民银行总行垫付恤金。“前奉委座11月电，拨交杨故主席家属抚恤费10万，由贵代主席出代收收据，旋奉委座可在军需署存款项目下支付，接行营经理处准军需署电，秘以贵行垫拨10万，委座电令由特税内开支，希检印据，以便归垫”[①]。

但铨叙部发现“此项办法，在领款方面似较便利、惟于垫发拨还，彼此均感困难，倘甲省偶因财政支绌，不能按期垫付，而乙省偶因库款空虚，不能按期拨还，势必稽延时日”。因此提请国民政府“各省市政府应按照年度预算内恤款额数，将现金分别储存于各该省市邮局，除一次恤金仍由被抚恤人服务机关向邮局支取转付外[②]，其年恤金由邮局直接支付”[③]。后经过1934年全国考铨会议第二次预备会议讨论，认为：“查吾国恤金，办理以来，受恤人往往未易领到恤金，自国地划分后，领款尤为困难，本案……实属必要。”并责成铨叙和交通两部会商办法，“邮局直接支付，有无困难，在邮局不通汇兑的地方，施行是否便利……”。1935年3月27日，考试院公布《关于公务员恤金可通过邮局支付的训令》，指出“系为便利领恤之孤寡起见……”[④]，全国考铨会议议定铨叙类各案中地方公务员恤金应按照预算额先存邮局，其年恤金并由邮局直接支付等七项议决案得以

---

① 湖北档案馆馆藏：《铨叙厅准杨永泰恤案》，1936年11月，档案号：LS1－3－2333。

② 注：因为一次恤金的发生不可预测，没法做预算拨款，而年恤金是可作预算的，所以先存邮局。

③ 陈天锡：《考试院施政编年录》（初稿第2编），出版社不详，1935年版，第338页。

④ 参见陈天锡《戴季陶（传贤）先生编年传记》，沈云龙编：《近代中国史料丛刊续编》第43辑，（台湾）文海出版社1989年版，第166页。

修正通过。公务员恤金改由邮局直接支付得以实现。由于邮政代发恤款减少了中间环节和中间人的参与，使得恤款的发放更加快速且减少错误和因恤款而引起的各种纠纷和犯罪。

三　抚恤实际运行效果

公务员的抚恤制度的实施，对保障因公伤残公务员或因公亡故公务员遗族的生活起了相当作用，对于安定公务员的生活、鼓舞其工作情绪、提高公务机关行政效率、促进政治的廉洁具有一定作用[①]，以“使在职公务员愿意为现政府效力”“以享受恤金的权利换取官吏退休以后保守政府秘密的义务”[②]。

公务员抚恤较军人抚恤而言，缺乏的不是准确及时地将恤款发放到受恤人手中的条件，而是如何保证抚恤资源真正用于保障公务员群体上，因此它的甄别、核恤都极为严格。以民国十九年为例，按铨叙部统计，“本部自十九年（笔者注：1930 年）四月六日接办内政、司法、行政部移交恤金案件，计至十九年十二月底止，共收到恤金案件 820 件，属于官吏一次恤金者 24 件，官吏终身恤金者 38 件，官吏遗族一次恤金者 357 件，官吏遗族年恤金者 335 件，尚未结案者 31 件，业经批驳者 45 件”[③]。根据李里峰的计算 1931 年全国中央及地方公务员约 46 万人[④]，820 件恤金案件数量确实不算多。究其原因，是因为“本条例所称文官、法官、警察官吏以服务于国民政府统治下者为限”，还有“文官、司法官须委任以上依法任用者方得依本条例请恤”，加上铨叙部“一面遵照国府指令，将北京政府所有核准恤案一律取消，一面通咨各机关，凡非正式警察或非委任以上服务三年以上之人员，均不能比附通

---

① 张润书：《行政学》，三民书局股份有限公司 1979 年 11 月修订初版，第 465—466 页。

② 徐矛：《中华民国政治制度史》，上海人民出版社 1992 年版，第 280 页。

③ 《考试院公报》1930 年第 1 期，转引自张春志《民国文官抚恤制度研究》，硕士学位论文，安徽师范大学，2010 年。

④ 李里峰：《民国文官考试制度的运作成效》，《历史档案》2004 年第 1 期。

融，统请径行驳回，藉省文件之往复”。因此“计此十九年度，请恤案凡820件，除驳复者及未结案者外，计共办理754件”①。

而从1931年7月至1933年6月，“京内外各机关为伤亡退职之公务员或其遗族请恤，前后凡1159起，内共1318员。惟其中有尚未退职者，有退职已久者，有亡故前已卸职者，有在职未达法定年限者，有子女已达成年者，有死亡事实与公务无关系者，有非委任人员而又非警察者，计共29员，经分别迳行驳复”。统计结果为“属于遗族一次恤金者276人，遗族年恤金者362人，遗族一次恤金兼年恤金者562人（见表2-14）。所发金额总数为195869元”②。

表2-14　**公务员恤金案（1931年7月至1933年6月）**

	一次恤金	终身恤金	遗族一次恤金	遗族年恤金	遗族一次恤金兼年恤金	公务员恤金	公务员遗族恤金	合计
			核准者			批驳者		
请恤案件合计	12	77	276	362	562	5	24	1318
应发恤金合计	1186.8	11217	41716	34434	107316			195869.8
备考	一、公务员恤金，以元为单位 二、本表统计材料，根据本部育才司恤案登记簿编制，自二十年七月起，至二十二年六月止							

资料来源：《铨叙年鉴续编》（1931—1933），大陆印书馆1934年版，铨叙行政，第600页。

以上是1931年至1933年公务员恤金案的大致情况，但是恤金的

① 《考试院公报》1931年第4期，转引自张春志《民国文官抚恤制度研究》，硕士学位论文，安徽师范大学，2010年。

② 国民政府铨叙部编：《铨叙年鉴续编》（1931—1933），大陆印书馆1934年版，第599—600页。

具体发放数目比这个数字大得多。据《考试院公报》称：“以上仅就本部数月以来办理恤金案件之统计，前内政部与司法行政部本年分所办理者，均未列入表内，又查官吏终身恤金与官吏遗族年恤金系按年而发，有继续性质，以前所核准者，均未列入，故实际上本年分所办理之案件与所发之恤金数目，尚不止此也。”[①] 而且在恤金种类中最具保障力的遗族年恤金占 37.67%，遗族一次恤金占 52%，这个比例较军人为高。

表 2－15　　**请恤案（件）及应发恤金数额统计**

<table>
<tr><th colspan="2"></th><th>请恤案（件）</th><th>应发恤金</th><th>恤案百分比（%）</th><th>恤金百分比（%）</th><th>备考</th></tr>
<tr><td colspan="2">一次恤金</td><td>24</td><td>1263</td><td>2.9</td><td>1.98</td><td rowspan="8">一、本表应发恤金数额以元为单位
二、本表官吏遗族一次恤金与官吏遗族年恤金两栏内兼领双方恤金者共有273人，专领遗族年恤金者84人，专领遗族一次恤金者62人，本项统计均以案件数为标准</td></tr>
<tr><td colspan="2">终身恤金</td><td>38</td><td>5321</td><td>42.5</td><td>8.34</td></tr>
<tr><td colspan="2">遗族一次恤金</td><td>357</td><td>33160</td><td>4.5</td><td>52.00</td></tr>
<tr><td colspan="2">遗族年恤金</td><td>355</td><td>24022.6</td><td>42.3</td><td>37.67</td></tr>
<tr><td colspan="2">未结者</td><td>21</td><td></td><td>2.5</td><td></td></tr>
<tr><td rowspan="2">驳者</td><td>遗族一次恤金</td><td>5</td><td></td><td>0.6</td><td></td></tr>
<tr><td>遗族年恤金</td><td>40</td><td></td><td>4.76</td><td></td></tr>
<tr><td colspan="2">合计</td><td>840</td><td>63766.6</td><td>100</td><td>100</td></tr>
</table>

资料来源：《考试院公报》1930 年第 1 期，转引自张春志《民国文官抚恤制度研究》，安徽师范大学 2010 年硕士学位论文，第 27 页。

那么，从 1930 年到 1937 年共抚恤了多少名公务员呢？从戴季陶的传记中我们做了初步统计，除去 1933 年（因为 1933 年数据缺乏），

① 《考试院公报》1930 年第 1 期，转引自张春志《民国文官抚恤制度研究》，硕士学位论文，安徽师范大学，2010 年，第 27 页。

共处理恤案3827件，受恤人数达5064人，如果加上1933年的估算人数，大约6000人（表2－16）。

表2－16 **公务员核准抚恤人数（1930—1937）**

年份	1930	1931	1932	1934	1935	1936	1937
恤案（件）	448	616	549	613	704	814	83
受恤人数	760	823	620	633	708	708	812

资料来源：根据陈天锡：《戴季陶（传贤）先生编年传记》，沈云龙编《近代中国史料丛刊续编》第43辑，（台湾）文海出版社1989年版，第118、129、139、170、183、195、207页内容整理。

值得一提的是，为了对公务员因公伤亡提供更有力的保障，考试院做了公务员保险的尝试。1934年考试院援照“现代欧美各国对于公务员之生活保障，无不力求完固，故除有特殊情形者由国家给予恩俸或恤金外，其关于一般公务员之生活保障，则有各种保险制度”。认为“我国政府虽有公务员恤金条例之颁行，然其性质仅为具有特殊情形而设。其于一般公务员生活之前途，仍不足以言保障”，认为欧美保险制度“法意良美至足以取鉴”，而且保险制度的好处在于“非不但一般生活赖以巩固保障，行政效率得以无形增进，人类互助之精神，亦藉以充分发挥”①。考试院本着“事属初创，共信未立，一切办法，自以简便易行为宜”的原则提出了创办公务员生活保险制度的办法：一、凡依法任用人员，除政务官外，均须一律加入生活保险；二、生活保险，暂就急要者先行试办；三、委托国家金融机关办理；四、保险费依俸额之多寡，定其比率（详细数目，俟请专家拟定）

① 陈天锡：《考试院施政编年录》（初稿第2编），出版社不详，1935年版，第340页。

由主管机关按月扣除。这项报告在 1934 年 11 月原则上获得通过。[①] 但是到具体执行却是抗日战争以后的事了。

第三节　公职人员实际抚恤效果比较

抚恤作为扶弱济贫、稳定社会的一种措施，在历史上由来已久，它以统治阶级恩赏的形式存在。到了近代，随着西方社会保障思想的传入，抚恤在制度化、规范化方面得到加强，成为一种针对军人、公教人员、劳工群体的带有社会保障性质的措施。抚恤金作为抚恤的重要载体，成为衡量抚恤水平的一个重要标志。透过这个标尺可以看出制度的设计者对各个抚恤对象的关注程度以及在当时的条件下的实际保障水平。

一　抚恤法规的数量及受益人数

政府作为抚恤制度的主导力量，其作用主要体现在两点：一是制定法律规范；二是提供财政支持。梳理 1927 年到 1937 年政府所颁布的抚恤法规就可以发现其抚恤立法的重点。

从数量上看，根据《中华民国国民政府公报》的刊载，笔者检索所及 1927 年到 1937 年间共制定和施行了 33 部包含抚恤内容的法规及配套条例，其中有关军人的达到 16 部，占了 48%，有关公务员的 10 部，占了 30%，另外，有关劳工的 6 部，占 18%。

从涉及人群来看，1927 年到 1937 年间南京国民政府抚恤法规所涉及的公职人员主要包括：军人、公教人员（文官、司法官、警察、教师）。各项法规的制定和施行时间如表 2 – 17。

---

① 参见陈天锡《考试院施政编年录》（初稿第 2 编），出版社不详，1935 年版，第 340 页。

表 2 - 17 1927—1937 年南京国民政府施行的主要抚恤法规一览

发布时间	内　容	实行情况
1926 年 8 月 16 日	《学校教职员养老金及恤金条例》	1944 年新条例出台废止
1927 年 7 月 8 日	《国民革命军战时抚恤暂行条例》	1928 年废止
1927 年 9 月 9 日	《官吏恤金条例》	1934 年新条例出台废止
1928 年 8 月 2 日	《陆海空军平时抚恤暂行条例》 《陆海空军战时抚恤暂行条例》	1944 年新条例出台废止
1930 年	《劳动保险草案》	从未正式施行
1934 年 3 月 26 日	《公务员恤金条例》	1943 年《公务员抚恤法》颁布后废止

资料来源：根据蔡鸿源主编《民国法规集成》第 5 册第 135 页、第 16 册第 113 页、第 37 册第 184 页内容整理。

从颁布时间来看，除了《学校教职员养老金及恤金条例》是沿袭以前的法规外，1928 年的《陆海空军平战时抚恤暂行条例》、1934 年的《公务员恤金条例》两部基本抚恤条例，分别针对的人群是军人、公务员。从颁布时间来看南京国民政府最早颁布的是军人抚恤条例，其次是公务员（早期名为《官吏抚恤条例》）。

国民政府整个抚恤体系将军人、公教人员纳入其中，它的保障人群数量大致情况如何呢？

首先是军人。根据前文的介绍，1937 年国民党军队人数达到 170 万。[①] 如果包括 1928 年以前的续恤人数，则总数还要多。可以推算国民政府的军队抚恤能力至少在 180 万人以上。各场战役的伤亡人数在 60 万人左右，这也是实际应受恤人数。但实际只有 69817 人受恤，受恤比例约为 10%。

而公务员呢？李里峰推算 1932 年全国公务员有 46 万人左右。[②]

① ［美］易劳逸：《毁灭的种子：战争与革命中的国民党中国》，王建朗等译，中国青年出版社 1989 年版，第 201 页。

② 李里峰：《民国文官考试制度的运作成效》，《历史档案》2004 年第 1 期。

实际抚恤人数按照戴季陶传记所载数目估算，应该在 6000 人左右。由于公务员岗位固定，便于查询，所以应受恤人数应该与受恤人数相等。教职员人数根据 1935 年国民政府的统计约为 85 万人（不含私立学校教职员）。[①] 但是教职工抚恤以服务 10 年为起点，时值民国初肇，估计实际受恤人数有限。

由此可以计算出南京国民政府构建的整个抚恤体系的保障人数大致约为 210 万人。其中军人约占 80%，公教人员约占 20%。如果按每户 1 个受恤人，每户 5 人计算，那么被抚恤所涉及利益的人数达 1050 万人。而全国 1936 年人口总数为 479084651 人[②]，保障人数达总人口的 0.4%，受益人数达总人口的 2.1%。

二　各类抚恤金的保障能力

抚恤金作为抚恤保障程度的重要标志，了解它的实际价值可以考察各个阶层在国家保障体系中的地位。

根据慈鸿飞的研究，在 1927 年的上海非熟练工人，抚养 5 口人，最低生活费每月需 21.34 元[③]。一年大约需要 250 元左右。平均每人每月大约 5 元左右，一年一人需要 60 元。而工商部 1930 年的调查表明，全国工人月平均工资为 15 元[④]。考虑到 1927 年到 1937 年通货膨胀率不高，后文就以此为标准来考察整个这一时期抚恤金的实际价值。表 2－18 是公职人员各职业因公死亡后能得到的最低和最高的抚恤金额。

① 根据国民政府主计处统计局编《中华民国统计提要》（民国二十四年辑），第 293—357 页内容整理。

② 侯杨方：《中国人口史》第 6 卷，复旦大学出版社 2001 年版，表 6－12。

③ 慈鸿飞：《二三十年代教师、公务员工资及生活状况考》，《近代史研究》1997 年第 4 期。

④ 工商部编：《全国工人生活及工业生产调查统计报告书》（1930），南京图书馆古籍部藏。

表 2-18　　1937 年军人、公教人员因公死亡抚恤比较

身份		一次性恤金（元）	遗族年恤金（元）	年恤金年限
军人（战时）		80—3000	40—800	20 年
公教人员	文官、司法官	110—4000	66—960	一、其妻亡故或改嫁；二、其子女已成年；三、其孙子及孙女或弟妹已成年；四、残废之夫或残废之成年子女能自谋生或亡故时；五、其父母祖父母亡故。
	警察	220—5600	96—3200	同上
	教师（专任）	不详	216—3600	其受益人亡故或成年，有生活来源为止。

资料来源：根据以下内容整理计算：《陆军平战时抚恤暂行条例》《公务员恤金条例》《学校养老金及恤金条例》《工厂法》及《工厂法施行条例》，蔡鸿源编《民国法规集成》，黄山书社 1999 年版，第 48 册第 467 页、第 37 册第 184 页、第 5 册第 135 页、第 55 册第 396 页。

《暂行文官官等官俸表》，《中华民国法规大全》（第 1 册），商务印书馆 1936 年版，第 349—351 页。

军人的抚恤金是按照军阶分为 16 等。一个最低级别因公阵亡士兵的遗族按照《陆军平战时抚恤暂行条例》① 每年最少可以得到 40 元年恤金，“战时阵亡年恤金的给予期限为 20 年”。20 年可得到 880 元抚恤金（含一次性恤金），相当于工人 52 个月工资，一个 5 口之家可以生活 40 个月，最高的上将 20 年可以得到 19000 元的抚恤金，相当于工人 127 年的工资，供 5 口之家生活 76 年。值得注意的是一个军人只有他的遗族年恤金达到 250 元时，才能供一个 5 口工人之家生活一年，那样才算是完全意义上的保障。根据《陆军平战时抚恤暂行

① 《陆军平战时抚恤暂行条例》，蔡鸿源编：《民国法规集成》第 48 册，黄山书社 1999 年版，第 467 页。

条例》的规定能达到这个标准的最低军阶必须是少校[①]，级别越高抚恤金额也就越多。

公务员按特任、荐任、简任、委任四大类 37 个等级的薪酬来享受抚恤，国民政府 1929 年公布的《文官官等官俸表》，规定最高部长级月薪达到 800 元，最低级别的委任公务员月薪是每月 55 元[②]。公务员因公死亡“得按其最后在职时俸给的十分之一给以遗族（年）恤金”[③]。这就意味着，一个最低级别的公务员如果因公死亡最少能得到 66 元的年恤金和 110 元的一次恤金，年恤金相当于一个工人 4 个月的工资，可以供 1 名遗族生活 1 年。最高的部长级的年恤金可达到每年 960 元，可供 4 个 5 口之家的工人家庭生活 1 年。

而警察的薪俸与其他公务员一样，但年恤金比例较高，如同样因公亡故“对于委任警官给予遗族恤金时得以其最后在职时俸给 1/7 为率，对于长警给予遗族恤金时得以其最后在职时俸给 1/3 为率”[④]，而不是公务员规定的 1/10。其薪俸级别最低的长警也可以得到 96 元年恤金，足以让 1 名遗族（根据前面的计算一人一年只要 60 元）每年的生活宽裕。最高的年恤金达每年 3200 元，可供 12. 8 个 5 口之家的工人家庭生活一年。而且公务员年恤金的期限是“一、其妻亡故或改嫁；二、其子女已成年；三、其孙子及孙女或弟妹已成年；四、残废之夫或残废之成年子女能自谋生或亡故时；五、其父母祖父母亡故”[⑤]，没有 20 年的限制，较军人更为宽泛。

虽然教师的一次性恤金现有资料无从考察，但按慈鸿飞的考察，

---

① 《陆军平战时抚恤暂行条例》，蔡鸿源编：《民国法规集成》第 48 册，黄山书社 1999 年版，第 465 页。

② 慈鸿飞：《二三十年代教师、公务员工资及生活状况考》，《近代史研究》1997 年第 4 期。

③ 《公务员恤金条例》，蔡鸿源编：《民国法规集成》第 37 册，黄山书社 1999 年版，第 184 页。

④ 同上。

⑤ 同上书，第 185 页。

即使一个县城的小学老师最低的月收入也在每月36元以上。最高的教授级每月可达600元①。根据《学校教职员养老金及恤金条例》规定可以算出，如果一个最低级别的老师服务最少的年限（10年）因公死亡，其遗族可以得到216元的年恤金，一个5口的工人之家可以生活10个月。而最高的3600元的年恤金可以让15个这样的工人之家生活一年。基本上从最低到最高都实现了完全保障。

三 恤外有赏的现象

考察民国政府公报和其他的抚恤资料，有一个非常特殊的现象。在有法律依据的前提下，对一个受恤人的请恤，《国民政府公报》中的回复通常是："……援照×××条例，给予一次性恤金×××元，遗族年抚金×××元……"② 但是对有的受恤人回复却不一样，如蒙古地方自治政务委员会委员尼玛鄂特索尔被刺殒命，除"交铨叙部从优议恤外"还给"治丧费三千元"，另派"察哈尔省主席张自忠前往代表致祭"③。无独有偶，类似的蒙藏要员去世，国民政府都会给予相同礼遇。个中原因不言自明，因为这些人关系到国民政府的民族关系和边疆的稳定，政府借抚恤行褒赏之意。而一些革命元勋如国务委员邓泽如因"早岁追随总理，参加革命，迭集钜资……"，当溘然长逝后，则在"著给治丧费五千元，派广州绥靖公署主任陈济棠前往代表致祭"外，另"生平事迹存备宣付史馆，用示国家笃念勳耆之意"④。

---

① 慈鸿飞：《二三十年代教师、公务员工资及生活状况考》，《近代史研究》1997年第4期。

② 参见国民政府文官处印铸局出版《中华民国国民政府公报》第1册至第125册内容。

③ 国民政府文官处印铸局出版：《国民政府令》（1936年2月5日），《中华民国国民政府公报》第103册，第1964号，第1页。

④ 国民政府文官处印铸局出版：《国民政府令》（1934年12月28日），《中华民国国民政府公报》第87册，第1628号，第4页。

徐有守深刻地指出“抚恤制度为国民政府人士管理制度之次级制度，是国家行政制度之一环……，行政目的在于执行贯彻国家政治决策，以达成国家目的，故行政为政治服务。抚恤当然有执行贯彻政治决策所发生之政治功能”①。为了执行政治功能，抚恤俨然成为国民政府体现国恩的媒介物。

有受恤人因为贡献突出，被破格从优抚恤。如潘树勋早年革命，因伤去职，其子系国民革命军第九军第三师第二团少将团长，在山东临城战役中不幸殒命，致使全家生活无着，蒋介石亲自为其请恤“追赠陆军中将，照陆军中将阵亡例从优给恤”②。

还有一些社会人士本不在抚恤体制的保障之内，但社会贡献巨大，也被国民政府以特恤方式予以关照。如，江苏海门的邢广世“矢志发明，运思专一”，其发明的广世纺纱机“于产棉而未设纱厂之区域可宏效用”，但“因积年研究，家资耗损，身亦亡故”，国民政府着行政院转饬财政部拨给抚恤金一万元。③ 上海公民蔡建勋“于二月十九日民众反抗军阀同盟罢工之日，与同事史阿荣在南市奋门散发传单，以冀唤醒群众，打倒军阀，不期为淞沪戒严司令部侦探捕去……枭首示众”，被国民政府“照抚恤死难家属例酌给津贴”④。

还有一类抚恤是受恤人本无资格享受某类抚恤，为奖励其功勋，而允许其享受此类抚恤。如 1927 年 7 月，日轮南阳丸在宁肇事，外交部特派员邓泰中“为国奔驰，遂遭惨祸”。本应按《官吏抚恤条

① 徐有守等著：《中华民国公务人员退休抚恤制度》，台北正中书局 1984 年版，第 579 页。

② 国民政府文官处印铸局出版：《中华民国国民政府令 · 第 253 号》（1928 年 4 月 16 日），《中华民国国民政府公报》第 17 册，第 64 期，第 9—10 页。

③ 国民政府文官处印铸局出版：《国民政府令》（1933 年 2 月 11 日），《中华民国国民政府公报》第 65 册，第 1053 号，第 1 页。

④ 国民政府文官处印铸局出版：《国民政府训令 · 天字第 1272 号》（1927 年 7 月 21 日），《中华民国国民政府公报》第 11 册，宁字第 10 号，第 30 页。

例》抚恤，念其“尽力革命，历著勋勤”“追赠陆军上将”“按上将因公殒命例议恤并发治丧费一千元”①。无独有偶，江苏水上公安队伙夫龙世海执行公务意外身亡，“拟照一等兵平时御乱被戕例给恤”②。

由此可见，在既成的抚恤体制基础之上，国民政府恤外有赏，用以彰显受恤人的价值，增加政府在民众中的影响力，通过对民国政府公报的梳理，大致有以下几种情况（表2－19）。

表2－19 **国民政府抚恤奖励种类一览**

种类	内　　容	抚恤对象（举例）
褒恤	给予治丧费3000—5000元，派当地最高行政长官致祭，生平事迹，存备宣付史馆	革命元勋：朱执信、伍朝枢、杜锡珪、杨树庄、鲁涤平、高奇峰等少数民族要员6名
特恤	给予一次性抚恤金	重大事故的受害者：品芳楼坍塌死100余人，伤200余人③ 特殊贡献者：邢广世、胡明复博士④等
优恤	破格按高一级标准抚恤	对作战勇敢者：潘树勋之子、韩光第等⑤
奖恤	奖励受恤人以某种身份受恤	邓特派员、伙夫等

资料来源：根据国民政府文官处印铸局出版《中华民国国民政府公报》第1册到第125册内容整理。

① 国民政府文官处印铸局出版：《国民政府令》（1927年7月7日），《中华民国国民政府公报》第11册，宁字第8号，第11页。

② 国民政府文官处印铸局出版：《国民政府指令·第1393号》（1930年7月25日），《中华民国国民政府公报》第41册，第531号，第3页。

③ 国民政府文官处印铸局出版：《中华民国国民政府批·第302号》（1927年11月19日），《中华民国国民政府公报》第13册，第9期，第14页。

④ 国民政府文官处印铸局出版：《国民政府令》（1927年7月9日），《中华民国国民政府公报》第11册，宁字第8号，第12页。

⑤ 韩光第等三人在防俄一役中捐躯，晋级抚恤。详见《国民政府令》（1930年4月5日），《中华民国国民政府公报》第38册，第437号，第2页。

四 国民政府抚恤制度的政治考量

透过南京国民政府林林总总的法规条文，分析它们的实际抚恤效果，得到的结论是军人、公教人员代表了国民政府的统治基础，在政治资源和经济资源的分配上给予很高优待（相对于劳工），其政策中透露出两种抚恤理念。

（一）以恤为养

这主要是对军队中少校以上的将领和公教人员而言。这部分人的抚恤费用由国家财政包揽，保障有力。以 1935 年为例，国民政府抚恤金支出 4936699 元，占全年总支出 786581598 元的 0.6%。[①]按一个工人 5 口之家的最低生活标准每年 250 元来衡量，这部分人的遗族基本一辈子衣食无忧，而且级别越高，抚恤越丰厚。他们享受着国民政府抚恤的经济资源和大量的政治关怀。个中原因不难发现：首先，这些人要么是军界执牛耳者，要么是国民政府政策的实施者，处于国家权力的核心，文治武功，皆赖其也。另外，南京国民政府成立之初受到的政治、军事挑战重重，没有一支稳定的公务员队伍，没有一支可靠的军队，中央威权难树。因此，国民政府非常重视公务员和军人抚恤。诚如蒋介石所言“一般穷苦无告之遗族，以及负伤残废之官兵待恤不得，或生怨望且将谓抚恤一条几同虚设……实无以慰伤亡之将士，亦无以全中央之信用”。而抚恤有力则“以见政府待遇之优渥，使前方将士乐于用命不倦也等”[②]。

（二）以恤代赏

到了南京国民政府时期，西方的义务型抚恤观念开始出现端倪，

① 项怀诚主编：《中国财政通史》（中华民国卷），中国财政经济出版社 2006 年版，第 306 页。

② 国民政府文官处印铸局出版：《中华民国国民政府令·第 54 号》（1927 年 11 月 8 日），《中华民国国民政府公报》第 12 册，第 5 期，第 16—17 页。

但是传统的影子却不是一挥而去的。[①] 于是南京国民政府成立初期的抚恤制度体现出了西方近代社会保障的征兆，但是也沿袭了传统通过恤赏来换取政权合法性的衣钵，这种新型抚恤制度的特征是“以恤代赏”，它既克服了传统恩赏抚恤的任意性，彰显制度化，又继承了赏恤的政治宣慰功能，提高了政府影响力。

1. 拓展了抚恤法规的施行范围，惠及各个社会阶层，巩固了政权

从女工到伙夫、发明家、学校学生，这些本不属于抚恤所界定的特殊人群中的分子，有的因为要体现政府的关怀，如意外事件中的女工抚恤；有的要弘扬重知识、重发明的主流价值观，如对邢广世、胡博士的抚恤；还有的是赏赐那些为维护政权而献身的人。总之，这样可以使更多人的利益与政权发生联系，从而扩大了政权的影响力，有利于中央威权的重塑。

2. 利用抚恤的等级差别，传递政府的恩赏情怀

南京国民政府所颁布的抚恤制度等级悬殊，每一个级别代表了一种荣誉，这种恤中有赏的方法一定程度上改变了抚恤资源分配中论资排辈的现象，转而趋向于按功绩抚恤的精神。那些享受最高抚恤的革命元勋和那些受到特恤、优恤、奖恤的社会各阶层的人们都会成为社会的楷模，他们是政府期望的价值观载体，影响着社会心理；一批社会精英借此得到国家的认可，从而聚集于政权之下。但是，事实上享受这种恩赏的人大部分都是国民政府的军政要员，底层百姓比例不高，而且花费众多的社会保障资源来服务于政治目的，这是违背近代义务型保障制度扶弱济贫、稳定社会的根本目的的。

纵观抗战前南京国民政府整个的抚恤设计有许多可圈可点之处，它完全或部分地保障了社会上 3. 6% 的人群的生存权益，保障范围涉及教师、公务员、军人等，维护了社会精英人群的稳定，对恢复中央

① 李翔：《南京国民政府军人抚恤特征论析》，《历史教学》2007 年第 10 期。

威权有着巨大的帮助。它灵活地利用抚恤保障资源的稀缺性，将其作为弘扬政府主流价值的奖励，调动了社会成员的积极性。但是应该看到的是政府在制度的设计过程中对于精英阶层保障过度，对下级士兵和基层公务员却又保障不够，两者抚恤金额相差 20 倍左右，而且抚恤制度运行过程中掺杂过多的政治因素。这些都违背了社会保障扶弱济贫、稳定社会的根本理念，加大了贫富分化，也潜在地加剧了社会矛盾。社会保障是把双刃剑，如果失去公平正义的原则，非但不能解决冲突反而会成为矛盾冲突的根源。

第三章

艰难与抗争：抗战时期国民政府的抚恤制度（1937—1945 年）

第一节　抗日战争带来的抚恤新问题

1937 年 7 月 7 日，抗日战争爆发，南京国民政府迁都重庆，大批的军人、公教人员等公职人员涌入西南，编制混乱、伤亡惨重，旧有的恤金抚恤制度在全面抗战的新形势下受到了挑战。当时突出的问题有三：一、抗战伤亡军人人数剧增，旧有的抚恤体系难以保障众多伤亡官兵；二、通货膨胀严重，恤金贬值，以恤金为主要生活来源的受恤人基本生存受到威胁；三、大量民众舍身殉国，国家何以在抚恤制度上体现出应有的关怀。

一　抗战伤亡军人剧增，旧有抚恤体系难以支撑

抗日战争是近代历史上规模最大的一次民族战争。仅就军队而言，参战人数之多，损失之大，史无前例。根据 1947 年国民政府行政院公布的数据，整个抗战期间，国民党军队伤亡总数为 3227926

人，其中伤残人数达 1769299 人[①]。按照当时的家庭规模和数据保守推断，平均每个抗战军人大约有三名家属[②]。那么抗战时期国统区仅伤残军人及家属人口达 7077196 人。而根据 1943 年的统计，全国国统区的人口总数为 210569455 人[③]。依此计算，伤残军人及家属约占人口总数的 3%。如果再加上阵亡 1458627 名将士的遗族，需要抚恤的达 11453077 人，占人口总数的 5.4%。可见受恤群体规模之大。另一个数据也可以证明抗战期间国民政府受恤群体的扩大程度。根据许高阳统计从北伐到 1936 年的 10 年间，只抚恤了 69817 名官兵，而 1937 年到 1945 年的 8 年间抚恤了 529915 人，后者是前者的将近 8 倍，[④] 可见抚恤规模之大、难度之高。

抚恤人数的增加，带来的首要影响是财政的压力。由于伤亡人数的增加和通货膨胀的因素，国民政府的抚恤费用开支年年攀升，1939 年军人抚恤支出仅为 618613 元，到 1945 年达到 294359164 元。[⑤] 增加了 290 多倍。1939 年到 1945 年军人抚恤标准只提高了 2 倍。[⑥] 大部分增长都是由于抚恤人数的增加带来的。国民政府抚恤委员会的报告显示，1938 年、1939 年、1940 年分别发放了 225077.61 元、2499300.70 元、11563002.21 元恤金[⑦]，结合政府的财政支出数据，不难算出，抚恤金的支出分别占当年财政支出的 0.01%、0.08% 和

---

① 中国第二历史档案馆编：《中华民国档案资料汇编》第 5 辑第 3 编，外交，第 232 页。注：抗战伤亡人数学术界素有争议，但各种争议都是补充 1947 年国民政府行政院数据的不足的，本文以此数据作推算是为了作保守估计。

② 兵役部役政月刊社编：《抗战八年来兵役行政工作总报告》，重庆时代印刷出版社 1945 年版，第 13 页。据记载自 1938 年起至 1944 年止，川、黔、粤、桂、湘、鄂、赣、浙、闽、皖、陕、豫、甘、滇、康、晋、绥等十七省，共征属 9146912 户，计 27440736 人，据此可以大致推断，每个军人有三名家属。

③ 侯杨方：《中国人口史》第 6 卷，上海复旦大学出版社 2001 年版，第 270 页。

④ 许高阳：《国防年鉴》（第一次），香港中美图书公司 1969 年版，第 143—144 页。

⑤ 何应钦：《八年抗战》，台北国防部史政编译局 1982 年 9 月 9 日印，附表 17。

⑥ 许高阳：《国防年鉴》（第一次）第 2 编，香港中美图书公司 1969 年版，第 143—144 页。注：1942 年加倍发给，1944 年再增加一倍。

⑦ 何健：《两年来办恤政经过与感想》，国民政府军事委员会编：《抚恤委员会三周年纪念册》，1941 年 8 月 1 日出版，第 7 页。

0.2%，逐年翻倍，呈直线上升态势。

抚恤委员会主席何健1941年估计“中日此次战争，是一个整个的、全面的、要拿血来换取的民族战争，我们陆军的伤亡假定100万人（伤者占3/5，亡者占2/5），根据经验，其恤金平均数为每人160元至180元……一年一次恤金要18亿元，年恤金要9亿元”①。对于伤残军人，1943年孔祥熙估算“一位残废将士……每月最低的生活费，假如需要450元，每年就得消费国家5400元……”② 按常年伤残军人6万人计算，每年就得消耗大约3亿元。而1943年国民政府全部岁入不过362亿元③。光伤残军人的抚恤费就占财政收入比例的1%。

进入抗战以后，国民政府的军费开支陡增，1936年55522.6万元，占总支出的29.32%，1937年一下子猛增到138755.9万元，达到总支出的66.35%。以后常年维持在50%左右，最高达到70%。④而问题的严峻之处在于，到了1939年，沿海和主要经济中心都陷入日军之手，各项税收顿减。财政收支年年赤字，亏短数占岁出的比例每年都在70%以上，最高的1941年和1945年分别亏短881.9亿元和106502.4亿元，达88.2%和87.7%⑤。一进一出，支出的陡增与收入的锐减形成鲜明的对比。可以想象军费尚且如此艰难，对受恤人的恤金保障就更加难以周全（表3-1）。

① 何健：《两年来办恤政经过与感想》，国民政府军事委员会编：《抚恤委员会三周年纪念册》，1941年8月1日出版，第11页。

② 孔祥熙：《孔理事长训示倡导〈虽残不废〉工作之重要——新运九周年纪念时之广播》，《新运导报》总第92期，第2页。

③ 项怀诚：《中国财政通史·中华民国卷》，中国财政经济出版社2006年版，第312页。

④ 强重华：《抗日战争时期重要资料统计集》，北京出版社1997年版，第295页。

⑤ 杨荫缚：《民国财政史》，中国财政经济出版社1985年版，第102页。

表 3－1　1945 年度国民政府财政实支亏短数及其占总岁出的百分数

年份	总岁出（百万元）	实际收入（百万元）	亏短数	
			数额（百万元）	占实支总额的百分数
1937	2091	559	1532	73.3%
1938	1169	297	872	74.6%
1939	2797	715	2082	74.4%
1940	5288	1317	3971	75.1%
1941	10003	1184	8819	88.2%
1942	24511	5269	19242	78.5%
1943	58816	16517	42299	71.9%
1944	171689	36216	135473	78.9%
1945	1215089	150065	1065024	87.7%

资料来源：杨荫缚：《民国财政史》，中国财政经济出版社 1985 年版，第 102 页。

注：总岁出是现金结存除外的实际总岁出；总收入是债款和银行垫款收入除外的实际总收入；1938 年度只包括 1938 年 7—12 月半年数字，因从 1939 年度起，会计年度改为“历年制”，即以各年 1—12 月为会计年度。

受恤人数量的增加带来的第二个影响是社会不稳定因素的增加。大量失去依靠的烈士遗属的生存、教育、就业出现很大困难，成为一大社会问题。诚如时人所言：“……在他们（烈士）死后，每个人都留下了一个悲惨的家庭和一群困苦无依的遗族。”① 遗族李吴绍元女士的例子比较典型，该女士的丈夫为国牺牲，她遵从丈夫遗嘱抚养 5 个遗孤，但丈夫已死，生活之源断绝，为经济所迫。两个孩子不幸患病夭折，连她目前的生活也无法维持了……②，类似李吴绍元女士的例子不胜枚举。到抗战后期，通货膨胀加剧，遗族生活更加艰难。一位叫国俊的女士登报呼吁：她有三个小孩，其丈夫在淞沪会战中阵亡，她既无恒产，又无积蓄，仅靠恤金生活，“当生活程度（物价）

① 倪锡英：《抗战阵亡将士遗族的教养》，《抗战三日刊》1938 年第 56 期，第 3 页。
② 参见《关于抗日阵亡将士的遗族问题》，《妇女生活》1938 年第 5 期，第 2 页。

百倍于往昔的时候，要维持一家四口的生活，实难乎为计，至于子女的教育，更无法兼顾……”。该女士称“抗战行将6年，阵亡的将士，已成千成万，和我处境相同的遗族，不知若干……”①，众多的受恤人嗷嗷待哺，希望政府能够予以救助。

伤兵的处境同样艰难，众多伤兵的出现致使缺医少药的问题更加严重。中国军队的医疗条件本来就落后。当时中国军队中1700名士兵才拥有一名合格医生，而美军150人便有一个，而且这些医生大都集中在后方医院，士兵受伤后可能要一天以后才能得到最基本的救护②。所以能得到救助的伤兵数量微乎其微，大量伤兵得不到应有的照顾，流入社会，使得伤兵恃残闹事的事件屡屡发生。在长沙，有一段时间，几乎所有的商号、店铺都被伤兵占住了，街头巷尾，伤兵三五成群，以铁棒作为威吓的武器，从早到晚，在那里横冲直撞。伤兵滋事的案件，日有数十起③。在全国其他地方，类似事件也不鲜见。

二 通货膨胀给恤金抚恤带来的冲击

关于抗日战争中通货膨胀的资料并不少见，按易劳逸的统计，零售商品的价格逐年上涨比率为1938年49%；1939年83%；1940年124%；1941年173%；1942年235%；1943年245%；1944年231%；1945年1—8月251%。1945年的价格指数是1937年的2491倍④。

抗战初期国民政府的抚恤制度是沿用1928年颁布的条例，以恤金抚恤为主，意思是政府负责发放恤金，受恤人拿恤金到社会上去购

① 国俊：《一个遗族的呼愿》，《社会服务周报》1943年第6期，第7页。

② ［美］费正清主编：《剑桥中华民国史》（第2部），章建刚等译，上海人民出版社1992年版，第627页。

③ 张治中：《张治中回忆录》，文史出版社1985年版，第143页。

④ ［美］费正清主编：《剑桥中华民国史》（第2部），章建刚等译，上海人民出版社1992年版，第638—639页。

买各种商品和服务，如生活必需品、医疗服务、教育等。但是从 1938 年开始，通货膨胀使这些商品和服务的价格猛增，而恤金的增长极其缓慢，难以发挥原有的保障作用，受恤人处境艰难。张瑞德将抗战前军队各级官兵的军饷与当时农村成员的收入进行对比发现，当时一个中校比拥有 100 亩土地的地主收入还要高（表 3－2）。

表 3－2 **军人薪饷与四川农村收入对比**

人　群	收入（元）	级　别	收入（元）
100 亩以上的地主	1068	中校	1200
50 亩以下的地主	304	少尉	350
50 亩以上的半自耕农	103	上等兵	102

资料来源：根据张瑞德《抗战时期的国军人事》，（台湾）中央研究院 1993 年版，第 89 页整理。

1938 年以后，物价渐趋上升，虽然抗战期间国民政府出台很多救恤措施，对恤金做了数次调整：1942 年，年恤金加倍发给；1944 年再增加发一倍；1945 年起再次增加。恤金种类在抗战前原规定只有一次恤金与年恤金两项；自 1944 年起，增列特恤金及救济金。1945 年增列公粮贷金①。但是与物价高涨至 2167 倍相比较②，那点增加可谓是杯水车薪。1943 年"一个中级军官负伤后，所获恤金 12 万元……只能买一条不锈钢表带，令人啼笑皆非"③。图 3－1 是 1937 年到 1945 年各个行业购买指数的情况。

如图 3－1 所示，士兵的购买力指数从 1937 年的 100 下降到 1943 年的 6，为同期农村雇工 58 的 1/9；工人 69 的 1/11。现役士兵尚且

① 参见许高阳《国防年鉴》，香港中美图书公司 1969 年版，第 133 页。

② 张瑞德：《抗战时期的国军人事》，（台湾）中央研究院 1993 年版，第 91 页。

③ 张儒和：《抗战胜利前后》（下），《中外杂志》第 35 卷第 5 期（1984 年 5 月），第 104 页，转引自张瑞德《抗战时期的国军人事》，第 91 页。

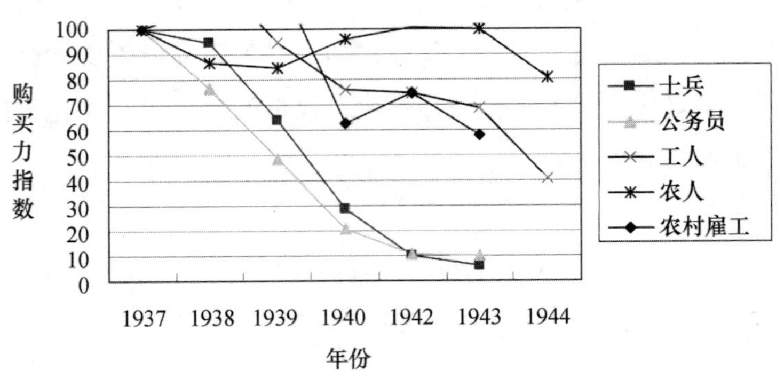

图3-1 各行各业人员的购买力指数（1937—1944年）

资料来源：根据张瑞德《抗战时期的国军人事》，（台湾）中央研究院1993年版，第92页内容整理。

如此，伤残军人情况更糟，因为他们丧失了部分劳动能力，还要治病。若碰到恤款拖欠更是生活无着。有资料显示："在军队中因战局动荡不宁，各师拖欠官兵五六个月的饷粮。加之医药器具匮乏，医护人员不敷分配，不少伤兵得不到恤赈与恤护，境况极为悲苦。一些伤员甚至铤而走险，捆绑军医院院长，包围县政府，肆行骚扰。"①

公教人员薪水在战前颇为优厚。最低的四等也有60元，相当于当时全国工人平均工资的3倍，最高的特任官达300多倍。但是在通货膨胀的条件下，由于涨薪无着，原有薪金购买力急剧下降。在1940年就下降到战前的1/5，到1943年进一步下降到1/10。工厂的产品可以随物价涨落而调整，工人的工资也能及时调整，1943年工人工资购买力是公务员的7倍、教授的5倍。可见公教人员实际收入下降之快。《中央日报》称："到了1940年以后，一般公务员以原有

① 中国第二历史档案馆藏：《救济伤残官兵及取缔伤兵滋事》，1937年12月27日档案号：二（3）-3679。

之收入，显然不足以应付现实之需要。于是叫苦之声弥闻，狼狈之态满露"[①]。按张嘉璈的形容是"生活在'赤贫'状态，单身男人尚难维持生存，拖家带口的人更是陷入绝望，每每对自身的处境忧心忡忡，有些人干起了第二职业，许多人干脆腐化"[②]。教师基本都挣扎在"饥饿的边缘""处于所能想象的最悲惨的境地"。为了生活，许多教员在两个甚至更多的大学授课，出售藏书或艺术品，或刻章、写字换钱，在这种情况下，他们的教学质量便没有保障，对政府的幻想也日益破灭[③]。

公教人员的工资尚且如此，其恤金可想而知。公教人员的恤金都是和月薪及服务年限联系在一起的，所以，薪水的购买力下降实际意味着恤金购买力的下降，健全的人可以兼职劳作苦撑，那些孤残遗族该如何度日呢？

三　抚恤新要求：民众抗战的伤亡增多

抗日战争是一场全民族的战争。在持续 8 年的艰苦抗战中，中国人民付出了惨重代价。军人伤亡惨重，军政部公布军人伤亡 3405461 人，而平民伤亡估计为 8609852 人，平民和军人的伤亡比例是 3∶1[④]。按照迟景德的调查估计，每次大会战平均有 48400 名民众伤亡，每次重要战斗平均有 4840 名民众伤亡，每次小战斗平均有 48.4 名民众伤亡，还有空袭遇难的大约有 57235 名民众。在这些伤亡民众当中，有的是无辜遇难的，有的是参与战斗遇难的，还有的是维持地方治安遇害的，更多的是那些在后方修路造桥，在工厂日夜生产，为战争服务的劳工。楼桐荪通过对比说明工人在战争中的作用，拿破仑战争时，

① 李贻训：《待遇问题平议》，《中央日报》1947 年 5 月 7 日。

② ［美］费正清主编：《剑桥中华民国史》（第 2 部），章建刚等译，上海人民出版社 1992 年版，第 645—646 页。

③ 同上书，第 646 页。

④ 迟景德：《中国对日抗战损失调查史述》，（台湾）国史馆 1987 年印行，第 242 页。

国内一个工人，可以生产两个在前线的士兵所需之一切军火。在1870年的普法战争中，每一个作战部队的士兵，需要一个工人供应，到1917年，每个士兵必须有5个工人在后方为他工作。及至今日，要供应一个士兵作战，便需有10名至20名工人，分布在机器工厂里，在铁道上，在农田中及在补给勤务上。至于天上一架飞机，据蒋百里先生说，“地上要有60个人的组织”①。

《中国劳动》称：“劳工就是流汗的战士，我们如果早有劳工从事流汗工作，把军需工业建设好，把国防工作弄成功，这次民族革命大战斗的战场也许在黑水白山之间，也许根本就可不战而胜，至少可以减少前线将士的伤亡……，如果没有他们，黔湘桂路不会在几个月成功，黔桂路不会翻高山越急流而仍能继续进行；没有他们，前方的弹药不会有源源不断的接济，光荣的战士将会变为徒手；没有了他们交通工具的修理制造将成问题，运输全靠两条腿；没有了他们各种经济活动无从开展，走向现代化的国家建设计划，将成纸上谈兵……我们如果把战争看做一种力量的决赛，则士兵不过是这力量的运用者和消耗者，而创造力量充实这力量的还是各种式样的劳工”②。

国民政府作为一个现代意义的国家政权，保障国民生存权是其应有之义，这些伤亡民众生无所依，病无所治，遗族无所靠。政府的救济、抚恤，是其存续的唯一指望；另一方面国民政府作为全民族抗战的领导者和组织者，从道义和责任来讲，都应该对那些为民族战争伤亡的民众提供物质和精神上的补偿，以抚慰亡者，激励后来者。

第二节　抗战时期军人抚恤的多元化

为了应对战争条件下的抚恤困局，保障伤残官兵和阵亡者遗族的

---

① 楼桐荪：《劳动生产与抗战建国》，《中国劳动》1941年第1卷第1期。

② 刘畅：《谈中国劳工福利问题》，《中国劳动》1941年第1卷第4期。

生存，激励广大官兵、民众英勇献身，赢得民族战争的胜利，国民政府一方面在财政困窘的情况下，努力提高恤金标准；另一方面另辟蹊径，发挥传统的精神抚恤的作用，并将“寓兵于农”“寓兵于工”的思想应用于伤残军人的抚恤中，力图保障数以万计伤残军人及家属的基本生活。

一 恤金抚恤制度的变化

1937 年、1938 年是进入全面抗战阶段的最初两年，也是整个抗战期间战斗最惨烈的两年，这两年中存在一个巨大的反差，一方面是与日俱增的伤亡人数；一方面是屈指可数的实际受恤人数。根据迟景德的统计数据计算，国民党军队这一时期每天阵亡 693 人，负伤 1348 人。[①] 其中 1937 年国民党军队共伤亡 609594 人，但经过铨叙厅抚恤科抚恤的官兵仅 8647 人，仅为 1.4%，到了 1938 年战事扩大，伤亡人数增加到 1220821 人，但受恤官兵人数仅为 14156 人，只有 1.2%[②]。两年的抚恤率与战前的 10% 的抚恤率相去甚远。军政部 1941 年的报告也证明了这一点：“自抗战以来，陆军伤亡官兵，依统计，约 218 万余人，但抚恤委员会已据册报者如下：（一）受伤者 498213 人；（二）死亡者 418112 人；（三）失踪者 135529 人。总计 1052854 人。业经各部队查明遗族姓名住址，造具书表请恤者，现仅有 203366 人，与册报数目相差甚巨，而与统计数更相悬殊”[③]。

造成抚恤实际效果低下的原因有许多，根据敖文蔚的研究，主要是这两年抗日的战局变化过快造成的[④]。从 1937 年卢沟桥事变到 1938 年的武汉会战，国民政府在短短 2 年时间里，进行了忻口会

① 迟景德：《中国对日抗战损失调查史述》，台北国史馆 1987 年版，第 115 页。

② 张瑞德：《抗战时期的国军人事》，台北中央研究院近代史研究所 1993 年版，第 105 页。

③ 《第五届八中全会军事报告》，《抗日战争时期国民党战场史料选编》（第 3 册），浙江省中国国民党研究组编印，第 31—32 页。

④ 敖文蔚：《近代中国社会与民政》，武汉大学出版社 1990 年版。

战、淞沪会战、南京保卫战、徐州会战、武汉会战5场大型战役，华北、华东、华南大部分国土沦陷，管辖区域不断变更；国民政府从南京到武汉再到重庆，一迁再迁，地方政府也是忽东忽西，飘忽不定，甚至时有时无。例如，湖北省政府就先后迁址宜昌和恩施，而安徽省由于领土缩小，不断被改组。各级政府在辗转迁徙、变更中，自身机构残缺不全，政府职能自是难以有效履行，军队变化更大，连续地行军、战斗、整编等，使得部队编制混乱，无法统计。国民党五届八中全会的军事报告也证明了这一点：1937—1938年间，国民党军在战场上节节防御，节节撤退，变化太快，造成各部队官兵清册，因作战散失或炸毁，无法呈报请恤；有的阵亡官兵家属，因迁移疏散，流动性过大，与部队失去联络，无法调查；再就是作战后生死不明的失踪者①。仅就以南京保卫战为例，单就以日方公布数字国民党军队阵亡79693人②，而1937年、1938年国民政府总共只抚恤了22830人。

抚恤效率低下的另一个原因是发恤不及时，很多的受恤人在困难中待恤不得，或请恤过程繁琐，成本过高，转而弃恤自为。很多人认为是国民政府财政不支，无金可恤造成的。事实上，战争初期，抚恤率低下更多的原因是因为受恤人信息不全，或请恤、领恤资料缺漏造成的。国民政府五届八中全会的军事报告分析恤金不能有效发放的原因为：（1）各部队所陈报之遗族，往往与事实不符（如父母死亡，妻再嫁，或姓名错误等）；（2）遗族住址迁移，辗转查询，耽延时日；（3）交通阻滞，邮汇困难；（4）拨款交各省市政府转发，以汇款限制，不能迅速；（5）遗族发生争领恤金之纠纷。除上列事项外，查官兵遗族，应领恤金20年，其时间既远，

① 《第五届八中全会军事报告》，《抗日战争时期国民党战场史料选编》（第3册），浙江省中国国民党研究组编印，第31—32页。

② 叶铭：《从日本军方资料看南京保卫战中国军队损失》，《军事历史研究》2009年第3期。

遗族受恤人变化甚大，故每年发放恤金时，不能不加以稽核，因此又不能不略宽时日①。

（一）抚恤的纠偏补弊

战场上，将士们争先搏命，但是死后凄凉，留下了许多残无所依，孤无所靠的受恤人。抚恤效率低下，国民政府深感道义责任未尽。如蒋介石所言："诚以崇德报功，兴惠寡恤幼。为国家施政之大经，亦民族互助之要则。其大仁大勇，实为五千年悠久绵延国脉之所系。今后更望督率全体僚属，本迅速确实之精神。以亡者之忠诚为忠诚，视亡者之骨肉为骨肉。庶几国家德惠，普遍加被疆场，健儿知所激劝，而将门子弟，得以长养而有成。此不仅职守上当然之责，亦道义上应有之事也。"1939 年左右，抗日战争进入相持阶段，战局相对稳定，管辖区政府职能逐渐恢复正常，为国民政府改进抚恤提供了条件。

1939 年 7 月 8 日，抗战两周年纪念日，蒋介石发表通电慰问阵亡将士家属，并针对前段时期问题一一拟订纠偏补弊办法，目的是"督饬主管抚恤机关，恪谨处理，务臻周详，以期消灭各家属颠沛流离之痛苦"②。一、对于积压恤案。"凡各部长官对于阵亡官兵，务须随时申报事实及其籍贯，世居亲属情形，迅速请恤，不得积压"③。二、对于地方政府发恤。"各级地方政府凡奉核定应发当地阵亡将士家属之恤金，无论财政如何困难，此款必须随到随拨，否则一经查处，或经家属告发，定予严惩不贷"④。三、对于请恤及领款手续。"家属有不甚通晓文字或不谙请恤及领款手续，各当地保甲长、士绅、教员，应自动协办。倘地方政府及乡保甲人员故意侵吞恤款，查处重置"⑤。四、

---

① 《第五届八中全会军事报告》，《抗日战争时期国民党战场史料选编》（第 3 册），浙江省中国国民党研究组编印，第 31—32 页。

② 《慰问阵亡将士家属，蒋委员长昨发出通电》，《中央日报》1939 年 7 月 8 日。

③ 《抚恤法规补充办法》，《中央日报》1939 年 7 月 8 日。

④ 同上。

⑤ 同上。

对于沦陷区的抚恤对象。“凡家属在沦陷区，暂时为行政力量所不及救恤者，当地保甲、邻里同胞，应念先烈为保国卫民而死，共同筹集物资，周其生活，或轮流出动助其耕作，光复后由政府查明照章补恤原家属”①。五、对于考核抚恤落实状况。“凡党政军各机关派往前后方视察与检阅之文武人员，每至一地应即查访该地阵亡将士之遗族，其应领抚恤应否照章领得，此为出差人员考成之一”②。仔细研究蒋介石的通电，不难发现其办法更像是命令，决心胜过实际措施，众多的问题还是留给了以抚恤委员会为代表的各级军队、政府的职能部门，提高抚恤效率还得依靠具体的抚恤机构、抚恤法规、请恤领恤措施等的变革。

1. 抚恤委员会职能的改进

1938 年 7 月 2 日，《中国国民党抗战建国纲领》决定“抚慰伤亡官兵，安置残废，并优待抗战人员家属以增高士气，而为全国动员之鼓励”③。依照 1938 年 6 月 30 日颁布的《国民政府军事委员会抚恤委员会组织条例》④。1938 年 8 月 1 日，军事委员会设置抚恤委员会，管理全部恤政，下设办公室及第一、二、三处，每处各设若干科分掌业务⑤。

---

① 《抚恤法规补充办法》，《中央日报》1939 年 7 月 8 日。

② 同上。

③ 《国民政府训令·第 347 号》（1938 年 7 月 2 日），《国民政府公报》（第 134 册），渝字第 63 号，第 8 页。

④ 《国民政府军事委员会抚恤委员会组织条例》，《中华民国史档案资料汇编》第五辑·第二编·军事（一），第 157 页。

⑤ 同上。注：办公室管理文书收发、管理、印信、会计、庶务及抚恤事务的改进设计事项。第一处经管各项抚恤的登记及统计，伤亡官兵请恤调查、户籍及职业调查，办理请恤并子女就业、职业指导，颁发恤令，核定治丧费，撰述褒扬传记，建祠、立碑、筑墓与公祭公宴等，编辑审定有关抚恤法规，训练抚恤行政人员，联系与推动各地抚恤处的设立与业务，设计积极抚恤政策，调查及编译各国抚恤行政制度。第二处经管调查荣教院、临教院、修养院未请恤人数，督促各荣教院、修养院办理请恤手续，检验各院伤员兵伤状，调查各陆军医院、后方医院住院伤员兵的院籍，调整各荣教院伤员兵院籍。第三处经管发恤的审核与登记，核发特恤金与平战时伤亡一次恤金、年恤金，登记特恤金与平战时伤亡员兵恤案，考察与推进各省市转发恤金，调整领恤法规及处理领恤争议。

1938年的抚恤委员会与以前抚恤组织比较，具有如下特征。

（1）专业分工明确。1938年抚委会以铨叙厅抚恤科人员、军需署军需人员、军医署核恤人员合并编成，改变了以前验伤、核恤、发恤由不同部门来审核落实，不利于协调统一的弊端，这个整合使这些专业人员，既分工明确，又协调统一，有利于提高工作效率。

（2）隶属层级提高。抗战前抚恤组织或归属军政部，或由其下属机构军衡司掌理，层级较低，职权有限。军政部统管事务过多，抚恤容易被忽视，而抚恤部门的呼声也不能及时上达。1938年抚委会直接隶属军事委员会，而且各驻省抚恤处处长还可以出席省行政会议，地位提高不少，可以参与高层决策，足见对抚恤事务的重视。

（3）组织规模扩大。1928年抚委会委员只有7人至11人，而1938年抚委会委员达到13人至19人。特征最鲜明的组织有两个：一是全国性地方抚恤分支机构的设置。1941年3月28日，鉴于1938年到1940年抚恤效率的低下，而各部队“伤亡益多，交通受阻，文件书标邮递迟滞……”[①] 抚委会将全国划分为若干抚恤区，在重要省份陕、豫、湘、桂、浙等设立抚恤处，分区处理抚恤事宜。其目的为“就近办理各该管区抚恤业务，以减少文表邮递往返时间及机构承转之周折，并就近督饬各县调查遗族家属户籍，处理各地受伤官兵与遗族申请抚恤案件，用期便捷”[②]。另外一个就是各部队抚恤事务委员会的设置。军人伤亡请恤原由服役部队平时将官兵家属姓名、住址等调查登记，每届战役后，伤亡名单造册填表，逐级呈送请恤。但战事紧张时，官兵册籍被炸毁，或作战散失，或因部队编并及主管变易，或因官兵作战后失踪或生死不明，或官兵家属迁移疏散，与部队失去联络，以致恤

---

① 驻湘抚恤处：《陆军抚恤业务概况·机构之递嬗》（1941年12月），湖北省档案馆馆藏，档号：LS3－5－6069。

② 同上。

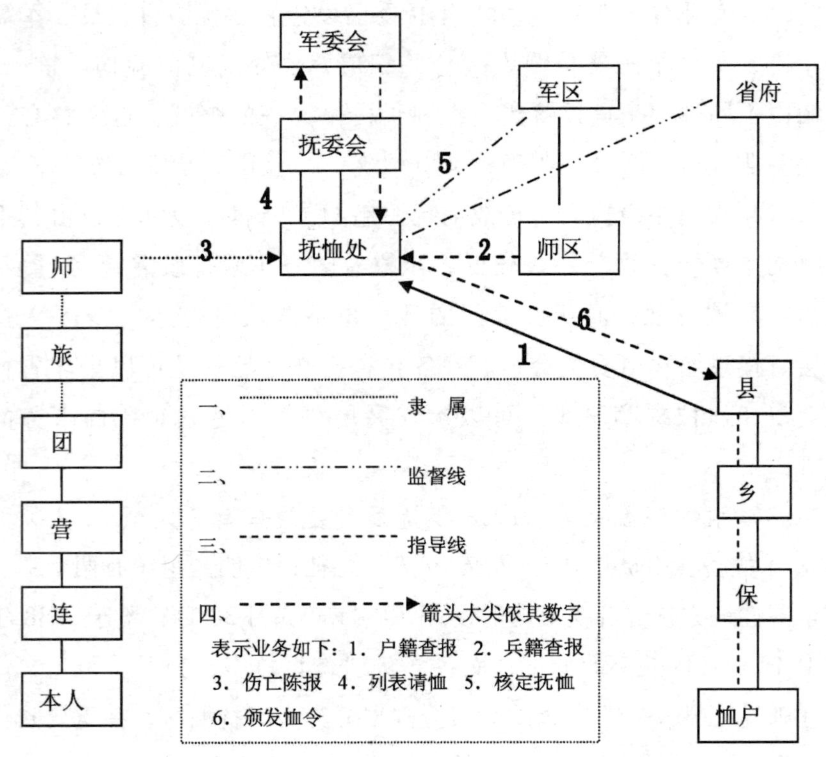

图 3－2 陆军抚恤业务系统图

资料来源：湖北省档案馆馆藏：《国民政府军事委员会抚恤委员会驻湘抚恤处关于检送陆军抚恤业务概况 4 号》，档案号：LS1－4－0362－005。

案久悬或遗漏散失，淞沪会战期间就因为部队行动匆匆，很多恤案未见呈报①。1939 年 3 月 20 日，军委会颁行了《陆军各部队抚恤事务委员会组织规程》②，以师为单位设立抚恤事务委员会。截至 1941 年 10 月，

① 《第五届八中全会军事报告》，《抗日战争时期国民党战场史料选编》（第 3 册），浙江省中国国民党研究组编印，第 31—32 页。

② 方秋苇：《陆军抚恤行政机构》，《陆军经理杂志》第 1 卷第 4 期。

有 370 余个抚恤事务委员会相继成立[①]。规程规定，抚恤事务委员在各部队动员时召集组设，前期主要进行调查登记工作，战役结束后，限期 3—4 个月办理完毕该战役的抚恤事务。抚恤事务委员会虽为战时抚恤组织，非长设抚恤机构，但由于专人专事，权责分明，客观上还是提高了抚恤业务，时人称"年来请恤事务始有进步"[②]。

另外，抚恤委员会还加强与地方政府的合作。抚恤业务中的请恤、发恤、核恤、冒领恤金的监督都有赖于地方行政的支持和配合[③]，如恤金的转发。依《转发恤金暂行办法》，恤金概由抚委会统筹划拨，由各省县政府查明转发。再如请恤人身份的核实，1941 年 11 月，各县市政府进行户口普查，造具现役军人户籍调查表，交由抚恤机关存查，这些都有助于抚恤业务的提高。新县制实施后，行政院通令各省，将抚恤业务列为县政考绩内容[④]。这些措施加强了地方政府与抚恤委员会的合作，共同提高抚恤效率。1940 年的受恤官兵由 1937 年的 8647 人、1938 年的 14156 人一下猛增到 53349 人，受恤比例由 1.4%、1.2% 提高到 10.2%[⑤]，这不能不说是一个进步。

---

① 该规程规定：每师设立一个抚恤事务委员会，主任（师长兼）、副主任（副师长或参谋长兼）、常务干事（副官主任兼）各一人，委员（参谋长、政训主任、旅长、副旅长、团长兼）若干，助理员（参谋副官、军需军医政训等处抽派一员兼），并派附员及书记司书若干人。

② 驻湘抚恤处：《陆军抚恤业务概况·机构之递嬗》（1941 年 12 月），湖北省档案馆藏，档号：LS3 -5 -6069。

③ 依抚恤条例及抚恤补充法规，地方行政机关办理如下抚恤相关事务：残废官兵续恤的核转。领恤期满后却遗留残废情形要求继续抚恤的负伤官兵，应呈送符合抚恤条例规定的请求验伤报告表，请求县市政府核办。县市政府将验伤报告表函送附近陆军医院或地方公立医院，并饬令请求验伤员兵前往投验。县市政府根据验伤情形，审核是否合于续恤条件，后呈省政府，转呈军委，最后由抚委决定给恤限度；恤金转发。以往恤金给予令由地方政府发给后，层转财政部在国库项目下支拨。

④ 《第五届八中全会军事报告》，《抗日战争时期国民党战场史料选编》（第 3 册），浙江省中国国民党研究组编印，第 31—32 页。

⑤ 张瑞德：《抗战时期的国军人事》，台北中央研究院近代史研究所 1993 年版，第 105 页。

2. 抚恤条例的修改

抗战初期沿用的抚恤条例是1935年制定的，当时的战争条件和抗战有很大不同，针对抗战出现的新情况。1940年9月，《陆军平战时抚恤暂行条例》修改为《陆军抚恤暂行条例》①，以适合战时状况。其修订特点有：一、抚恤范围扩大。如增列了失踪官兵抚恤条文。服务15年以上积劳病故者，年恤金给予年限，由5年增加到7年。自恤金批准之日起，3年不领即予注销延期为5年注销。二、遗族恤金受领人次序改定。将先妻及子女，后父母，改为先父母，后妻及子女，体现对老弱者的优待。如遇多名遗族均可享受恤金，则恤金计口均分，以免争领恤金，引起纠纷。三、增列被炸伤亡给恤条款②。因现代战争空袭频频，死伤之惨远非昔比，以往被炸伤亡或失踪官兵，常无给恤条款可援引，故此次修改增加，以资补充。突出了失踪、炸伤等新内容。

空军方面，空军作为特殊兵种，牺牲概率极高，即使在平时训练中都有高出陆军许多倍的伤亡率。需要一批又一批的年轻人投身其中，在进行精神动员的同时，抚恤方面也需要区别对待。1939年6月，军委制定补充7项办法。1943年，军委根据1935年条例及1939年补充办法加以归并，制定了《空军抚恤条例》③。其要点为：一、将抚恤对象分为平、战时两种，给恤标准不同；二、详细列举了阵亡及因公殒命两种给恤原因；三、积劳病故增列服务2年以上限制；四、列举晋级议恤条件。该条例1944年5月1日实行。时值抗战军兴，抚恤业务激增，力求简便，每一战役后，伤亡及时调查，应抚恤者立予核发抚恤金，以适应战时要求。

---

① 《陆军抚恤暂行条例》，《中华民国史档案资料汇编》第5辑·第2编·军事（一），江苏古籍出版社1998年版，第514—521页。

② 同上。

③ 《空军抚恤条例》，《中华民国史档案资料汇编》第5辑·第2编·军事（一），第529—538页。

1941 年 12 月 23 日中国远征军成立，这是中国军队近代以来首次成建制出国作战。针对这一特殊情况，国民政府的抚恤条例有所变通。中国远征军在随后 3 年多的征战中，27000 名将士阵亡在滇缅公路上，伤亡共计 79000 人，筑路部队伤病、死亡达 1000 余人①。伤亡率达 50%。国民政府认为其“抚恤亦应稍为从优，以昭激励”②。专门制定了《中华民国驻印军伤亡官兵抚恤条例》，规定“在缅北作战阵亡、因公殒命、病故、临阵受伤、因公受伤、因疾病而致残废之中国官兵，除按《陆军抚恤条例》抚恤外，仍照本办法办理。将官兵由军长到二等兵共分为 13 个等级，如果死亡，则发给 6 万元到 1000 元不等的特恤金。残废者，按残废之程度分别给恤，其完全残废者，每人以 500 盾（印度货币单位）为限，所有伤残等级，由中美军官各三人组织委员会决定之”③。恤金不需要回国经各级部门审核、批准，只需在战场上由三位长官现场决定，马上发恤，这种方法简单易行，符合当时的战争环境。

3. 请恤、核恤、领恤的改进

国民政府之所以要对请恤、核恤、领恤做各种要求，目的是要恤金能够及时准确地发放到受恤人手中，防止骗领、冒领现象，损害受恤人利益。

恤金要及时送到受恤人手中就要简化环节。国民政府的恤金发放由原来的亲领发展到后来的由地方政府转发、垫发。由图 3－2“陆军抚恤业务系统图”可知请恤到发恤的过程非常烦琐。请恤需三道程序的核查：恤户、保、乡、县的户籍查报；军区和师里的兵籍查报；

---

① 丁泽勋、王伯惠：《中国驻印军》（上），团结出版社 2009 年版，第 259 页。

② 朱汇森主编：《役政史料》（下），台北国史馆 1990 年版，第 88 页。

③ 台北国史馆藏：《中华民国驻印军伤亡官兵抚恤办法》，行政院档案，档案号：61/1472。注：死亡官兵的 13 个级别分别特恤：军长 6 万元；副军长、军参谋长、师长 5 万元；副师长、师参谋长、旅长 3 万元；副旅长、团长 2 万元；团副、营长 1.5 万元；营付、连长 8000 元；排长 5000 元；特务长 3000 元；上士 2500 元；中士 2000 元；下士 1500 元；上等兵 1200 元；一、二等兵 1000 元。

从本人到师级的伤亡陈报。然后由各抚恤处列表到军委会请恤，再由各军和所在省进行核恤，颁发恤令，受恤人才能领恤，共6个环节，涉及16个部门。在抗战以前，所有的恤金审核批准都必须经过中央抚恤委员会，造成中央机构事务庞杂、效率低下，而受恤人又嗷嗷待哺、等钱救命。1941年中央抚恤委员会设立了陕、豫、湘、桂四省分处，分散了业务，提高了效率。

但是在战争条件下，公文层层传递的方法弊病众多，需时过久[①]。抚恤委员会朱古朋的陈述代表了当时国民政府的无奈："各遗族向县政府领恤，仍有不能按时领恤金情事，而各省政府意见须充实县市办理恤金机构，须待研究改进。遗族纠纷，动延岁月，情形复杂，案情各殊，讼事缠连，相持不下，以至恤款久稽。三年以来，苦无平易迅速之策。"[②]

抗战后任抚恤委员会主任的吴仲行分析了恤款迟滞的原因："因为抚恤对象，既系散布全国的恤户，而抚恤机关，因编制所限，未能在国内各地普遍设立……过去虽曾经假手地方政府转发，但多因经费不继，发款迟滞……边远省县更形迟延，且因手续欠完备，每多核驳。"[③] 虽然抚恤委员会为了提高抚恤效率，制定了一些变通措施。如规定"死亡官兵，经各部队造送请恤书表，载明有合法遗族姓名住址者，即提前核恤（不再候地方政府呈报乙种书表），陆海空军伤亡官兵均由抚恤委员会提前办法恤金，每月月终汇报行政院转呈备案

---

① 恤金请领手续大致未变，其程序如下：受伤者由原治疗陆军医院检定受伤等第，造具调查表，连同本人2寸相片数张，呈由主管机关呈报军委转呈国民政府给恤。或由原部队军医处、医务所、住在地公立或备案私立医院检定受伤等第，造具调查表，连同相片，呈由原部队直属长官签名盖章，盖用关防转呈核办。死亡者由原部队最高主官填具甲种调查表，载明合法遗族姓名、住址，呈报军委查核或提前转呈国民政府核恤，并将乙种调查表寄交其本籍或住在地县政府转给遗族着照填缴，各该县政府就表列各项查明签字盖章，呈省政府转军委查核。

② 朱古朋：《三年来办理抚恤工作之经过》，国民政府军事委员会编：《抚恤委员会三周年纪念册》，1941年8月1日出版，第23页。

③ 吴仲行：《进步性的抚恤》，《联勤月刊》1948年第10期。

（不再逐案呈转）”[①]。但这些举措难以从根本上改变请领恤金程序烦琐的症结。

1942 年 12 月，战事相对平缓，国民政府的防区相对稳定，各军的编制渐趋完备，官兵军籍调查业已结束，抚恤委员会决定仿效公务员发恤方法，委托邮政机关发放恤金。1943 年 3 月 6 日，军委会政治部颁布《抚委会委托邮政机关发给恤金章程》，具体规定如下：恤金由抚委会预拨恤款，委托邮政机关代发。抚委会预计每年应发款项，分次整存至邮政储金汇业局，开具支票储金专户。恤款分存由抚委会通知中、中、交、农四行免费汇拨各省邮政管理局，该局以省抚恤处户名开列支票储金账。领恤人备抚委会印制的保证书，以当地保甲镇长为保证人，加盖私章及乡镇公所矜记连同恤金给予令，随时呈省抚恤处签发取款。各省抚恤处收到恤金给予令及请领恤金保证书后，即于恤金给予令内加盖发戳记。各地邮局接到领据核对恤金支付通知书，照书面所记支付现金，付款后开附清册，层转邮政储金汇业局，按月汇送抚恤委员会核办[②]。

抚委会以国际经验为例，说明它的优越性。“……英国即系主用此法，所以它办理抚恤的人员，只要 10000 人，而美国不用此法则要 20 万人”[③]。人员节省，这还只是邮政代发恤金的优点之一，另外，

① 《第五届八中全会军事报告》，《抗日战争时期国民党战场史料选编》（第 3 册），浙江省中国国民党研究组编印，第 31—32 页，出版社不详。

② 《抚委会委托邮政机关发给恤金章程》，《中华民国史档案资料汇编》第 5 辑 · 第 2 编 · 军事（一），第 217—220 页。规定：凡根据恤金给予令，恤金由抚委会预拨恤款，委托邮政机关代发。由抚委会预计每年应发数目，分次整存邮政储金汇业局，开具支票储金专户。上列预拨恤款，应分存各省邮政机关，由抚委会通知中、中、交、农四行免费汇拨各省邮政管理局，该局以省抚恤处户名开列支票储金账。领恤人备具抚委会印制的保证书，以当地保甲镇长为当然保证人，加盖私章及乡镇公所钤记连同恤金给予令，随时呈省抚恤处查明签发取款领据。领恤人收到抚恤机关寄发恤令及签发领据后，应持同原件携带私章，就近向住在地县辖境内的邮局缴验原件，当面在领据及通知联内盖章支取恤金。各省抚恤处收到领恤之恤令及请领恤金保证书，即于恤金给予令内加盖发戳记，恤金支付书由抚恤委员会印制发交驻省抚恤处领用。各地邮局接到领据核对恤金支付通知书，即照书面所记金额支付现金，付款后开附清册，层转邮政储金汇业局，按月汇送抚恤委员汇核办。

③ 吴仲行：《进步性的抚恤》，《联勤月刊》1948 年第 10 期。

手续简化也是该项方法的优点之一。“取消保证书（盖取铺保）改凭印鉴发恤，即其茕茕大者，一般恤户，均称便利”①。

但是邮政代发恤金弊端也很明显。如，前文提到的兵籍、户籍不全，还有受恤人文化不整齐、不识字，最简化而是最简单的请恤领恤手续，遗族多不明了。另外，有的地方交通极为不便，连邮政机关都未涉足。国民政府似乎对这些弊端有所准备。一些措施也在推行邮政代发时同时实施。如委托各地方自治机构，与各地社会服务处，设立抚恤询问处，解答有关抚恤法令规章疑义外，并具委托各地中小学老师，义务宣传，并代填请恤领恤各项表件。交通不便的地方，先请地方政府转其所属乡镇保长查明确实以后，再征询在交通便利的处所，有无可委托代领恤金的人，然后汇付②。

综合来看，恤金要准确地发到受恤人的手里，则取决于两方面的因素。一是受恤人的准确信息；二是杜绝发送过程中的人为因素，如冒领、蒙领恤金等。国民政府一方面动员中央地方力量核查完善兵籍户籍。“规定各部队于平时即应将全部官兵家属姓名住址详确调查，列册登记，俾作战后遇有伤亡，即可据以请恤。”如浙江省一特务连少尉排长梅翰臣，住一区新寨，并据该家属将死亡消息信件呈验，系师部某同事所写，谓系 1937 年 12 月江阴阵亡，与师部函送调查表相符，似已在江阴阵亡。虽然由同事代写，有蒙领恤金的可能性，但抚恤委员会依然准领给予③。可见，在严格发恤和及时发恤的权衡上，抚恤工作倾向于后者，这与以前有所不同。

另一方面，国民政府鼓励各级政府调查失联遗族，积极补恤。“饬各兵役机关及各地方政府代为协同调查抗战阵亡官兵之遗族，代为通知请恤，抚恤列为县政考绩之一。”并且对于游击区的请恤官兵。“督饬所属战区党政机关或乡村保甲长，对于地方出征军人家属，予

① 吴仲行：《进步性的抚恤》，《联勤月刊》1948 年第 10 期。

② 同上。

③ 《训令》，《浙江省政府公报》1941 年第 3271 期，第 33—35 页。

以宣慰及援助，并尽可能查明抗战死亡官兵遗族姓名住址及已恤未恤情事"[①]。对一些线索，抚恤委员会则责令追查。如浙江省呈报称："该省所属的中士姚志安，上等兵杨华、黄和清，一等兵田与武等四名，照表列住址详查无着，一等兵罗忠，住址不属本县范围，前将调查结果，函请该师查照，迄今尚未回复"[②]。抚恤委员会敦促道"住址是否错误，仍由省政府查明办理"[③]。

邮政代发的弊端就是发恤的准确性难以保证，蒙领、冒领、骗领恤金的事件时有发生。对此，国民政府奉行严厉打击的高压态势。以浙江省 1941 年查出的各类蒙领的恤案三件为例：613 团机关 3 连上尉连长陈志卿，居住县城青云街，原表在南京阵亡，但据调查，近数月间，均有信到家，现作何业，其家人未肯明言，可见其并未罹难。

而某通讯排一等兵顾维扬的故事则很具戏剧性，其居住锦平茶，本已因在南京保卫战中身故而请恤。但据调查所得，该兵亦屡有信来，并称于 1937 年 12 月退出南京被敌军同时俘去 10 人，该兵等并与敌军伺马，至阴历年节，敌军饮酒取乐，该兵等即偷取手榴弹乘夜间饮酒之际掷弹冲出，同时被敌人刺死者数人，顾维扬身中刺刀一伤，幸得逃出，辗转经安徽而至湖南，进某训练部队后，由湘迁桂省全州，并写"重上前线杀敌"书信，此乃家人向人的闲谈豪语，嗣经本府调查，虽未得见此种可歌可泣信件，但前数月所谓"重上前线"信函查看，均属实在，足证该兵于南京退出之役并未罹难。如果说前两人蒙领恤金还情有可原，那么某二营营部司号中士石云吉，居住三区地青，其遗族以阵亡例请恤，但其后来辗转回到家中。适逢县长出巡至该区，着人传问情形，大概该士兵系逃还家，闻听传唤，畏

① 《第五届八中全会军事报告》，《抗日战争时期国民党战场史料选编》（第 3 册），浙江省中国国民党研究组编印，第 31—32 页。

② 《训令》，《浙江省政府公报》1941 年第 3271 期，第 33—35 页。

③ 同上。

罪潜匿①。

对于以上查出的蒙领恤案，浙江省予以分别处置“查陈志卿、顾维扬、石云吉等三名死亡不实，应将恤令缴销”②。

对于骗领、冒领的行为则更多的是诉诸以法律。湖北省政府主席陈诚就曾经依照司法条文将骗取恤金定为侵占财产罪③。在1940年7月11日江西进贤县，叶支氏之长子叶祥财抗日阵亡，陆军第11师抚恤委员会发给其胞弟叶祥喜一次遗族恤金法币120元，由进贤县政府转饬、查明、具领。而该县4区31保保长支学仁，以叶祥喜的名义领取了恤金。事发后，支学仁被以侵占公有财产罪判刑④。1945年四川省成都的刘白琴侵占其下属的遗族恤金，同样被处以侵占公有财产罪⑤。可见冒领、骗领恤金在当时普遍被认为是侵占财产罪。

（二）战争中实际抚恤效果的变化

国民政府抚恤委员会在抗战期间的抚恤措施具体效果如何，其进步意义何在？根据表3－3何应钦和许高阳的统计数据，国民政府在抗战期间共抚恤了458039名官兵，占伤亡总数的9.2%，其中1937年到1938年是国民政府抚恤效率最低下的时期，伤亡人数最多，但受恤人数却最少，只有1.4%和1.2%的受恤率。1939年以后有所改善，达到10%以上，以后6年都保持在10%左右，1941年和1942年情况较好，达到18.4%和17.0%，最高的是1945年，达到26.0%。

---

① 《训令》，《浙江省政府公报》1941年第3271期，第33—35页。

② 同上。

③ 湖北省档案馆馆藏：《湖北省政府关于抚恤金被侵吞应定何种罪行经司法院详加解释请遵照的训令》，1940年8月12日，档案号：LS1－4－0356－014。

④ 江西省档案馆馆藏：《支学仁侵占抚恤金案》，档案号：J018－02－01941。

⑤ 四川省档案馆馆藏：《成都刘白琴侵占恤金案》，档案号：民167－30－24237。

表 3－3 抗战期间抚恤伤亡官兵统计

年份	伤亡人数	抚恤人数	比例
1937	609594	8674	1.4%
1938	1220821	14156	1.2%
1939	523434	53349	10.2%
1940	1007206	108546	10.8%
1941	436737	80353	18.4%
1942	361347	61309	17.0%
1943	244852	30483	12.4%
1944	314330	35242	11.2%
1945	254433	65954	26.0%
总计	4972754	458066	9.2%

资料来源：张瑞德：《抗战时期的国军人事》，台北中央研究院近代史研究所 1993 年版，第 105 页。

如果和抗战前的 12% 的抚恤率相比，似乎进步不大，但是，如果深入分析就会发现，国民政府在抗战期间共抚恤了 458066 名官兵，而抗战前按照许高阳的统计从北伐到 1936 年 10 年间，只抚恤了 69817 名官兵，后者是前者的将近 8 倍①。而国民政府从事抚恤的机构只是增加了 5 个，人员增长有限，完成的恤案翻番，不能不说明是其业务进步的表现。而且提高抚恤委员会层级，设立抚恤分支机构，简化请领恤的程序，特别是援照西方采用邮政代发恤金业务，方便了很多受恤人。

但是在具体实施中的缺陷也很明显。首先，即使请领恤的环节简化数次，但仍然还是繁琐。战争年代，通信不发达，如此多的环节和部门的审核、转呈，信息的准确性和即时性受到很大影响。据抚恤委员会委员宋尚春证实：有许多官兵殉职后，亲属得不到部队

① 许高阳：《国防年鉴》（第一次），香港中美图书公司 1969 年版，第 143—144 页。

的通知，他们或者从朋友处探听到不确实的消息，填具表格，由县、省转呈请恤，得到的批示，多半是"未据原部队呈报有案"，写信到原部队请求，也有因原部队对抚恤的不注意，或因人事变迁，无法查明其事迹，也每如石沉大海，杳无消息甚至数年得不到结果也就不能请恤、领恤。或者受恤人请人代办了书据，向县政府投递，往返动则数十里或数百里，旅费已花了不少，找保证人也要手续费。呈文、书据投递以后，又往往数月、一年，甚至三年还得不到回信，一而再、再而三，以至无数次向县府催促，费用甚至超过恤金的情况，也是屡见不鲜。

另外，受恤人因不识字或不明白请恤的手续，往往托人代办书表、呈文，代办人即乘机从中间向受恤人敲索。领到恤金时，受恤人常仅能得80—90%，甚至70—80%[①]。

再就是虽然对于恤金的发放国民政府似乎不遗余力，办法多多，但对于恤金贬值的问题就显得无可奈何，除被动加恤外别无他法。早在1941年，国民政府抚恤委员会主任何健就指出恤金存在着一个"恤金的数字问题"和一个"恤金的实惠问题"。他算了一笔账：按既有的抚恤条例战时阵亡年恤金少将年计600元，月计50元；少校月计30元，一家人生计或者尚可维持，而准尉月计金10元；下士仅为5元；二等兵月计仅为3元3角3分。至于因公殒命或积劳病故数目更少，最少的竟有年计25元，月计2元零9分的……"以这样少的恤金收入，何能赡养一人？更如何抚孤教子？"[②] 何健为此种抚恤冠名为"消极抚恤"。对于基层官兵来说只能救急而不能帮困。何健感慨道："中央每年虽支出这样庞大的一笔恤金（约2亿7千万），而实际惠及遗族的实在有限……此'既不能养

① 宋尚春：《怎样使受恤人早沾实惠?》，国民政府军事委员会编：《抚恤委员会成立三周年纪念册》，1941年8月1日出版，第31—32页。

② 何健：《两年来办恤政经过与感想》，国民政府军事委员会编：《抚恤委员会三周年纪念册》，1941年8月1日出版，第10页。

复不能教’之消极抚恤为已足矣”[1]。何健当时的计算还未考虑日后通货膨胀的因素。

恤金标准自 1935 年至 1942 年一直未作调整，而 1942 年物价上涨达到第一个高峰。故自 1942 年起，年恤金额照原恤金数目加倍发给，1944 年再增加一倍。由于战时物价疯涨，超过常规，恤金不得不一再增加，但仍不能保障受恤人的最低限度生活。为配合物价指数，除一次恤金、年恤金外，并增列特恤金、救济费等[2]。1945 年 4 月，颁布《陆海军伤亡官兵年恤金提前发给实施办法》，以 1944 年给予数额为标准，另加两倍，并提前给予 13 年的抚恤金。抗战胜利后，1945 年 11 月，公布《陆海军伤亡官兵恤金给与颁发办法》，改照退役薪俸数目比例增加恤金，并增列了公粮代金[3]。据统计，到 1945 年一位上将阵亡的遗族年恤金由 800 元涨到了 160000 元，涨了 200 倍；一个二等兵阵亡的遗族年恤金从 40 元提高到了 15000 元，涨了 375 倍。其余各等伤情都有大幅度增长[4]。有的地方政府也对中央恤金的不足做了补充。1938 年 7 月 11 日，云南省政府临时会议为抚恤台儿庄战役中阵亡的杨克华等 24 名云南籍烈士特别规定：“在中央未发抚恤金以前，本府为特别体恤本省阵亡人员遗族起见，先行筹集新币 400 万元，以作地方一次慰藉金之用。”[5] 1942 年陕西省对本省籍伤亡官兵，除按陆军抚恤条件抚恤外，另由本省加发临恤金 100 元，当年共发是项恤款 1400 元[6]。但是这些增加与物价的 2000 多倍的涨幅

① 何健：《两年来办恤政经过与感想》，国民政府军事委员会编：《抚恤委员会三周年纪念册》，1941 年 8 月 1 日出版，第 11 页。

② 中华民国史公职志编纂委员会编：《中华民国史公职志》（初稿），台北国史馆 1990 年版，第 571 页。

③ 同上。

④ 许高阳：《国防年鉴》（第一次），香港中美图书公司 1969 年版，第 133—134 页。

⑤ 云南省地方志编纂委员会编：《云南省志·民政志》，云南人民出版社 1996 年版，第 114 页。

⑥ 陕西省地方志编纂委员会编：《陕西省志·民政志》，陕西人民出版社 2003 年版，第 174 页。

相比，杯水车薪，无济于事。要知道1945年重庆产业工人的平均月工资14018元[①]，一个阵亡上将的遗族年恤金只相当于10个月的该工资，而一个二等兵的遗族年恤金只相当于1个月的该工资，于是就有了1945年，一位中级军官负伤后，所获恤金12万元，只能买一条不锈钢表带的笑话发生[②]。而中央抚恤条例所规定的埋葬费，金额尚不足以买一张草席[③]。

军人包括恤金在内的待遇下降，引起许多社会人士的担忧。1944年9月参政会上，黄宇人等121名代表提出："抗战以来，人谓军事第一，而军队之各级将领，其收入不如金融机关之工友，古今中外之不平之事，恐无有过于此者。"长此以往，将导致"军纪官箴日益废弛，社会风气日趋败坏"[④]。

二 精神抚恤的加强

在漫长的传统社会，以君王为代表的统治阶级，为了安慰那些为政权尽忠的伤残官兵和阵亡者遗族，除了给予物质上的补偿外，往往还给予精神上的肯定，如谥号、爵位、名誉等，使其在社会上受人尊重。民国时期，这种封赏被时人称为"精神抚恤"。在近代，由于救亡图存运动的兴起，更多的人在舍家为国、振兴中华思想的感召下，投身到如火如荼的革命和民族战争当中，他们中许多人英勇捐躯或肢体残损或积劳成疾，政府在物质保障的同时，对他们这种精神予以肯定，更可以慰藉伤残者及亡故者遗族的心灵，激发后来者前进。

---

① 孔敏编：《南开经济指数资料汇编》，中国社会科学出版社1988年版，第353页。

② 张瑞德：《抗战时期的国军人事》，台北中央研究院近代史研究所1993年版，第107页。

③ 张治中：《张治中回忆录》，文史出版社1985年版，第406页。

④ 万仁元、方庆秋主编：《中华民国史史料长编》第64卷，南京大学出版社1993年版，第1034页。

孙中山在革命之初就很注重古代精神抚恤这一优良传统，到南京国民政府时期，这一传统被继承下来。抗战时期，由于伤亡军人增多，国民政府财政状况困窘，每一个伤残军人和阵亡者的遗族根本得不到足够的物质补偿，于是精神抚恤成为肯定他们的爱国奉献精神，鼓励后来者奋进的重要手段。

蒋介石结合抗战实际，从理论、措施上对其内涵方面做了丰富阐述。

（一）将抚恤理念与儒、墨、仁、义学说联系起来，注重渲染杀身成仁和舍生取义的儒墨要义[①]

即劝导军人为政权利益、民族利益甘愿去牺牲生命和奉献一切，不图物质回报，留名于后世。如 1933 年 7 月 22 日，蒋介石在庐山军官团讲演《生命的真义》[②]。文中反复陈述“我们不好把自己个人的生存看作是生命，我们要把整个民族之历史的生命当作自己的生命”“我们自己个人的寿命与躯壳，不是真的生命。所以躯壳虽然死了，而真的生命并不是随躯壳而断绝的”[③]。抗战时期，国府号召民众“对国家尽其至忠、对民族行其大孝”，即是仁义思想的极限表露。蒋介石的仁义观，在鼓动民众抵御外敌入侵上发挥了一定作用，但将道德层面的仁义极端化，容易忽略对遗族及伤残军人的物质抚恤。

---

① “仁”是儒学基本范畴，是另一种“生”的形式，包容在“生生不息”中，人在行动中与之合为一体，既解决了生，又解决了死。历代儒者无不认为崇高道德、伟大理想重于人的生命价值，人们为其实现可以也应该勇于赴死，主张通过生前努力立德立功立言，达到事迹传之后世，名声与日月共存状态，实现“死而不亡”。与儒家精神至上的“仁”的死亡观类似，古代墨家学者也极力推崇一种为“义”而勇于赴死的观念。鼓励人们把国家生命、民众生活（即“义”）的价值置于个人的生命价值之上而努力去献身，从而超越个我短暂的生命时限以获得不朽。——郑晓江：《中国死亡文化大观》，百花州文艺出版社 1999 年版。

② 蒋介石：《生命的真义》，秦孝仪主编：《总统蒋公思想言论总集》（卷十一，演讲），台北中国国民党中央委员会党史委员会 1984 年版，第 308 页。

③ 同上书，第 309 页。

（二）在具体措施上，采取祭葬、追悼会、立碑、生平事迹宣付史馆等途径，使亡者声名传诸后世，以激励生者

蒋氏的思想中包含有“事死如事生”与“入土为安”[①] 的传统思想。如1937年10月28日，蒋氏在苏州淞沪前线召集第三战区师长以上长官讲演《以光荣的牺牲求最后的胜利》。告诫将官“要知道我们要保持士气，增加战斗力量……尤其对于阵亡官兵的忠骸，应负责寻找，抬回安葬，即使就地掩埋，亦要设法标明”[②]。一年后的1938年11月26日，蒋氏出席第一次南岳军事会议发表训词，严厉指斥将忠骸遗弃于战场的现象，指出这会长敌人气焰毁自己战斗力。“我军最遭敌人轻视的一点，就是我们阵亡官兵的忠骸，有许多不仅不能抬回安葬，而且任其遗弃阵地，暴尸战场”[③]。再次强调必须掩埋官兵遗骸，“今后战地上所有官兵的遗骸，必须抬回掩埋”[④]。为贯彻落实掩埋任务，蒋氏要求各师、团等成立掩埋队专司其职。“我们除了担架队之外，还应设掩埋队，每师每团应设立一组，为之规定职责，详订办法，通令施行”[⑤]。掩埋要标志地点并注明死者姓名，使英灵入土为安、死得其所。“并在坟地上要插一标志，载明死者姓名，以资辨认，使一般将士的英灵安得其所”[⑥]。蒋介石特别指出掩埋死者对稳定生者心态、振奋士气的极端重要地位。“我国俗语说‘死无葬身之所’，这是一句形容人世最悲惨境地的话……而我们未死的官兵看

---

① 古代盛行灵魂不灭，认为人死灵魂仍在，仍要过活人一样的生活，非常重视为死者提供一个“活动空间”，如墓地、棺椁、墓室以及墓地建筑物等。在儒生眼中，让死者尸骨暴露于野外，实属“实灭人伦，有乖丧礼”。因而上层统治者要求人们要“生，事之以礼；死，葬之以礼”。形成儒家“事死如事生”的厚葬思想。既可表示对死者的尊重，更在于做给生者看，实际作用是人们面对死者再一次明确个人的社会职责所在，起到社会教化的作用。——《中国死亡文化大观》。

② 蒋介石：《以光荣的牺牲求最后的胜利》，《总统蒋公思想言论总集》（卷十四，演讲），第632页。

③ 同上书，第501页。

④ 同上。

⑤ 同上。

⑥ 同上。

了，要作如何感想？对于士气的影响之大可以说莫过于此”①。

对一些功勋卓著者，蒋氏主张将生平事迹存备宣付史馆。如 1930 年 4 月 5 日，蒋氏议定为捍卫东北边陲抗俄捐躯的旅长韩光第等人立碑，永资纪念②。1933 年 12 月 30 日，令将积劳病故的海军上将杜锡珪生平事迹存备宣付史馆③。蒋介石的抚恤理念还清晰地显示着古代祭葬文化的刻痕，重视慰藉灵魂，他注意借助召开追悼阵亡将士的会议。蒋氏一生中多次主持过追悼会，他所主持的追悼会一般体现两种功能：

首先是安慰、抚恤遗族，以慰藉死者魂灵。蒋氏要求“我们所有的后死将士，一定要时刻记住：他们阵亡将士的父母，就是我们后死将士的父母！阵亡将士的儿女，就是我们后死将士的儿女！”只有“安慰他们的遗族，一定要抚恤他们的遗族……才可以说是尽到我们的责任”④。这表明该阶段蒋氏抚恤思想的出发点是忠孝道德的转移与接力，将抚恤看作是后死者的道德责任。如 1933 年 6 月 6 日，蒋介石在抚州追悼阵亡将士大会上演讲《后死者的责任》，文中四次提及枕藉阵亡将士的灵魂⑤。

其次是激励生者，实践政治目标。“我们后死的人……要继续我们阵亡将士的责任……来消灭阵亡将士的仇敌”⑥。这意味着追悼会不仅仅是告慰会、抚恤遗族动员会，更在于政治上与军事上的鼓舞。其涉及对象不只局限于军人，还包含民众。“我们江西的一般民众，无论是农工商学……一定要在阵亡将士之伟大的精神和功业的感召激

---

① 蒋介石：《第一次南岳军事会议训词（一）》，《总统蒋公思想言论总集》（卷十五，演讲），第 501 页。

② 《国民政府令》（1930 年 4 月 5 日），《国民政府公报》（第 38 册），第 437 号，第 2 页。

③ 《国民政府令》（1933 年 12 月 30 日），《国民政府公报》（第 76 册），第 1327 号，第 3 页。

④ 蒋介石：《后死者的责任》，《总统蒋公思想言论总集》（卷十一，演讲），第 161 页。

⑤ 同上书，第 160—162 页。

⑥ 同上书，第 161 页。

发之下……来帮助剿匪的军队，共同一致的来剿灭赤匪”①。

抗战中，蒋氏的这种精神抚恤的方法得到了推广和充实。国民政府摸索出一系列针对各级官兵及遗族的精神抚恤方案，制定条文，确定管理机构，有的甚至还规定了具体的礼节和器物。如表3－4。

表3－4 抗战时期军人精神抚恤实施一览

项目 类别	承办单位	运用办法条例	备注
褒扬表扬	褒扬由国防部检同事迹送行政院或内政部核办；表扬人员由抚恤处整理死亡忠烈事迹送本部新闻局史政局办理。	《褒扬抗战忠烈条例》及《抗战特殊忠勇官兵表扬办法》	褒扬人员视功勋大小明令褒扬，国民政府褒扬令褒扬者属行政院褒扬；部令褒扬者送内政部褒扬。
国葬公葬	由抚恤处作初步汇集材料商同本部第一厅转请行政院核办。	为《国葬法》及《公葬及公葬墓园暂行条例》	收到故员佟麟阁等45员拟提请国葬或公葬，条例先由内政部拟呈，未完成立法程序前一律缓办。
入忠烈祠建立纪念坊牌	由抚恤处检同事迹表转请内政部办理。	《抗战殉难忠烈官民祠祀及建立纪念坊碑办法大纲》	本部对遗族请求入祀忠烈祠及建立纪念坊牌方案调查有赖内政部转令。
春秋两祭	除中央及国都所在地举行外，全国各省一律就地举行。	训令《春秋二季致祭阵亡将士办法》	春季为每年的3月29日；秋季为9月30日。
颁发荣哀状	各单位抚恤处。	《陆海空军抗战阵亡官兵荣哀状颁发办法》	

资料来源：湖北省档案馆馆藏：《湖北省政府关于加强实施军事褒恤优待事项的训令》，1947年9月23日，档案号：LS1－2－0886－003。注：有些措施虽然颁布于抗战以后，但抗战中已经实行，只是未形成成文法规或条例。

① 蒋介石：《后死者的责任》，《总统蒋公思想言论总集》（卷十一，演讲），第161—162页。

从表 3 - 4 中不难看出，对于每一个精神抚恤的内容，都有专门的办法给以规范，如褒扬与表扬。抗战期间，由政府明令褒扬者，计故上将刘湘、张自忠等 148 人[①]。这 148 人大多为国民党军高级将领，如郝梦龄、廖磊等，但也有公务员和社会人士，由于他们忠勇抗敌，或功勋卓著，或情形壮烈。

实际运行过程中，他们被褒扬的方式也不一样。对那些高级将领和官员，以及一些对抗战做出贡献的知名社会贤达，政府会派员致祭，国葬或公葬，给特恤金或追赠官职，事迹存备宣付国史馆等，其重视程度依据逝者社会地位和贡献而定。如川康绥靖主任、四川省主席刘湘积劳病故，“该故主席矢志忠贞，功在党国”，国民政府明令褒恤，追赠陆军一级上将并派员致祭，特予国葬[②]。

而原北洋魁首之一的吴佩孚在“燕京被陷，处境益艰，敌酋肆其逼迫，奸逆逞其簧鼓，威胁利诱，层出不穷”的情况下，“犹能勉全所守，终始弗渝，凛然为国家民族增重”。国民政府称：“其高风亮节，中外同钦”，因此在其因病去世以后，国民政府追赠陆军上将从优给恤，特给治丧费 10000 元，生平事迹，存备宣付国史馆[③]。

对于来自社会中下层的官员和民众，则基本采取照章抚恤，明令褒扬的形式。如在敌占区不屈日寇淫威的天津私立耀华中学校长赵天麟，在日寇侵津市以后，尽量招纳学子，助以奋斗图存，务伸正义，固我国本，嗣因敌方忌恨，百端阻挠，终不为屈，竟遭狙击殒命。国民政府特令褒扬，并饬教育部从优议恤，但与吴佩孚的待遇相差甚远[④]。还有劳苦功高的地方建设者。如江北运河工程局局长徐鼎康，

① 许高阳：《国防年鉴》（第一次），香港中美图书公司 1969 年版，第 135—136 页。

② 《国民政府令》，《中华民国国民政府公报》（1938 年 2 月 14 日），第 131 册，渝字第 23 号，第 10 页。

③ 《国民政府令》，《中华民国国民政府公报》（1939 年 12 月 9 日），第 131 册，渝字第 213 号，第 1 页。

④ 《国民政府令》，《中华民国国民政府公报》（1938 年 12 月 28 日），第 145 册，渝字第 70 号，第 1 页。

任事8年，持躬廉洁，历办河工，悉臻完善。本届汛期，防护河堤，尤为得力，于1939年1月3日积劳病故，国民政府依法抚恤外，通令褒扬[①]。

至于表扬者，多是针对下层官兵，更多的是一种荣誉象征。抗战期间照《抗战特殊忠勇官兵表扬办法》，经军委会表扬之官兵，计团长李庚星等1854名[②]。应该看到不管是褒扬还是表扬人数都有限，总共不过2002人，与抗战期间国民政府伤亡的300多万军人相比，不到0.1%，可见比例之小。

国葬和公葬。在1930年，国民政府就公布了《国葬法》，这是蒋介石等高层“事死如事生”思想的现实体现。该法规定：葬礼的费用由国民政府承担并派员组织国葬典礼，而且国葬举行之日凡公务人员均须臂缠黑纱，全国停止娱乐，各机关团体及商店居民均下半旗以志哀悼[③]。抗战时期对这一规定做了补充，经费规定为1万元。国葬必须葬在国葬园里[④]。如张自忠的灵柩到达重庆时，蒋介石、冯玉祥率文武百官臂缀黑纱，肃立码头迎灵，“抚棺大恸”，后又亲自主祭。国葬一般是对那些在抗战中功勋卓著的个人而言，而公葬则是在对个人的同时更注重群体。公葬一般由地方官主持，一种是个人公葬，一种是集体公葬。集体公葬一般会修建陵园。如1944年5月11日，中国远征军第20集团军反攻腾冲，9月14日攻克。远征军阵亡官兵8671名，腾冲民众随军作战阵亡6545人，美国盟军阵亡官兵14名，由政府拨款和海外华侨捐资在腾冲城南来凤山建国殇墓园，占地约

---

① 《行政院令》，《中华民国国民政府公报》（1939年1月3日），第138册，渝字第115号，第13页。

② 许高阳：《国防年鉴》（第一次），香港中美图书公司1969年版，第135页。

③ 国民政府立法院秘书处编：《立法专刊》（第4辑），民智书局1931年版，第175页。

④ 朱汉国编：《南京国民政府纪实》，安徽人民出版社1993年版，第549页。

80 亩[①]。而龙陵国殇墓园是为安葬在收复龙陵县城及附近战场阵亡的远征军第 11 集团军抗日将士遗骸而建的，将县城内西南角原龙陵县政府遗址建成国殇墓园，面积约 5 亩，是圆形大墓，高约 4 米，墓正面镌刻蒋中正提“正气浩然”4 字，两侧有第 11 集团军司令宋希濂、李根源书《龙陵县国殇公墓记》[②]。

国民政府最为重视的就是入忠烈祠及建立纪念牌坊。1940 年 9 月 21 日《抗战殉难忠烈官民祠祀及建立纪念坊碑办法大纲》规定抗战殉难官兵有以下情事者，得入祀忠烈祠并建立纪念碑或纪念坊：1. 身先士卒冲锋陷阵者；2. 杀敌致果建立殊勋者；3. 守土尽力忠勇特著者；4. 临难不屈或临阵负伤不治者；5. 其他抗战行为足资矜者。抗战殉难忠烈有以下情事者，得入祀忠烈祠并得建立纪念碑：1. 侦获敌人重要情报者；2. 组织民众协助军队工作或执行军队命令者；3. 刺杀敌人或汉奸者；4. 破坏敌人重要交通路线者；5. 焚毁敌人仓库者；6. 破坏敌伪间谍组织者；7. 被掳不屈者；8. 救护抗敌官兵者；9. 组织民众施行国民公约者；10. 其他忠勇抗敌者……，而且规定省、市、县、乡（镇）都得设之[③]。即使该县暂时没有死难将士，也要先设祠供奉关岳等古代名将神主。对于忠烈祠的修建和管理都有严格规定，如县级的忠烈祠，援用古代昭忠忠义等祠之例于各县文庙乡贤祠之旁设立之或直接就原有的昭忠忠义等祠或公共庙宇改建，实在没有再设法另建之[④]。国民政府之所以注重对忠烈祠的建设，主要是因为这种抚恤方式的受惠者大多是平凡的底层官兵，重视他们，会激起更多的后来者浴血奋战。

碑祠的修建主要为纪念一些著名的战役和个人。1942 年 5 月 26

---

① 云南省地方志编纂委员会编：《云南省志·民政志》，云南人民出版社 1996 年版，第 119—120 页。

② 同上。

③ 《抗战殉难忠烈官民祠祀及建立纪念坊碑办法大纲》，蔡鸿源编：《民国法规集成》第 67 册，黄山书社 1999 年版，第 32 页。

④ 台北国史馆藏：《军事委员会函》（1937 年 4 月），行政院档案，档案号：61/1472。

日，云南腾冲县孟连乡乡长杨绍贵率壮丁配合中央军预备2师第5团第3营，在香柏嘴伏击日军辎重汽车，战果卓著，杨与民勇董国祥等7人壮烈牺牲，蒋介石特电旌恤，准在死难地建立专祠纪念。1943年，云南江川县修建唐公祠，专祀抗日阵亡将领唐惟源。1940年，为防止侵越日军进犯我境，滇军第13旅第6团进驻金平县城北分水老岭丫口，所建营房名为“平寇营”，不幸因染恶性疟疾而病故官兵96名。1941年立碑——平寇营抗战守土病故官兵碑[①]。1938年夏，浦江县长徐志道奉令创设忠烈祠，当时依文庙左侧奎星阁改建，内设出征抗日阵亡将士及死难同胞牌位30余座。每届“七七”抗战纪念之期，由县政府联合党、政、军、警、农、工、商、学各界，并邀集各遗属举行公祭仪式，俎豆荐馨，以昭激励[②]。由此可见，这些碑祠多以纪念著名战役和战役中牺牲的芸芸众生为事。

抗战期间合于抗战殉难官民祠祀，及建立碑坊办法大纲规定之阵亡将士，已据报核准入祀首都忠烈祠者，计有故上将张自忠等46名，入祠各省忠烈祠者，共1538名[③]。还有散布在各县的忠烈将士无以统计。各地民众对于忠烈祠高度重视，每次入祠场面隆重。四川威远一地的部队，将阵亡将士官兵入祠当地忠烈祠时，有全体官兵、军乐队、民乐队、学生队等万余人参加。当送牌位的队伍经过市区时，家家户户烧香燃烛，供奉祭桌，燃放鞭炮。典礼结束后，学生抬着米、棉花、猪肉、菜蔬等物，送至每位阵亡官兵家属的家中。由于仪式隆重感人，以致当场即有数十位青年，要求加入部队从军[④]。

最为著名的是薛岳为纪念长沙大会战中的死难将士修建的“南岳忠烈祠”。征地230余亩，1940年秋动工兴建，1943年6月底完成，

---

① 云南省地方志编纂委员会编：《云南省志·民政志》，云南人民出版社1996年版，第116页。

② 张解民编：《回望抗战：浦江战时实录》，浙江人民出版社2009年版，第207页。

③ 许高阳：《国防年鉴》（第一次），香港中美图书公司1969年版，第136页。

④ 冯玉祥：《冯玉祥回忆录》，文化出版社1949年版，第168—169页。

历时三年，共费资法币640400余元。附属忠烈祠两侧原有十三座烈士陵墓，其中最大的一座为集体墓，是国民党37军60师师长董煜收葬的本师在上海、安徽、湘北等战役中阵亡将士的遗骸2728具。个人墓则有国民党副军长郑作民、师长罗启疆、赵绍宗等人的茔墓①。祠内有薛岳亲自撰写的祭文。

> 中华民国26年7月7日，我中华民族崛起抗倭之神圣战争。在总裁领导之下，举国奋袂，人人效死。我前线将士，莫不忠义愤发，亿万一心，以与强寇相周旋。四载以还，五洲瞠视，三岛震骇，最后胜利之必得，已操左券。而我成仁将士，以大无畏之精神，保卫国土；以最宝贵之生命，换取光荣，开创亘古未有之伟绩，尤为万代所崇敬！余忝总戎，转战北东南各战场，目击成仁将士前仆后继，视死如归之忠勇，未尝不肃然动容！而一念及浴血糜骨之壮烈，则又未尝不怆然出涕！不有纪念，曷展素诚？乃请准中央，分颁巨帑，即就南岳辟地建墓，以安忠骸。而祠堂先后落成，永标大节，礼也。尔者，名山片石，作万丈之光芒；浩气雄风，历千秋而不朽。精灵所积，蔚为国魂；仰止之余，当起顽懦。斯又岂止崇德报功已哉。是为记。②

与碑坊忠烈祠设立相对应的是公祭活动，公祭一般分为入园或遇难日祭祀，还有国民政府规定的每年3月9日和9月30日的春秋两祭。首次公祭最为隆重。1938年9月9日，云南省政府在昆明举行公祭典礼，追悼第60军抗日阵亡将士，同时各县均举行追悼大会，参加者3万余人，省主席龙云致悼词，国民政府各界人士敬献挽联和花圈。1942年5月26日，中国远征军第5军200师师长戴安澜在缅甸

---

① 湖南省地方志编纂委员编：《南岳志》，湖南出版社1996年版，第166—167页。

② 薛岳：《南岳忠烈纪念堂碑记》，政协衡阳市委员会主编：《衡阳抗战铸名城》，中国文史出版社2005年版，第795页。

对日作战中壮烈殉国，7月15日，灵榇运抵昆明，云南省政府官员暨各界代表举行万人公祭[①]。1945年7月7日，腾冲国殇墓园落成，腾冲县举行了公祭典礼，李根源主祭，党政军学商各界官员、士绅陪祭。1945年秋天，龙陵县为追悼抗日阵亡将士及县境死难同胞，举办“水路大会”，在县城寿佛寺内建醮7天，由县长顾品端率地方绅士主祭，又在松山阵地大垭口建醮5天，由地方绅士主持祭奠。1944年9月，第79军在湖南武冈县为军长王甲本举行隆重的追悼大会，烈士遗体被安葬在东安县山口铺芭蕉村张家冲后山坡上，每年清明节，各界人士都会到这里扫墓，悼念抗日英雄[②]。

还有一些地方用烈士的姓名来命名学校、道路、公园等，同样具有纪念意义。1944年9月9日，第79军军长王甲本（字立基，富源县人），在湖南省东安县山口镇对日作战中壮烈牺牲，国民政府国防部追赠王甲本为陆军中将，抗日烈士。富源县中安镇被命名为“立基镇”，中安镇北大街被命名为“甲本街”。中安镇小学被命名为“立基小学”[③]。抗战刚一结束，汉口市政府将汉口三条马路分别命名为郝梦龄路、刘家琪路、陈怀民路，为纪念张自忠将军，将汉口成忠路改为张自忠路[④]。

三　伤残军人的服务型抚恤

何健作为国民政府抚恤委员会的主席在亲历抗战初期抚恤制度运作的混乱局面后，1941年撰文《两年来办恤政经过与感想》，把以前的恤金抚恤称为消极抚恤，并认为随着伤残官兵与阵亡遗族人数的日趋增长，消极抚恤难以保障受恤人基本生存的弊端日益显现。针对消极抚

---

① 云南省地方志编纂委员会编：《云南省志·民政志》，云南人民出版社1996年版，第116页。

② 同上书，第121页。

③ 同上书，第116页。

④ 武汉市地方志编纂委员会编：《武汉市志·民政志》，武汉大学出版社1990年版，第25页。

恤，何氏提出了积极抚恤的概念，认为积极抚恤离不开“教”和“养”两事[①]。何氏进一步指出“‘养’不应该仅是消极的‘待人而养’，而是要设法利用他们的能力和聪明，使其能够积极的‘自养养人’”，何氏进一步解释道：“待人而养是惰性的，寄生的，消费的，损耗国力的。自养养人才是本能的，主动的，生产的，增加国力的”[②]。

（一）服务型抚恤思想的形成

为了实现其“自养养人”的宗旨，何健主张区分伤残官兵不同的伤等，以利教养安置。应“利用其可用的能力与聪明，就其残废以后，尚保有之一部分身体机能而利用之”[③]。何健的思想明显受到了孙中山“寓兵于工”思想的启发，只不过孙中山是源于军人安置的设想，而何健将它运用于伤兵抚恤。何健立足“使其（伤残军人及阵亡者遗族）能由习业而就业，由就业而生产”的原则，设计了 6 种积极抚恤方式：遗族职业学校；遗族子女学校；遗族职业工厂；残废军民工厂；负伤官兵职业指导与介绍；伤亡家属授予垦田等[④]。并希望能够在战时着手试办，在战后再事扩充。对于何健的建议，当时各个部门予以了补充，如国防最高委员会提出了增设残废军人教养院；全国地政学会提出仿照欧战各国战士田产法案，实施授垦；内政部则拟具了抗战时期伤亡军人家属授田条例草案等。这些建议包含了传统的“寓兵于农”的思想。

蒋介石也于 1942 年《陆军经理杂志》第 4 卷第 3 号《荣誉军人专号》[⑤] 的扉页题词：“绥之以德，约之以礼，导之以正，示之以诚，

① 何健：《两年来办恤政经过与感想》，国民政府军事委员会编：《抚恤委员会三周年纪念册》，1941 年 8 月 1 日出版，第 13 页。

② 何健：《关于军事抚恤答客问》，《陆军经理杂志》第 3 卷第 1 期（1942 年 1 月 31 日）。

③ 同上。

④ 同上。

⑤ 注：据《残不废月刊》1947 年第 2 卷第 19 期第 7 页《刊中语》记载：1940 年春，荣誉军人职业协导会总干事，号称“荣军之父”的段承泽先生首倡“改‘伤兵’一词为‘荣誉军人’”，政治部特函全国各军政机关“将‘残废’字样，一律废除，改称‘荣誉军人’”，简称“荣军”。

启其自尊之心，动其感激之意……”[①] 阐明精神教化的要旨。这实际上成为国民政府抗战时期安置抚恤伤残军人的主要手段。基于以上各种思想，荣誉军人总管理处的中将处长魏益三在实践层面推行了一套体现“管、教、养、安置”[②] 功能的具体政策。荣军教养院（含屯垦队）则是体现这四种功能的践行佐证。

（二）教养院的实际运行

荣军教养院草创于1929年，但一直发展缓慢，1937年只有4所，容纳人数不过数千人。抗战期间，这种抚恤方式因其可靠的保障性得到广泛推广。到了1945年全国教养院达36个，容纳伤残军人75000人[③]。教养院下设总务股、训育股、诊疗股分别对荣军进行治疗、组织、训练使其成为自食其力的人，即“管、教、养、卫”。

管——管理、收容、编制、惩戒。总务股“主管文书、庶务、会计及维持全院军纪风纪一切事项”。它们首先是对来自各方的荣军进行收容编制。残废军人在教养院内按伤残程度和部位被编入盲残组、缺手组、缺脚组、混合组等，委任队长管理。其次对一些行为做了明确规范：“军纪严肃”“服装整洁”“限制请假”并严禁留宿、外宿、嫖娼、与帮会结盟等。对违反规定者禁闭、禁足、罚役、罚薪等。并派遣荣誉纠察队，佩戴标识进行管训。同时在荣军内部建立奖惩机制，公开考查（小组讨论，了解志趣、品行、家庭、经历等）和秘密考查（侦察言语、检查书信、设告密箱）结合[④]，根据《残废军人教养院考核伤员兵奖惩规则》进行奖惩。奖励有“升级待遇、记大功、记功、给予物品、奖金、名誉奖励”六类。惩处则主要为“扣

---

① 蒋介石：《荣誉军人管理专号题词》，《陆军经理杂志》1942年9月30日，第4卷第3期。

② 参见魏益三《荣誉军人之管理》，《陆军经理杂志》1942年9月30日，第4卷第3期。

③ 《荣军遣散安置当局拟定四项办法》，《残不废月刊》1947年第1卷第5期。

④ 参见冯剑飞《第＊战区荣誉军人管教养卫实施计划》，《陆军经理杂志》1942年9月30日，第4卷第3期。

恤金、降级、记大过、记过、扣普通奖金”五种[①]；对“聚众斗殴、抗拒长官、酗酒聚赌、不服管束及一切违背党义、干犯军纪并在外包庇烟赌、娼妓、妨害公共治安者均按陆军惩罚令或陆军刑律分别惩处”[②]。通过这样的管束，伤残军人的违纪和犯罪行为大为减少。

教——职业培训与精神教育。训育股承担着“宣传党义，辅助教育”[③] 的责任。在一个1000人以上的甲等教养院，配备有“主任一人，队长10人，队附20人，文书军士10人”“专任残废员兵的管训事宜”[④]。教育的内容分基础教育和特种教育。基础教育包含“精神（感化）教育、政治（人格）教育、语文（识字）教育”，目的是要“纠正不良生活习惯、发扬过去光荣历史、加强政治觉悟性”[⑤]。有的教养院直接提出了“使服膺三民主义、总裁言行……”[⑥] 的政治教育目标。而特种教育“培养一种特种的智识和技能”[⑦]。在生产中则主要立足因材施教，使其要么“和机械力相结合”，从事工业生产；要么和“天然力相结合”从事垦植、畜牧[⑧]。各教养院制定专门的训练计划，先培训技术人员，训练班每期人数360人，以荣誉军人中之优秀者为限。训练班时间之分配有严格的计划，政治训练10%，基本课程20%，专习课程30%，工作之实习40%。再由技术人员进行技工班训练，时间最短不得少于六个月。对每一部分的内容都有详细的规定，最后还有考核措施[⑨]。当员兵技能熟练后，首先鼓励荣军自愿

---

① 蔡鸿源：《民国法规集成》第47册，黄山书社1999年版，第457页。

② 同上书，第451页。

③ 同上。

④ 湖北省档案馆：《湖北省政府关于公布残废军人教养院条例编制通知的训令》，档案号：LS1-3-0761-004。

⑤ 曾涤非：《残废军人的教育》，《陆军经理杂志》1942年9月30日，第4卷第3期。

⑥ 冯剑飞：《第＊战区荣誉军人管教养卫实施计划》，《陆军经理杂志》1942年9月30日，第4卷第3期。

⑦ 曾涤非：《残废军人的教育》，《陆军经理杂志》1942年9月30日，第4卷第3期。

⑧ 谢蔚云：《荣军第六教养院工艺厂概况》，《残不废月刊》1948年第14期。

⑨ 参见第二历史档案馆编《军政部拟安置伤残军人办法史料一组》，《民国档案》2009年第4期，第46页。

到社会上就业，“凡伤残军人出院服务，除在服务机关照一般员工领取薪饷外，其原住院，按其残等，发给六成至九成薪饷”。截至1946年共有620人成功就业①。

养——诊疗、给养、薪给（饷、零费、归队费、埋葬费等）、救济等，由诊疗股负责。首先注重荣军的医疗保健和救护。一个甲等教养院配备主任1人，军医3人，司药3人，看护士6人，看护兵16人②。而且“专收盲残处准增设看护”“各院均设于军医院附近遇有重病可送往医院治疗”③。在伤残军人生活待遇方面，国民政府制定了伤残军人每月薪饷及生活补助费标准“将官200元、校官100元、尉官60元、士兵20元另加4元，三月后加2元”。主食和副食也都有标准。1941年起每人每月“增为大米22市两，或面粉26市两”。副食则按地域不同每人每月支给“甲种14元、乙种13元、丙种12元”。“川康滇粤四省甲种，桂黔陕甘宁青晋绥等省适用乙种，其他各省适用丙种”④。

在平时营养方面，鉴于当时经济条件有限，确立“涓滴归公”为原则，“丝毫折扣，固所不许”。力求做到“货真价实”防止“中途走漏”。通过“健全给养委员会组织”、“轮流采买”、“给养独立”、“选择营养”、“公布账目”等措施，一方面保证食物数量和质量（防霉浸）。另外，从采购方面监督，杜绝暗中回扣、以少报多、以贱报贵、中途节流、剩余浪费等现象发生，甚至对“购进菜蔬是否全部下锅，有无余存”⑤ 都严加监控。

---

① 许高阳：《国防年鉴》（第一次），香港中美图书公司1969年版，第268页。

② 湖北省档案馆：《湖北省政府关于公布残废军人教养院条例编制通知的训令》，档案号：LS1－3－0761－004。

③ 湖北省档案馆馆藏：《军政部关于荣军善后管理局编制表、教养院编制表、生产图编制表》，档案号：LS1－4－0702－002。

④ 魏益三：《荣誉军人之管理》，《陆军经理杂志》1942年9月30日，第4卷第3期。

⑤ 参见冯剑飞《第＊战区荣誉军人管教养卫实施计划》，《陆军经理杂志》1942年9月30日，第4卷第3期。

安置——农垦、工业生产。行政院1940年9月11日颁布的《荣誉军人服务计划纲要》提出“使人各一业，各得其所”①。抗战期间各教养院通过国家拨款和银行贷款筹措资金，购买机器和工具，建设厂房。由工艺股负责，因地制宜，组织生产，解决当时日用品缺乏，救济困难的问题。生产卷烟、藤器、纱布、皮革、皮鞋、肥皂、雨伞、木器、纸张等日用品。在抗战结束时全国参加工艺制造的伤残军人有5604人，合作社有73所②，其成绩甚是可观。而屯垦对于大部分官兵来说更是轻车熟路，因为大部分伤残军人本来自田间，加之“内地各省县之公荒私荒亦在在皆是，可供荣誉军人之大量及普遍垦殖，故农垦应为安置荣誉军人之主要业务”③。方法是由屯垦队提供农具、薪饷、住地等，组织生产，由于投资不大，伤残军人易于进入角色，故规模日渐扩大，到抗战结束时，全国有9314名伤残军人从事垦殖，垦地已达28000余亩④。后来当局感到“应将……无恒产与无家室而有耕作能力者编为屯垦队与垦殖队……授予相当面积之荒地，并引导其开垦，以收人得其所、地尽其利之效”⑤。设想“授田”使其“薄有私产”“有恒产，有恒心”而萌生希望感，政府再授予耕地农具，使能够豢养家室，“荣军精神和物质两方面都可以满足了”⑥。从而达到“金蝉脱壳”“化军为民”⑦ 的最终目的。

教养院这个平台不光能通过“管、教、养、安置”解决部分伤

① 行政院秘书处编印：《荣誉军人服务计划纲要》，《行政院公报》1940年9月11日阳贰字第19257号指令。

② 许高阳编：《国防年鉴》（第一次），香港中美图书公司1969年版，第268页。

③ 第二历史档案馆编：《军政部拟安置伤残军人办法史料一组》，《民国档案》2009年第4期，第46页。

④ 许高阳编：《国防年鉴》（第一次），香港中美图书公司1969年版，第268页。

⑤ 第二历史档案馆编：《抗战后期筹备军士计口授田史料一组》，《民国档案》2003年第3期，第26页。

⑥ 乔启明：《荣军与私有小农》，《残不废月刊》1947年1月，第1卷第1期。

⑦ 黄渭川、朱有光：《靖县荣军生产工作一瞥》，《国立师范学院旬刊》1943年4月11日，第88/89合刊。

残军人生活，而且也为解决伤残军人的婚姻、家庭等精神问题提供可能。帮助单身组建家庭，使他们情有所系。荣誉军人管理处军官武世荣解释道："那许多为抗战而致残废的革命军人，是为了执行神圣的职务，结果荣耀地负伤了，而今备尝着非人忍受的痛苦。他们极重要极容易解决的婚姻问题，竟也被人们遗弃了。我们应该想到这个问题何时不解决，他们便何时得不到人生的乐趣。"① 行政院1942年发布训令以命令的形式规定道："……荣誉军人未有家室者，垦区管理局得视其年龄、健康及经济能力为之介绍婚配，必要时得酌予贷金□办法另订之。其在原籍有婚约或有配偶者，得设法使其婚配或团聚。"②

湘西垦区相继举行3次集体结婚，其中在1942年4月，一次就有新夫妇14对，3次合计共有数十对举办集体婚礼③。没有婚配的鼓励婚配，已经有家室的允许携带家属一起生产。并且注重对眷属的救济，"一等残废员兵之直系亲属及其配偶，在六岁以上月发10元，六岁以下月发5元"④。另外妥善安置荣军子女上学，有条件的地方设置子弟学校，未设立子弟学校的，按照1938年6月24日国民政府颁布的《抗战功勋子女就学免费条例》就近入学，解决了伤残军人的后顾之忧。

（三）服务型抚恤的效果

国民政府的伤兵政策由单纯的恤金抚恤向服务抚恤转变，注重精神宣慰和生存保障相结合，特别是教养院的设立顺应了当时国家、社会、个人的需要。回顾这段历史我们不难发现它的作用。

首先，创造了财富，为国家减轻了一定负担。教养院提供机器、厂房、农具，并进行简单的培训，使荣军残存的劳动力能够从事生

---

① 武世荣：《残废军人的婚姻问题》，《西南日报》1941年8月22日。

② 行政院秘书处编印：《农林军政部调用荣誉军人从垦暂行办法》，《行政院公报》1942年5月11日第8718号。

③ 薛民任：《湘西荣誉垦区近貌（续）》，《荣誉军人月刊》1942年12月10日，第2期。

④ 魏益三：《荣誉军人之管理》，《陆军经理杂志》1942年9月30日，第4卷第3期。

产，缓解了当时物质匮乏的困难，并实现了自给。到抗战结束时，能够生产纱布、卷烟、肥皂、雨伞等 20 多种日用品，开垦了 13063 亩荒地，种植了 15209 亩稻田，收获了大量水稻、小麦、杂粮等作物。在经济层面解决了物质的短缺。四川省政府曾做过估算：理论上，一个荣兵在教养院“倘若每人一次给以三千元，以八百元作为技能训练费用，二千二百元作生产资金，他们便可以做到各个自给自养，生活得到保障了”[①]。实际上当时全国荣军生产示范区——湖南靖县，荣军带家属常年约 5 千人，当年投入合计 800 万元，人均 1340 元[②]。到 1945 年有地 17000 多亩，年产稻谷 5 万余石，猪羊各数千头，其他工业机构造纸、纺织、锯木、榨油等均可自给自足[③]。基本实现了对荣军本人和家属的基本生存保障。而单纯的终身恤养，根据孔祥熙的推算，“单纯的终身恤养……假如他（荣军）活到五十五岁的话，国家就得消费十六万二千元……如果全国有六万伤残将士（教养院伤残军人），国家便得支出九十七亿二千万元的巨款……”[④] 引导荣军从事工农业生产，开始时有一定的投入，从长远来看，在经济上可以节约大笔开支。国民政府为了鼓励伤残军人进入荣军教养院，免除他们的后顾之忧，参加屯垦的荣军第一年粮饷全发，然后逐年减少，到第四年就全部自理，真正做到“化军为民”。而从事工业生产的，能够通过商品创造财富，满足社会需求，形成造血功能后，政府负担部分越来越少。如表 3 - 5、表 3 - 6，抗战期间主要的荣军教养院和生产概况。

---

① 四川省政府秘书处：《“虽残不废”运动说明书》，全宗号，民 41，卷号 8592。

② 黄渭川、朱有光：《靖县荣军生产工作一瞥》，《国立师范学院旬刊》1943 年 4 月 11 日，第 88/89 合刊。

③ 徐维廉：《荣誉军人生产事业委员会概况》，《残不废月刊》1946 年第 1 卷第 1 期。

④ 孔祥熙：《孔理事长训示倡导〈虽残不废〉工作之重要——新运九周年纪念时之广播》，《新运导报》总第 92 期。

表 3－5　1946 年荣誉军人各处院队工业生产概况

单位	地址	参加人数	开办日期	主要产物	设备概况	
					厂屋（间）	械（架）
湖南荣军生产事务所	湖南靖县		1930 年	纱、布、纸、机械印刷品等		12
第二教养院	四川南溪	47		卷烟、雨伞		
第三教养院	四川江安	29		雨伞、缝纫		
第四教养院	陕西城固	125		机染		
第五教养院	四川泸县	154		藤器、雨伞、卷烟		
第二临教院	四川宜宾	57	1942 年	卷烟、皮鞋、肥皂	3	3
第三临教院	陕西宝鸡	894	1930 年	纱布、皮革、鞋、烛、皂、木器、烟袋	2	222
第四临教院	贵州镇远	259		皮革、卷烟、纱布		
第六临教院	江西兴国	491	1939 年	藤器、皮革、纸张、玻璃、木器、纱布等		17
第七临教院	贵州安顺	593	1944 年	卷烟、印刷、石灰、肥皂、皮革、食品		26
第八临教院	陕西城固	150	1939 年	纱布、皮鞋	15	45
第十临教院	福建连城	298	1943 年	煤炭、缝纫、竹木器、卷烟	5	3
第十三临教院	甘肃天水	844	1930 年	纱布、毛呢	114	181
第十六临教院	福建仰武	43	1945 年	纱布、草鞋品、竹木器	23	13
第十八临教院	陕西富平	1316	1930 年	纱布、饼干、肥皂		193
第一模范生产队	四川巴县	304	1946 年	毛布、皮鞋、雨伞		
合　计		5604			162	715

表 3－6　　1946 年荣誉军人各院队垦殖生产概况

单位	地址	参加人数	到达年份	已垦面积（亩）		主要作物
				田	地	
第一屯垦总队	湖南靖县	2027	1942	4903	672	水稻、小麦、豆类
第二屯垦总队	四川中壩	1612	1942	642	3953	同上
第三屯垦总队	四川中壩	428	1944		1281	玉蜀黍、豆类、马铃薯
第四屯垦总队	四川健为	1034	1942		2721	同上
第四临教院	贵州镇远	323	1940	50	350	水稻杂粮
第六临教院	江西□和	500	1939	5557		水稻小麦
第九临教院	四川铜梁	441	1942		863	小麦杂粮
第十临教院	福建连城	894	1942	312	1063	水稻小麦
第十三临教院	甘肃天水	141	1942		1250	水稻杂粮
第十六临教院	福建仰武	1529	1942	3208		水稻
第十八临教院	陕西□山	412	1943	555	910	水稻小麦
合计		9341		15227	13063	
附记	本表所列数字截至 1946 年止。 各休临院所办农垦因战争损失中途停办未列入。					

资料来源：许高阳编：《国防年鉴》（第一次），香港中美图书公司 1969 年版，第 273 页。

其次，保障了部分伤残军人的生活，一定程度上稳定了社会秩序。据许高阳统计，从 1937 年到 1946 年，“教养院共收容了 311723 人，已办理归编人数为 195306 人，到 1946 年 11 月底，尚留院队伤残军人 73225 人”①。把 1946 年产生的人数和流失的除开，教养院在整个抗战期间接纳了 25 万左右伤残军人，加上家属约 100 万人。这 100 万伤残军人和家属身有所寄，心有所系，与之伴生的就业、犯罪

① 许高阳编：《国防年鉴》（第一次），香港中美图书公司 1969 年版，第 268 页。

等问题也就迎刃而解了，而且他们在教养院从事生产劳动一方面为国家节约了开支，创造了财富，解决了个人生存问题，另一方面为无数抗战的将士免除了后顾之忧，鼓舞了他们的抗战热情。这是简单的恤金抚恤难以做到的，这不能不说是国民政府的一个创新。

这种服务型抚恤虽然成本较小，作用明显，但是鉴于当时的政治社会经济条件，很多地方的实施仍然不尽如人意。

首先，经费严重不足，影响抚恤效果。虽然教养院能够替国家节约大笔开支，并且创造一定财富，但是由于政府需要前期投入，这种投入在国贫民弱，经济困窘的条件下仍然难以实现，长沙会战时，薛岳向陈嘉庚求援："抗战以来，伤兵残废者……全国计五万余人，在湖南有三万余人，数月前经觅定广西相当旷地安置，并可垦植生产。然须经费二百万元。曾请准中央补助，迄今多月尚未接到，拟请南侨捐助 100 万元，就有办法。"[①]

伤残军人从事工业生产，由于资金不足，也只能勉强支撑，不能扩大生产。如"西北毛产甲于天下，天水第十三临教院毛织业，已略具规模，仍以资金限制，不易发展。"[②] 而从事屯垦的荣军薪饷第一年还能全给，第二年粮给 1/3，饷给 1/2，第三年粮给 1/3，饷给 1/2，前三年服装还照发，第四年粮、饷、服装全停发，[③] 屯垦本身带有一定的风险性，而政府转嫁这些风险，无疑会影响伤残军人参加屯垦的积极性。

有些措施跟不上形势的变化，形同虚设。如政府所定副食标准数年不变，而抗战时期各地物价一日千里，管理人员不禁诉苦："……按上列副食费营养费数字，与各地物价比较，以之维持最低之菜蔬，

---

① 陈嘉庚：《民国笔记小说大观　陈嘉庚回忆录》，山西古籍出版社 1999 年版，第 280 页。

② 许高阳编：《国防年鉴》（第一次），香港中美图书公司 1969 年版，第 269 页。

③ 行政院秘书处编印：《农林军政部调用荣誉军人从垦暂行办法》，《行政院公报》1942 年 5 月 11 日第 8718 号。

尚且不够，何能谈及其他。”①

其次，受恤人数有限。抗战期间究竟有多少伤残军人需要服务抚恤，又有多少荣军实际接受了这种抚恤呢？有两组在1943年统计的国民党军负伤人数数据可以显示当时整个的伤残军人抚恤状况，

通过图3－3不难发现：军政部统计从1937年7月至1941年12月这一时期负伤官兵共达1379769人，而抚恤委员会的统计却只有557764名，② 人数相差2倍多，逐期比较，同期人数之比达到3∶1（除1939年、1940年外），最高的1937年达13∶1。这个比例也是实际负伤人数与受恤人数的比例，因为抚恤委员会提供的数据是根据实际受恤人数统计的，而军政部的统计是根据各部队的伤亡人数计算的。这个差距说明整个抚恤系统运行的实际效率，至少约2/3的伤兵游离于保障体系之外，生死未知。整个伤兵抚恤如此，教养院的抚恤效果也不容乐观。由于教养院多为重伤荣军服务的，那我们就以重伤军人入院人数作为参照来考察教养院的抚恤效果吧。韩放桐通过抽样分析认为抗战中重伤人数应占负伤人数的1/4③，那么抗战国军伤残总数为1769299人，按1/4的比例计算，有442325人重伤，而从1937年到1946年11月，即使包含了1946年的人数，教养院只收容了311723人④，说明至少有13万重伤军人流入社会，生死不明。再把家属计算在内，估计有52万人应当享受却没有享受到这种服务型抚恤。

另外，教养院集中了大批伤残军人，相同境遇的人聚集在一起，当遇到抚恤不周时，不满情绪更加容易传染，轻则聚众闹事。1943年6月18日，驻南溪县第二教养院伤兵，因禁烟赌，借故肇事，于当

① 李斌：《五年来之荣管经理业务检讨》，《陆军经理杂志》第4卷第3期，1942年9月30日，第57页。

② 韩放桐编著：《中国对日战事损失之估计1937—1943》，《近代中国史料丛刊续编》第9辑，（台湾）文海出版社1974年版，第15页。

③ 同上书，第19页。

④ 许高阳编：《国防年鉴》（第一次），香港中美图书公司1969年版，第268页。

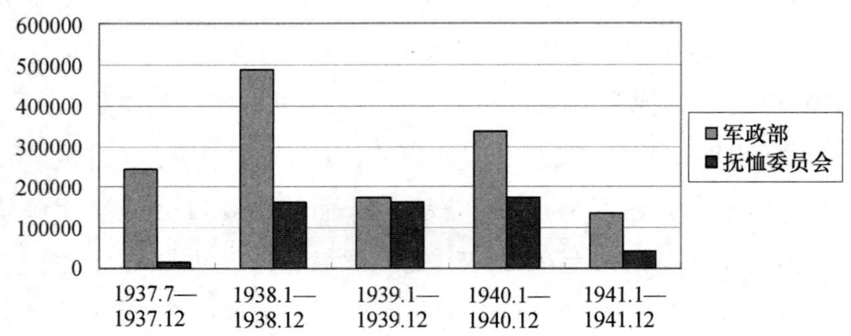

图 3－3　1937—1941 年国民党军队负伤人数统计比较

资料来源：根据韩放桐编著《中国对日战事损失之估计 1937—1943》，《近代中国史料丛刊续编》第 9 辑，（台湾）文海出版社 1974 年版，第 15 页内容整理。

日午后纠众围攻县府，并沿街毒打警察，酿成罢市罢课；[①] 重则目无法纪，走私贩毒。驻在峨边彝族自治县的荣垦团则“利用汽车之便，大量运进洋货……大放高利贷，欺压平民；公开贩毒，保护烟帮；团长吴承周公开提炼吗啡，大做鸦片生意”[②]。这些从另一个侧面说明当时伤兵的待遇不高，不满情绪严重，也是教养院抚恤效果的一个客观反映。

第三节　抗战时期的公教人员抚恤

抗战期间，以警察、教师和政府职员为代表的公务员，特别是基层公务员为稳定后方、管理行政、支持战争作出了不懈努力。诚如国

① 四川省地方志编纂委员会：《四川省志·民政志》，四川人民出版社 1996 年版，第 216 页。

② 同上书，第 217 页。

民政府国防最高委员会参议会参议李璜所言："在战区的公务人员，随时都在遭受敌机轰炸，军事一不利，便要身陷敌中，与敌拼命。""他们的工作都很繁重，责任艰巨，他们要招待大军，要安慰伤兵、要抚绥百姓、要帮助工程，敌机来炸时还要沉着气，仍旧工作……在战区里无一县不是'冲繁疲滥'"[①]。面对战争条件下的公务员伤亡，如何快速有效地推行抚恤业务；在通货膨胀压力下，公务员薪金贬值迅速，以此为计算基础的恤金，其实际保障能力也是一落千丈，如何保障那些伤残公务员及亡故者遗族的基本生存，成为国民政府这一时期公务员抚恤政策的重点。由于教师群体危险性相对较弱，抚恤案相对较少，运行程序与问题与公务员相似，下文重点研究这一时期公务员抚恤问题及解决对策。

一 抚恤机构的增设

公教人员的抚恤实际也面临着一个程序繁琐，万千事务集于铨叙部一身的拥堵现象。1936 年 6 月 15 日，国民政府公布《铨叙处组织条例》，准备在全国设立分支机构，使伤残公务员及亡故者遗族能够就地请恤、领恤，但初以经费支绌，未及设立，继值抗战军兴，更无余力及此。1939 年间，戴季陶建议："因西南西北各省，与行都交通困难。铨政基础，急待树立，邻近战区各省，亦同有必要。爰拟先就甘肃、湖南、河南、江西、广东五省，每省各设立铨叙处，兼办各该省邻近各省铨叙事宜。"[②] 是年 12 月，国府复修铨叙组织条例，定自民国 1940 年 1 月 1 日起执行之令，于是在本年内，重新积极筹备。但仍因经费困窘之故，原拟设立五铨叙处计划，不得不缩减为四处，成立时间，亦略有迁延。计四处之名称，一为湘粤桂铨叙处，驻湖南，于 8 月 20 日成立；二为赣浙闽铨叙处，驻江西，于 9 月 1 日成

---

① 李璜：《抗战中的公务人员》，《国论》1938 年第 3 期，第 45 页。

② 陈天锡：《戴季陶（传贤）先生编年传记》，沈云龙编：《近代中国史料丛刊续编》第 43 辑，（台湾）文海出版社 1989 年版，第 246 页。

立；三为豫陕冀晋鲁皖铨叙处，驻河南，于10月1日成立；四为甘宁青铨叙处，驻甘肃，于10月1日成立。以上四处，均至1946年各省成立考铨处时，始行裁并①。各处处理恤案时，不用再逐一呈报批准，而是按月统一报铨叙部审批，这样既减少了请恤环节，又缩短了文件在省、中央之间的往返次数，有利于提高铨叙部的抚恤效率。

1942年5月国民政府公布的《文职公务员恤金暂行办法》规定，公务员恤金“其向由财政部在国库下支拨者，概由铨叙部转发”，而“财政部应将中央总预算所列文职公务员抚恤金，分期拨存国库，开立铨叙部中央文职公务员恤金费户，由铨叙部签发公库支票支拨”②，财政部为中央文职公务员抚恤金专门开立账户，既是当时物价上涨、抚恤经费挪用的对策，也有利于抚恤金支付制度的规范化。这种支付方式是由邮政储金汇业局免费汇寄，恤金领受人现住地之县市政府经发，相比之前经过铨叙部、财政部和地方财政、各级政府、原服务机关等重重机构的支付方式，已是一种很大的简化，有利于解决抗战初期大量受恤人及时领恤的难题。

二 抚恤法规的修订

1943年，由于《公务员恤金条例》部分条款已不适应抗战需要，加之《公务员退休法》也已单独制定，因而考试院在原有《公务员恤金条例》的基础上制定了《公务员抚恤法》，同年11月6日，由国民政府公布施行。这些举措第一次将抚恤提高到了法的高度，其效用和强制性是以前的条例和办法无法比拟的。与以往相比《公务员抚恤法》有了以下变化。

① 陈天锡：《戴季陶（传贤）先生编年传记》，沈云龙编：《近代中国史料丛刊续编》第43辑，（台湾）文海出版社1989年版，第246页。

② 《转发文职公务员恤金暂行办法》，蔡鸿源编：《民国法规集成》第41册，黄山书社1999年版，第218页。

（一）抚恤的对象进一步扩大

以前抚恤条例的对象是铨叙合格的公务员和长警，而《公务员抚恤法》除适用各机关之组织法规定中有员额、等级并经铨叙合格的公务员和长警外，还包括准予任用和派用人员。

（二）删掉了退休抚恤金的内容

以前抚恤条例将抚恤金定为四类，即公务员一次恤金、公务员年恤金、遗族年恤金和遗族一次恤金。而《公务员退休法》将公务员年恤金和公务员一次恤金纳入退休金范畴，《公务员抚恤法》只规定遗族一次性抚恤金和遗族年抚恤金。“公务员因公死亡，或在职 15 年以上病故，或依法领受年退休金中而死亡，应给予遗族年抚恤金。因公死亡之公务员已核定给予年抚恤金者，或在职 3 年以上 15 年以下而病故者，应给予遗族一次性抚恤金”①。

（三）提高抚恤金的标准

《公务员抚恤法》（以下简称《抚恤法》）规定：遗族年抚恤金按该公务员死亡时或退休时月俸额合成年俸，依在职年限按百分比给予：在职 15 年以上 20 年以下者，给予 30%；在职 20 年以上 25 年以下，给予 35%；在职 25 年以上 30 年以下的给予 40%；在职 30 年以上的给予 45%。遗族一次性抚恤金分两种情形：一是公务员因公死亡已核定给予年抚恤金者，按该公务员最后在职时的月俸，给予其遗族相当于 4 个月薪俸的一次抚恤金；二是公务员在职 3 年以上 6 年以下者，按该公务员在职时最后的月俸，给 4 个月薪俸的一次抚恤金，6 年以上 15 年以下者则每满 3 年另加 2 个月。此外，《抚恤法》还规定，非常时期公务员遗族抚恤金，除按照上述规定给予外，应按现任公务员之待遇比例增给，但遗族一次抚恤金，其增给额不得超过其待遇一年总额的 30%。而对于在职死亡，无力殓葬之公务员，应给与

① 《公务员抚恤法》，蔡鸿源编：《民国法规集成》第 68 册，黄山书社 1999 年版，第 489 页。

殓葬补助费[①]。与1934年的抚恤条例相比，抚恤法提高了抚恤金的额度。由表3－7可知，公务员因公致残的年恤金和因公亡故的遗族一次恤金及遗族年恤金占年俸的比例有很大提高。由下表比较而知，因公致残的公务员年恤金由年俸的20%提高到年俸的50%—65%，而长警则由50%提高到60%—75%；因公亡故的遗族年恤金由年俸的10%提高到30%—45%，长警则由33.3%提高到40%—55%。其他各个类别都有不同程度的提高。

表3－7 《公务员恤金条例》《公务员抚恤法》《公务员退休法》相关条款比较

种类＼法规			《公务员恤金条例》	《公务员抚恤法》《公务员退休法》
因公致残	年恤金	公务员	年俸20%	年俸50%—65%②
		长警	年俸50%	年俸60%—75%
因公亡故	遗族一次恤金	公务员	月俸2个月	月俸4个月
		长警	月俸10个月	月俸4个月加10%
	遗族年恤金	公务员	年俸10%	年俸30%—45%
		长警	年俸33.3%	年俸40%—55%

资料来源：《公务员退休法》，彭勃、徐颂陶编：《中华人事行政法律大典》，中国人事出版社1995年版，第1415页。《公务员恤金条例》《公务员抚恤法》，蔡鸿源编：《民国法规集成》第37、68册，黄山书社1999年版，第184、489页。注：月俸指退职或亡故时月俸额，年俸是由退职或亡故时月俸合成年俸。

① 《公务员抚恤法》，蔡鸿源编：《民国法规集成》第68册，黄山书社1999年版，第490页。

② 《公务员退休法》，彭勃、徐颂陶编：《中华人事行政法律大典》，中国人事出版社1995年版，第1415页。注：该法规定因公伤病心神丧失或身体残废致不胜职务者命令退休者，任职未满15年者其领受退休金额以满15年论。任职15年以上20年未满，该公务员退职时得年俸的50%；任职20年以上25年未满者，得年俸55%；任职25年以上30年未满者，得年俸60%；任职30年以上者，得年俸65%。

三　受恤人数的下降

要考察抗战时期公务员抚恤的实际运行效果，我们首先来看看整个抗战时期受恤公务员的人数和结构。根据国民政府主计局 1948 年公布的抗战期间公务员抚恤人数，我们不难发现其中的蹊跷之处。

表 3 –8　　1938—1947 年核准公务员受恤人数

年别	共计	简任	荐任	委任	长警
1938	574	4	45	322	203
1939	635	5	45	344	241
1940	625	10	35	360	220
1941	638	10	58	336	234
1942	625	3	80	359	183
1943	651	12	72	387	180
1944	359	15	60	214	70
1945	315	17	60	192	46
总计	4422	76	455	2514	1377

资料来源：徐堪主编：《中华民国统计年鉴》，中华民国主计部统计局 1948 年印，第 424 页。

观察这份统计表（表 3 –8），就会发现有两点变化：首先受恤人数下降了许多，其次受恤人的结构发生了变化。

1. 公务员人数的增长与实际受恤人人数的减少

受恤人人数的下降，首先是绝对数字的下降。从表中可以看出，1938—1945 年的 8 年时间，考试院共抚恤了 4422 名公务员[①]，而

① 注：陈天锡：《戴季陶（传贤）先生编年传记》，沈云龙编：《近代中国史料丛刊续编》第 43 辑，（台湾）文海出版社 1989 年版。所载人数为 4666，鉴于误差不大，以档案为准。

1937年以前的受恤人数是7019人[①]，相差2597人，少了1/3。试想由1930年开始实行公务员抚恤，同样8年时间，战争条件下的公务员伤亡一定是高于和平时期，但实际数字却与事实相反。其次是实际的受恤比例减少更多。主要表现有两点：一是抗战时期公务员人数的大幅增加。从表3-9中可以看出1937年全国公务员人数只有326201人，到1945年达到774097人，翻了一番。按因公伤亡比例计算，人数的增加，伤亡人数也应该增加，但是请恤人数反而下降。二是抗战时期的公务员的危险度比以前更高，伤亡比例较战前要高，受恤人数应该上升，但事实是受恤人数却在下降。

表3-9 **公务员数量与财政支出统计**

年份	公务员数量（人）	支出（亿元）②	政务费占总支出（%）
1937	326201	15	21.26
1938	382188	9（半年）	21.74
1939	438175	19	15.79
1940	494162	26	16.15
1941	550149	100	17.63
1942	606136	280	11.24
1943	662123	570	12.72
1944	718110	1500	18.10
1945	774097	13000	

资料来源：马寅初：《财政学与中国财政——理论与现实》（下册），商务印书馆2001年版，第702页；杨培新：《旧中国通货膨胀》，北京人民出版社1985年版，第41页。

这种反差的出现比较合理的解释是：存在着一些因公致残、因公亡故者的遗族没有请恤或通过其他途径来抚恤。公务员受恤人数的下

① 中国第二历史档案馆藏：《铨叙部统计年报》，档案号：27—785。转引自何家伟《国民政府公务员俸给福利制度研究》，福建人民出版社2010年版，第137页。

② 支出费用按1936年币值折合计算。

降，除了因为时值战乱、请领恤金困难等诸多因素造成公务员请恤成本过高，周期过长，使其不愿请恤外，还有一个重要的因素是通货膨胀过快，公务员恤金的实际价值降低过快，也是影响受恤人请恤积极性的主要因素之一。由于公务员的抚恤金是以公务员的工资为基数计算而来，因此考察公务员的工资变化，可以了解恤金实际作用变化的情况。

进入抗战以后，随着通货膨胀的加剧，公务员的实际收入下降最快，1943 年起，其收入的实际购买力只有 1937 年的 1/10①。1942 年，在昆明一个县长的月薪只有裁缝匠、洋铁匠、泥水匠、木匠等普通工人月收入的一半。② 国民政府为了保障公务员的基本生活，不断提高工资标准，但仍然难以跑赢物价增长的速度。以重庆市公务员为例，1937 年到 1944 年货币收入指数从 0. 951 升至 21. 66，增加了 20 多倍，但真实收入却从 1937 年的 0. 883 下降到 0. 088，下降了 10 倍③。然而这一时期公务员的生活费价格却增长了 108 倍④。工资增长速度与货币贬值的速度不成正比。

那么为什么国民政府不实行按照通货膨胀的程度来调节公务员工资的政策呢？综合当时的经济政治背景，原因主要有三点：一是公务员数量的膨胀，使得政府无力满足众多公务员的涨薪需求。如表 3 - 9 所示，1938 年到 1945 年公务员人数翻了一番，政府政务费支出 1945 年几乎是 1938 年的 1000 倍，但仍然满足不了庞大公务员队伍的涨薪需求，只能维持低水平的工资。二是国民政府财政的困难。众所周知，抗战期间国民政府的财政赤字年年攀高，大量的财政预算被用

① ［美］费正清主编：《剑桥中华民国史》（第二部），章建刚等译，上海人民出版社 1992 年版，第 645 页。

② 李树清：《蜕变中的中国社会》，商务印书馆 1947 年版，第 266 页。

③ 孔敏主编：《南开经济指数资料汇编》，中国社会科学出版社 1988 年版，第 353—358 页。

④ 贾秀岩、陆满平：《民国价格史》，中国物价出版社 1992 年版，第 361 页。

于军费开支，1937 年军事费占财政支出的 44.6%，[①] 到 1945 年达到 87.3%，[②] 几乎翻了一倍，迫在眉睫的军费开支占去国民政府大部分财政资源，公务员的工资能够维持都已经是很费力的事了，更不要说增长。三是当时通货膨胀的速度太快，工资的调整跟不上这种变化。公务员工资收入指数从 1937 年的 95.1 上升到 1944 年的 1896，增长了约 20 倍。教职工工资指数从 1937 年的 96.1 上升到 1944 年初的 3277，增长了约 34 倍[③]。而物价从 1937 年到 1945 年增长了约 2000 倍，两者相比，相去甚远。

工资实际购买力的下降，决定了恤金的保障能力。1938 年，在重庆时，考试院一职员因公死亡，此职员为国民党元老吴稚晖友人之子。“吴先生特嘱铨叙部优恤，铨叙部乃破格以留部人员因公亡故议恤，是抚恤案中最厚者。除一次恤金外，尚有年恤金。然依据恤金条例均依其生前之薪水作计算之准基金，于是得年恤金 100 余元，一次恤金 280 余元”[④]。要知道在 1938 年，重庆产业工人的平均月工资是 41 元，教授的平均月薪是 212 元，公务员抚恤最厚的待遇年恤金相当于重庆产业工人大约 3 个月工资，却不足教授 1 个月工资[⑤]。吴先生得之大为不悦，将恤金书撕毁送还铨叙部，并附一苛责之函。最后，其恤金由铨叙部长钮永建等捐赠凑足千元，才了结此事[⑥]。

公务员恤金甚至比地方规定还低。湖北航运处佐理陈炳楠于 1941 年 6 月 6 日在宜都交售票款时敌机忽来，肆行轰炸，陈被炸身亡，其

---

① 许涤新、吴承明：《中国资本主义发展史》（第三卷），人民出版社 2003 年版，第 62 页。

② 同上书，第 477 页。

③ 孔敏主编：《南开经济指数资料汇编》，中国社会科学出版社 1988 年版，第 353—358 页。

④ 王子壮：《王子壮日记》第 4 册，台北中央研究院近代史研究所编 2001 年版，第 469 页。

⑤ 孔敏编：《南开经济指数资料汇编》，中国社会科学出版社 1988 年版，第 353 页。

⑥ 王子壮：《王子壮日记》第 4 册，台北中央研究院近代史研究所编 2001 年版，第 470 页。

妻陈余桂芬“寡妇孤儿现尚滞留五峰，无法还乡，情犹可悯”。其遗族请求援照《湖北省职工抚恤规则》之规定，按照故员最后在职薪额给予一次抚恤金 150 元（两个月月俸），和三年遗族年恤金，每年 180 元（在职薪额的 1/5）。[①] 然而建设厅和陈诚只同意按照《公务员恤金条例》第 7 条请恤，按其在职时俸给的 1/10 给予遗族年恤金，计每年 90 元，及遗族一次恤金两个月之俸给 150 元。[②]

如此微薄的恤金，对于一些公务员来说可有可无，不愿请领也是情理之中的事情。

微薄的恤金不光难以支撑最低生活，还存在着难以及时兑现的问题。抚恤法规将恤金支付划分为国家财政支付和地方财政支付两种。这种划分，本来是为了使恤金案件办理更为便利，责任更为清楚。但是，各省财政状况不一，而恤金标准却一样，使“应由地方支付之恤金，在财政困难省市，多未能按期发给”[③]。张金鉴批评：“现行恤金制度自表面视之，自亦官而堂皇，煞有介事者，然推究其实际，则只是口惠而实不至之纸上谈兵耳。健全之恤金制度系建立于稳固可靠之基金上，必须有充裕可靠之基金，始有按期有效拨发领受恤金人应领之恤金，今者并未筹措有充裕可靠恤金基金，而拨发机关每限于财政困难，每不能如期拨付或竟不予以拨付。”[④] 广东故警陈永耀应领恤金从 1938 年 7 月至 1940 年 1 月止，恤金共 332. 5 元，但由于资金周转困难，广东财政厅呈请改在 1942 年度省

---

① 湖北省档案馆馆藏：《湖北省政府关于请恤故员陈炳楠发还请恤事实表的指令及建设厅的呈文》1940 年 10 月 30 日，档案号：LS1 - 7 - 0146 - 001。

② 湖北省档案馆馆藏：《湖北省政府建设厅关于转送陈炳楠遗族请恤事实表的签呈及湖北省政府的训令、公函》1940 年 12 月 8 日，档案号：LS1 - 7 - 0146 - 003。

③ 中国第二历史档案馆馆藏：《各种铨叙制度及改进意见》，铨叙部档案，档案号：27 - 277。

④ 张金鉴：《中央现行人事行政制度述评》，《行政评论》1940 年第 1 卷第 5、6 期合刊。

总概算恤金余额项下拨支，[①] 在通货膨胀的压力下，1942 年的 332.5 元恤金购买力比 1940 年的 332.5 元缩水 9 倍多，而这种损失大部分都由受恤人承担。

再者，由于公务员抚恤审核中存在着公务员与雇员，经费支出有省财政支出和中央财政支出的差别，所以审核过程各级机关对条文的解释存在偏差，经常出现恤案在各级机关之间反复，延宕了受恤人领恤的时间。据湖北省松滋县政府呈报：1941 年 2 月 12 日金库办事员张叔容、公役詹崇文与县自卫队中士班长张立超，二等兵傅云龙等 7 人，奉令赴长阳取款，被该县地方自卫队杀害。张叔容按《公务员恤金条例》请恤，其余人员按《湖北省自卫团队剿匪伤亡抚恤条例》第三条第二项，因公差委忽罹意外灾害死亡者请恤，班长张立超一次恤金 80 元，遗族年恤金 30 元。傅云龙等 7 人，给予一次恤金 50 元，遗族恤金 20 元，由县财政开支。[②] 公役詹崇文则参照《中央战时雇员公役伤亡抚恤标准》乙项，经省府第 307 次会议通过，"折一半一次按其最后月饷（15 元）给与 7 个月抚恤费 105 元"[③]。

张叔容最后月薪为 32 元，如果按《公务员恤金条例》计算，最少可以拿到 64 元一次恤金，38 元遗族年恤金。[④] 但是其请恤转至铨叙部时，铨叙部质疑"县金库自委托代办以来，其所属人员，是否按照官等，按照简、荐、委职任用，无从确定"，要求"检送县金库组织规程一份"。经过省政府转递后，松滋县县长张一鸥又呈递一份

① 广东省档案馆编：《民国时期广东省政府档案史料选编 八 第九届省政府会议录》，1988 年版，第 376 页。

② 湖北省档案馆馆藏：《湖北省政府秘书处关于请抚恤故员张叔容、故士兵张立超的呈文及湖北省政府的训令、指令》1941 年 2 月 12 日，档案号：LS1 - 4 - 0375 - 002。

③ 湖北省档案馆馆藏：《松滋县政府关于补送张叔容证明书、詹崇文遗族请恤表的呈文及湖北省政府秘书处的呈文及湖北省的指令、训令、函》1941 年 3 月 19 日，档案号：LS1 - 4 - 0375 - 003。

④ 注：按《公务员恤金条例》规定，公务员因公亡故，可得年薪的 1/10 作遗族年恤金，在职 3 年以上 6 年以下者可得 2 个月俸的一次恤金。由于档案中未有张叔容的服务年限记载，所以此处以最低额计算。

《县金库组织规程》请核。到了 10 月，铨叙部以《县金库组织规程》第 5 条规定："事务员及雇员有主任派充，并非委任，伤亡视自不能比照公务员恤金条例办理。"可按《战时雇员公役因公伤亡给恤暂行标准》第 2 条乙款，并参照省府委员会第 307 次会议通过的，折半一次给予 7 个月抚恤金 224 元。[①] 审核严格本无可置疑，但来往呈递徒费时日，本来恤金的保障时间就很短，再发放不及时，连救急的功能也缺失了。一道程序不合格就得重新再来。荆州县故员刘栋廷的遗族请恤表漏盖了县印，湖北省主席陈诚予以纠正："与法不符，应即补盖。除将证件提存外发还原表，仰即遵照更正呈府核办。"[②]

一个正常恤案由请恤到领恤的时间到底是多长呢？湖北省秘书处科员唐修积劳病故的案例颇有代表性，其"籍隶江苏无锡，故乡久已沦陷，今只身客死他乡，上有父母，下有孤儿，身后萧条殊堪悲悯"。保人刘慕曾具保道："刘静君确系湖北省政府故科员唐修之妻，如有假冒领恤情事，保人愿负全责。"经铨叙部审核发给一次恤金 400 元，其妻刘静君具领，6 月 10 日请恤，12 月 23 日才得到恤款。其间经过具保人证明，秘书科科长张公量请恤，铨叙部部长李培基核恤，湖北省主席陈诚下令等四道环节，公文往返迁徙湖北与重庆之间达半年之久。[③]

可见正常情况下要半年才能办下来。如果出现可疑环节，时日更费。湖北省合作事业管理处的职员余信古于 1941 年 8 月 19 日，由恩施首途转道巴东赴重庆途中遭遇空袭，下落不明。其妹按空袭殒命请恤，但省政府秘书处责成巴东合作社主任朱有绩查找，并悬赏寻人，

---

① 湖北省档案馆馆藏：《湖北省政府关于请恤故员张叔容一案的训令及检还张叔容证件的函》1941 年 10 月 14 日，档案号：LS1 -4 -0375 -006。

② 湖北省档案馆馆藏：《荆门县政府关于故员刘栋廷遗族请恤表漏盖县印补盖报送的呈文及湖北省政府的指令、函》1943 年 3 月 15 日，档案号：LS1 -7 -0138 -002。

③ 湖北省档案馆馆藏：《湖北省政府关于秘书处科员唐修死亡后请恤的公函》1941 年 6 月 22 日，档案号：LS1 -2 -0133 -001。

以探知是否殒命。最后才由陈诚下令按章请恤。[1] 得到恤金是1年以后的事了。可见，公务员的请恤人数的减少，除了战争条件下，请恤、核恤困难以外，国民政府所定公务员恤金的贬值，核恤、审恤程序的烦琐，也是两大原因。

另外，国民政府在抗战期间，在一些危险职位，实行军人代政也是公务员伤亡人数有限的原因之一。众所周知，国民政府各个省的主席大多是军人担任，如湖南省主席薛岳、四川省主席刘湘、山西省主席阎锡山、安徽省主席廖磊、广东省主席余汉谋、湖北省主席陈诚等。地方官员，特别是一些交战地带的官员，多由次一级的军官担任，这些人去世或受伤后都按军人抚恤条例抚恤，如刘湘本来任四川省主席的文官职，于1938年积劳病逝，国民政府查“该主席矢志忠贞，功在党国……”“明令褒恤追赠陆军一级上将”[2]。而廖磊同样是安徽省主席职，因病逝世，国民政府念其“兼理军民，卓著功绩，予追赠陆军上将给恤”[3]。这样就减少了文职公务员抚恤的人数。

大部分的受恤人都因为上述原因而游离于抚恤制度的保障之外。就南京保卫战而言，当时为了适应战时需要将各局警士，改编为8个大队，特务队及巡逻队则并入保安队，并扩充保安警察为三大队，以战时建制，做统一之指挥，增加抗战实力。在南京保卫战中护送人民过江、协同主力部队作战、守卫阵地，原有6000余名警员，战后到达汉口者仅14%，被陷都门未能脱险者约占20%，其余60%、70%全作壮烈牺牲[4]。按照这一估计，至少有3600名警察因公殒命，但国

① 湖北省档案馆馆藏：《湖北省合作事业管理处关于本处故员余信古死亡后请恤的签呈》，1941年12月13日，档案号：LS1－2－0133－004。

② 《国民政府令》，《中华民国国民政府公报》（1938年2月14日），第131册，渝字第23号，第1页。

③ 《国民政府令》，《中华民国国民政府公报》（1939年11月20日），第145册，渝字第207号，第1页。

④ 《1937年南京警察抗战概况》，《民国档案》1997年第4期。

民政府 1938 年到 1939 年总共只抚恤了 1200 名公务员，可见应受恤者和实际受恤人数的差别之大。

2. 受恤人职位结构的变化

我们再来看看受恤人结构的变化，从表 3－10 中我们可以看出 1938年到 1940 年间委任官和长警的受恤人数达到 1690 人，占受恤总人数 1834 人的 92%。其中委任官达 1026 人，占总数的 56%，居于受恤人数的首位，委任官的比例增加是抗战时期公务员伤亡的新特点。

表 3－10　**公务员恤金案类别统计表（1938—1940 年）**

公务员类别	1938 年度					1939 年度					1940 年度				
	小计	简任	荐任	委任	长警	小计	简任	荐任	委任	长警	小计	简任	荐任	委任	长警
总计	574	4	45	322	203	635	5	45	344	241	625	10	35	360	220
普通公务	195	3	11	181	—	233	3	16	214	—	239	7	9	223	—
秘书	6	—	2	4	—	15	—	5	10	—	17	1	5	11	—
技术人员	12	—	1	11	—	13	—	1	12	—	15	—	1	14	—
司法人员	72	1	16	55	—	76	2	11	63	—	98	2	11	85	—
主计人员	5	—	1	4	—	8	—	1	7	—	—	—	—	—	—
警察官	68	—	1	67	—	36	—	1	35	—	27	—	—	27	—
长警	203	—	—	—	203	241	—	—	—	241	220	—	—	—	220
外交人员	—	—	—	—	—	3	—	3	—	—	9	9	—	—	—

资料来源：中国第二历史档案馆馆藏：《铨叙部统计年报》，铨叙部档案，档案号：27－785。

从 1938 年到 1940 年的统计表来看，委任官包含普通公务员、秘书、技术人员、司法人员、主计人员和警察官。除开警察官 129 名受恤人之外，其余文职人员达 897 人，占总数的 49%，值得一提的是，普通公务员的受恤人数达到了 667 人，占总人数的 36.4%，略高于长警的 664 人，取代了战前长警受恤居于首位的地位。这说明抗战期间文职公务员工作危险性增大，伤亡人数增加。

表 3－11　　1940 年以前国民政府核准公务员恤金案统计　　单位：（元）

年别	受恤人员	年恤金	一次恤金
1937 年以前	7019	346550	564421.5
1938 年	574	49217	118611.5
1939 年	635	46311	148747
1940 年	625	44497	138980

资料来源：中国第二历史档案馆馆藏：《铨叙部统计年报》，档案号：27－785。转引自何家伟《国民政府公务员俸给福利制度研究》，福建人民出版社 2010 年版，第 137 页。

表 3－12　　公务员恤金案统计（1938—1941 年 12 月）

年度	1938	1939	1940	1941
公务员年恤金人数	79	48	43	25
公务员一次恤金人数	2	15	5	—
遗族年恤金人数	55	38	54	68
遗族一次恤金人数	207	211	252	226
遗族年恤金兼一次恤金人数	231	323	271	289
恤金案总人数	574	635	625	608
抚恤总金额（元）	167828	195058	183477	

资料来源：中国第二历史档案馆馆藏：《铨叙部统计年报》，铨叙部档案，档案号：27－785。转引自何家伟《国民政府公务员俸给福利制度研究》，福建人民出版社 2010 年版，第 138 页。

再来看看公务员受恤的原因。

表 3－13　　恤金案的请恤事由统计（1938—1940 年）

请恤事由	1938 年	1939 年	1940 年
总计	574	635	625
因公伤或致病致残废或心神丧失不胜职务	15	20	16
在职 15 年以上身体残废不胜职务	57	15	10
在职 15 年以上年逾 60 或 50 自请退职	7	13	17

续表

请恤事由	1938 年	1939 年	1940 年
因公受伤或致病而未达残废或心神丧失之程度	2	15	6
因公亡故	231	323	275
在职 15 年以上病故	51	37	52
受公务员年恤金未满 5 年亡故	4	1	5
在职 3 年、6 年、9 年或 12 年以上病故	207	211	244

资料来源：中国第二历史档案馆馆藏：《铨叙部统计年报》，铨叙部档案，档案号：27－785。转引自何家伟《国民政府公务员俸给福利制度研究》，福建人民出版社 2010 年版，第 139 页。

从表 3－12 和表 3－13 可以看出，公务员因公亡故和在职 3 年、6 年、9 年或 12 年以上病故人数占大多数，达 829 人和 662 人分别占受恤总人数的 45% 和 36%。当时因公亡故和在职 3 年、6 年、9 年积劳病故是公务员伤亡的主要原因。

四　战时公务员抚恤制度的补充

抗战时期关于公务员抚恤法规、条例、办法的制定和实施大致分两个时期，以 1943 年《公务员抚恤法》的颁布施行为界，前期主要是以 1934 年制定的《公务员恤金条例》为主，后期则以《公务员抚恤法》为主。从前文可知，在抗战以前，公务员的抚恤金额优厚，抚恤效果较好，但是抗战开始后，随着通货膨胀的加剧，曾经优渥的恤金已达不到“安孤寡而利残生”的目的。

国民政府颁布了一系列的法令制度作为补充来弥补通货膨胀带来的负面影响，主要从两方面来提高公务人员的抚恤标准。

一种是针对那些在抗战中奋勇杀敌的文职官员及民众的。1938 年 3 月 25 日，国民政府颁布了《战地守土奖励条例》，对“尽力守土赖以挽回危局者；构筑城墙堡垒及其他防御工事固守不屈者，地方赖以保全者；因守土死亡者；毁家守土者；捐资或计划守土著有功绩者；因守土受伤残废者”[①]。给予物质抚恤和精神抚恤，物质抚恤包括抚恤金、免除遗族学费等；精神抚恤包括晋级、授予官职与官衔、修筑纪念坊塔、颁给奖章、题赐匾额[②]。该办法的一个鲜明特点是：将军人抚恤条例的标准扩展到了包括公务员在内的其他人群。如官兵给予晋级，文职人员之自愿受武官衔者得比照其现任职级与陆海军相当官衔；抚恤金的发给现任文武官佐士兵依现行各种抚恤法令从优发给，人民按授予之官职或官衔比照发给，未授官（职）者照士兵例[③]。铨叙部随后拟定《抗战伤亡文职人员从优核恤标准》，其规定：凡文职人员，经核定认为合于《战地守土奖励条例》规定的，在依《公务员恤金条例》给恤时得按现职级俸分别加叙，以计算恤金。其加恤标准为：委任 16 级至 10 级，加叙 6 级；委任 9 级至 5 级，加叙 5 级；委任 4 级至荐任 1 级，加叙 4 级；简任人员加叙 3 级；特任以上，按其月俸 1/4 或 1/2 加叙[④]。1939 年 9 月 1 日，考虑到抗战中行政督察、专员、县长、警察局长等基层官员罹难者居多。“因守土抗敌，功勋卓著，死事壮烈。”特规定“除按《战地守土奖励条例》奖恤外，另给特恤”[⑤]。特恤标准为：行政督察专员 3000—5000 元；县长 2000—3000 元；警察局长 1000—2000 元[⑥]。“安徽省合肥县张敬文，秉性刚毅，饬躬廉谨，敌陷皖北，迫任伪职，乃劝勉诸子杀贼报国，并从容仰乐，以死明志。”在此特种抚恤费下拨给 1000 元[⑦]。而河北省第 9 区行政督察专员兼保安司令张国基 1940 年 11 月率属驻防吴桥县属梁集，突被敌奸团围攻，父子同遭杀害，惨烈殉职，行政院

① 内政部总务司第二科：《内政法规汇编·礼俗类》，商务日报馆 1940 年印，第 34 页。

② 同上书，第 35 页。

③ 同上书，第 34 页。

④ 中国第二历史档案馆馆藏：《铨叙部 1943 年 1944 年工作报告》，铨叙部档案，档案号：27（2）-4。

⑤ 《行政院公报》1939 年 9 月 1 日，渝字第 2 卷第 17 号，第 26 页。

⑥ 湖北省档案馆馆藏：《专员县长特恤标准》，档案号：LS1-2-0129-002。

⑦ 《行政院公报》1940 年 7 月 1 日，渝字第 3 卷第 12、13 号合刊，第 43 页。

按特恤标准给以最高特恤 5000 元，“以慰忠魂”[①]。更为悲壮的是 1941 年 6 月 2 日，赈济委员会常务委员朱庆澜之子朱榕“沈阳事变，身陷敌营，去秋寇拟舰送东京，中途乘隙，蹈海以死，志节凛然”[②]。1938 年到 1941 年间，国民政府依照该条例共奖恤了 120 名文职人员，其中专员 5 人，区长 8 人，县长 28 人，警察 32 人。关于相关恤金的发放，1938 年没有，1939 年只有 100 元，1940 年 2763 元，1941 年猛增至 13481114 元，[③] 三年共计 13483977 元。说明随着战争进程的加剧，罹难的文职人员受惠于此类恤金人数呈增加态势。

值得一提的是，抗战期间，地方上的乡长、保长作为全民抗战的基层组织力量，功不可没，且伤亡极大，国民政府为奖励该类抗战骨干，1939 年 12 月制定了《战时乡镇保甲长暨联保主任因公伤亡给恤暂行标准》。1943 年做了修正，规定“战时乡镇保甲长暨联保主任，因公受伤残废或心神丧失程度者，得酌给 300 元至 600 元，保长得酌给 240 元至 480 元，甲长得酌给 180 元至 360 元之一次恤伤费，其未达残废或心神丧失程度者，乡镇长联保主任得酌给 120 元至 240 元，保长得酌给 90 元至 180 元，甲长得酌给 60 元至 180 元之一次医药费。死亡者：乡镇长联保主任得酌给 600 元至 1200 元；保长得酌给 480 元至 960 元；甲长得酌给 360 元至 720 元之一次抚恤费”[④]。1943 年的修正案较 1939 年的标准提高了近 10 倍。

据第九区行政督察专员公署呈：广东陵水县政府第一区桃园乡乡长陈鸿儒因出发至该县第一区港坡村工作，遭致敌兵击毙，自是因公

---

① 《行政院公报》1941 年 6 月 15 日，渝字第 4 卷第 12 号，第 22 页。

② 同上。

③ 国民政府军事委员会编：《抚恤委员会成立三周年纪念册》1941 年 8 月 1 日，附表。

④ 《战时乡镇保甲长暨联保主任因公伤亡给恤暂行标准》第二、三两条修正条文，蔡鸿源编：《民国法规集成》第 42 册，黄山书社 1999 年版，第 126 页。注：1939 年的规定是：战时乡镇保甲长暨联保主任，因公受伤残废或心神丧失程度者，得分别酌给 30 元至 100 元之一次性恤伤费，其受伤未达残废或心神丧失之程度者，得分别酌给 10 元至 40 元之一次性医药费。死亡者得分别酌给 60 元至 200 元之一次抚恤费。

死亡，拟照《战时乡镇保甲长暨联保主任因公伤亡给恤暂行标准》第一条第二项规定，核给该乡长一次性抚恤费国币 200 元。[①] 澄海县以舵东乡副乡长陈少屿发动乡中壮丁参加抗日后，被敌惨杀，依暂行标准之规定，也酌给了 150 元之一次性抚恤费[②]。虽然费用不高，但较以前无恤可请已是很大进步了。

另一种是针对意外伤亡的文职人员和民众的。空袭是最为常见的意外伤亡事件。1937 年国民政府颁布的《中央公务员雇员公役遭受空袭损害暂行救济办法》规定：公务员、雇员、公役被炸伤须送医院疗治者，送公立医院或其他免费诊疗机关免费治疗，如果此类机关未能治疗则给以不超过 100 元的医药费。如果殉难，核给殓葬费 200 元，并照章抚恤[③]。1940 年，又做了修订，规定公务员、被炸伤未残废者，荐任以上酌给 1 个月月俸；委任酌给 2 个月月俸；聘任及派充人员可援照公务员恤金条例给予恤金者，得按其月俸比照荐委任人员酌给。如果雇员公役被炸受伤以至残废或心神丧失不能服务者，得按其最后薪资，给以 10 个月薪资一次恤伤费，未达残废或心神损失者，得酌给 1 个月至 3 个月之一次医药费。公务员、雇员、公役被炸身亡，核给埋葬费 200 元，另外照章抚恤。[④]

湖北省武昌城市区土地登记处录事熊济生因“收发事务繁多，殚竭精力，幸无陨越至积压之归档调案文件。燃灯时间始清厘，每至深夜始毕，积劳过度，病根遂伏致罹咯血之症”，经过 9 个月治疗殒命，民政厅厅长朱怀冰念其“双亲早丧，恒产既薄，谋生乏术，孤苦零

① 广东省档案馆编：《民国时期广东省政府档案史料选编 八 第九届省政府会议录》，1988 年版，第 270 页。

② 广东省档案馆编：《民国时期广东省政府档案史料选编 七 第九届省政府会议录》，1988 年版，第 54 页。

③ 《中央公务员雇员公役遭受空袭损害暂行救济办法》，蔡鸿源编：《民国法规集成》第 38 册，黄山书社 1999 年版，第 21 页。

④ 《修正中央公务员雇员公役遭受空袭损害暂行救济办法》，蔡鸿源编：《民国法规集成》第 38 册，黄山书社 1999 年版，第 36 页。

丁”，按本省各机关雇员抚恤暂行规则给予一次恤金 80 元（该故员月薪 40 元，按两个月之限度）。[①]

针对警察的高风险性质，1938 年 11 月，考试院制定了《抗战伤亡之警长、警士从优抚恤标准》，规定“抗战伤亡之警长、警士，按其现支薪饷加十元计算恤金。”[②] 1939 年，考试院认为：“《公务员恤金条例》第五条规定，因公受伤或致病未达残废或心神丧失之程度者，得于其退职时酌给一次恤金，至因公受伤毋庸退职者，其医药所费，自应由政府机关酌予补助，以示体恤。”为此，铨叙部拟订《战时公务员因公伤核给医药费办法》，由国民政府于 1939 年 8 月核准颁布。办法规定，抗战时期公务员因公受伤时，其医药费按以下标准核给：“荐任以上人员按其一个月俸额内，委任人员按其二个月俸额内，长警按其三个月俸额内，聘任及充派人员按其月俸比照简、荐、委任人员酌给之。”[③] 突出警察的特殊地位，给予特别优待，体现了因需而恤的现代抚恤思想。

五　公务员团体寿险的推行

鉴于战事的激烈，公务员的危险性增加，而公务员恤金条例所规定的恤金数目，又面临通货膨胀的压力，保障能力大打折扣，国民政府又没有能力通过追涨薪俸来弥补差缺。于是社会保险成为政府指望的救命稻草。国民政府在战前施行简易人寿保险的基础上积极推行公务员保险制度。

1939 年 7 月国民政府颁布的《中央公务员雇员公役遭受空袭损害暂行救济办法》就强行规定：“各机关对于公务员、雇员、公役得

① 湖北省档案馆馆藏：《湖北省民政厅关于熊济生病故转请给恤的呈文》1941 年 2 月 28 日，档案号：LS1 - 6 - 0488 - 006。

② 中国第二历史档案馆馆藏：《各种铨叙制度及其改进意见》，铨叙部档案，档案号：27 - 7。

③ 中国第二历史档案馆馆藏：《考试院工作报告书》1940 年 3 月，考试院档案，档案号：37 - 516。

办理团体人寿保险（包括意外险在内），保险费以由各机关员役自付为原则，但每月实支俸薪工饷在100元以内者，得由各该机关酌给每年10元以内之补助费，投保办法由各机关与办人寿保险机关商定之。”① 最初的保险费基本由被保险者本人承担（低收入者有10元补助），1940年的7月，将对低收入者的补助也去掉了，保险费完全个人承担②。属于商业保险，而且只对空袭死亡和因炸致残两项进行赔偿。

1942年7月，国民政府财政部与中央信托局制定的《财政部员工团体寿险办法》施行。财政部全体员工均为被保险人，简任以上职员保额为法币6000元至10000元，荐任职员4000元至6000元，委任以下职员2000—4000元，工役600—1500元，保险费由财政部负担一半，其余半数从员工薪水里扣除，③ 开启了部门与个人分担保险费的先河。后来中央党务机关将这一团体寿险改为按照年龄和保额来缴纳保险费，20岁到55岁的在职职工每月按所需保额缴纳保费。因兵灾意外或疾病致死亡者、双目失明者、丧失两手或两足或一手一足者、一目失明并丧失一手一足者，可以被给付全额保险费。如果一目失明、丧失一手或一足者，先给付半款以后免交保险费，其余半数，于保险期满或死亡时给付之。④ 保费的缴纳标准如表3－14、表3－15。

那么这些团体寿险的实际保障能力如何呢？以财政部的团体寿险为例：1942年重庆一般职员的平均月薪为594元⑤。按此计算，简任以上职员如果意外伤亡所获得的保险费为10—16个月的平均工资；

---

① 《中央公务员雇员公役遭受空袭损害暂行救济办法》，蔡鸿源编：《民国法规集成》第38册，黄山书社1999年版，第21页。

② 《修订中央公务员雇员公役遭受空袭损害暂行救济办法》，蔡鸿源编：《民国法规集成》第38册，黄山书社1999年版，第36页。

③ 颜鹏飞等主编：《中国保险史志（1805—1949）》，上海社会科学院出版社1989年版，第395页。

④ 《中央党务机关办理员工投保寿险原则》，《中央党务公报》1944年第6卷第13期。

⑤ 陈明远：《文化人的经济生活》，上海文汇出版社2005年版，第221页。

表3－14　　员工团体寿险月缴保险费　　单位：元

年龄	保额1000	保额2000	保额3000	保额4000	保额6000	保额1万	年龄	保额1000	保额2000	保额3000	保额4000	保额6000	保额1万
20	1.62	3.34	4.80	6.38	9.72	16.20	38	3.36	6.72	10.08	13.41	20.16	33.60
21	1.66	3.42	4.98	6.64	9.93	16.60	39	3.56	7.12	10.68	14.24	21.36	35.60
22	1.72	3.44	5.16	6.83	10.32	17.20	40	3.76	7.52	11.28	15.04	22.56	37.60
23	1.78	3.56	5.34	7.12	10.65	17.80	41	4.00	8.00	12.00	16.00	24.00	40.00
24	1.84	3.68	5.52	7.36	11.04	18.10	42	4，26	8.52	12.73	17.04	25.56	42.60
25	1.90	3.80	5.70	7.80	11.40	19.00	43	4.54	9.08	13.62	18.16	27.24	45.40
26	1.98	3.96	5.94	7.92	11.88	19.80	44	4.88	9.76	14.64	19.52	29.28	48.80
27	2.06	4.12	6.18	8.24	12.36	20.60	45	5.24	10.43	15.72	20.96	31.44	52.40
28	2.14	4.28	6.42	8.56	12.84	21.40	46	5.66	11.32	16.96	22.64	33.96	56.60
29	2.22	4.44	6.66	8.88	13.32	22.20	47	6.16	12.32	16.96	22.64	33.96	56.60
30	2.30	4.60	6.90	9.20	13.80	23.00	48	6.72	13.44	20.16	26.88	40.32	67.20
31	2.40	4.60	6.90	9.20	13.80	23.00	49	7.38	14.76	22.14	29.52	44.28	73.80
32	2.52	5.04	7.56	10.08	15.12	25.20	50	8.18	16.36	24.54	32.72	49.08	81.80
33	2.64	5.28	7.92	10.56	15.84	26.40	51	9.14	18.28	27.42	36.56	54.84	91.40
34	2.76	5.52	8.28	11.04	16.56	27.60	52	10.34	20.68	31.02	41.36	62.04	103.4
35	2.90	5.80	8.70	11.60	17.40	29.00	53	11.88	23.76	35.54	47.52	71.28	118.8
36	3.04	6.08	9.12	12.15	18.24	30.40	54	13.92	27.84	41.76	55.58	83.52	139.2
37	3.18	6.36	9.54	12.72	19.08	31.80	55	16.74	33.84	50.22	66.96	100.4	167.4

资料来源：《中央党务机关办理员工投保寿险原则》，《中央党务公报》1944年第6卷第13期，第39页。

表 3 – 15　　　　公务人员团体寿险每千元保险金额年及月保险费单

年龄（岁）	保险费（元）		年龄（岁）	保险费（元）		年龄（岁）	保险费（元）		年龄（岁）	保险费（元）	
	月缴	年缴		月缴	年缴		月缴	年缴		月缴	年缴
20	1.62	19.44	29	2.22	26.64	38	3.36	40.32	47	6.16	73.92
21	1.66	19.92	30	2.30	27.60	39	3.56	42.72	48	6.72	80.64
22	1.72	20.64	31	2.40	28.80	40	3.76	45.12	49	7.38	88.56
23	1.78	21.36	32	2.52	30.24	41	4.00	48	50	8.18	98.16
24	1.84	22.08	33	2.64	31.68	42	4.26	51.12	51	9.14	109.68
25	1.90	22.80	34	2.76	33.12	43	4.54	54.48	52	10.34	124.08
26	1.98	23.76	35	2.90	34.80	44	4.88	58.56	53	11.88	142.56
27	2.06	24.72	36	3.04	36.48	45	5.24	62.88	54	13.92	167.04
28	2.14	25.68	37	3.18	38.16	46	5.66	67.92	55	16.74	200.88

资料来源：《中央党务机关办理员工投保寿险原则》，《中央党务公报》1944 年第 6 卷第 13 期，第 39 页。

注：年龄在 55 岁以上 60 岁以下者照 55 岁保险费计算，以 5 年为期；年龄不足 20 岁者照 20 岁保险费计算，缴足 40 年为止。

荐任则为7—10个月的平均工资；工役则为1—2个月的一般职员的平均工资。这种保险金在当时只能算是临时救济，根本不能保障遗族或伤残职员的长期生活，而且采取一费制，即投保金额和受益金额都是事先固定，没有考虑通货膨胀因素。随着物价的上涨和银行利率的提高，所得保险费也就贬值许多。如到1943年重庆一般职员的平均工资为1492元①，荐任以上职员的保额降至相当于一般职员3—5个月的平均工资；荐任则相当于2—4个月的平均工资；工役则只相当于0.5—1个月的一般职员的平均工资。可见这些团体寿险金只能增加一些赔偿金额，仍然不能克服通货膨胀带来的弊端。

1943年6月27日，国民政府社会部实施办理公务员健康保险，并颁布《陪都公务员健康保险法》。其主要规定是：保险费由保险人和公务机关各付一半；公务员皆为强制保险人。有四种给付办法。

1. 伤病给付：被保险人如有疾病时，不愿受指定医生的疗养，可申请给予疗养费，伤害津贴则于被保险人因伤病不能继续工作第4日开始给予，其金额为其标准报酬日额之1/2。

2. 生育给付：被保险人生育时，一次发给生育费，并于产前4星期，产后6星期不能工作之期间内，发给生育津贴，其每日津额，为其标准日额的1/2。

3. 死亡给付：被保险人死亡时，对于其治丧之遗族，发给丧葬费，金额为其1年报酬之1/10，并发给其遗族以遗族津贴。加入保险未满1年之被保险人，其遗族津贴金额为其1年报酬1/10，满1年者2/10，满2年者3/10，满5年者5/10。

4. 家属给付：被保险人之家属发生疾病时，给予治疗。妻生产时给予生产费及生育津贴，家属有死亡时，给予丧葬费，其金

① 陈明远：《文化人的经济生活》，上海文汇出版社2005年版，第221页。

额不得超过被保险人丧葬费1/2[①]。

保险种类包括死亡、伤病甚至扩展到生育和家属。

此项保险的先进之处在于将保险费与工资挂钩，能够在一定程度上削减通货膨胀的因素。按1943年重庆一般职员平均工资1492元计算，伤病者每日可得25元保险金额，产妇亦然；[②] 而死亡给付，遗族每月可得到149—745元的遗族津贴与149元的丧葬费。保障能力较财政部的保险为高。但可惜的是此法只在重庆试行了一段时间，无终而止。

第四节　抗战时期公职人员抚恤制度的实际效果

在整个抗日战争中，国民政府旧有的抚恤制度受到冲击，为了赢得这场民族战争的胜利，国民政府对其抚恤制度作了调整，并且在实施环节作了很多努力，以期达到提高抚恤效率的目的。

首先，从各种条例、办法的数量来看，据笔者检索所及，涉及军人抚恤的达30多条，其中涉及伤残军人的达20多条；涉及公务员的达20条，其中为战时临时设立的达18条；涉及劳工和平民的达40多条，专为战时设计的达20多条。可见这一时期的抚恤制度为战争服务的目的明显。

其次，从抚恤的对象来看，这一时期的抚恤对象有军人、公务员、劳工、雇员、保甲长、乡镇长、民夫等，涉及面基本上达到所有抗战人士和服务于抗战的人员，基本体现了全民抚恤的趋势。按照抗战后国民政府统计的伤亡人数来看，军人作战伤亡3227926人（其中死亡1328501人，负伤1769299人，失踪130126人）；军人因病伤亡

---

① 颜鹏飞等主编：《中国保险史志（1805—1949）》，上海社会科学院出版社1989年版，第405页。

② 注：每月按30天计算，那么一般职员日薪大约是50元，它的1/2是25元。

422479 人。平民伤亡 9134569 人（其中死亡 4397504 人，负伤 4737065 人）①。战后，国民政府拟定的抚恤赔偿费用（按每名伤亡官兵平均 35 万元计算）：陆军 3391424 人，需恤金国币 1186998400000 元；海军为 2470 人，恤金为 864500000 元；空军为 14073 人，恤金为 4912950000 元②。此费用是用于对日本进行战争赔偿的依据，应该较为全面。

但是根据许高阳的《国防年鉴》记载，从 1937 年至 1945 年，国民政府共抚恤了 458039 人（其中伤 87145 人，亡 370894 人）。只有应抚恤人数的 14%③。平民伤亡人数是军人的 3 倍，但平民受恤人数没有准确的统计数字，抗战期间根据《抗战守土奖励条例》所抚恤的人数仅 282 人，1941 年 10 月到 1942 年 8 月底止，乡镇保甲人员因公伤亡给恤者只有 3 人④。这些与民众参加自卫抗敌人数 1900851 人⑤的数目相比，可见民众抗敌的受恤比例极低。公务员的抚恤人数为 4422 人，但是与预计的抚恤人数有差距，说明公务员抚恤的比例也在下降。

从抚恤手段来看，国民政府在战争条件下的抚恤制度要应付战争所带来的通货膨胀、恤金贬值的压力和抚恤制度的落实问题。战时行政区域不定，受恤人行踪飘忽，伤亡者户籍、军籍皆不健全，要弄清阵亡者遗族实非易事，而且受恤人请恤、领恤受文化水平、旅途辗转的限制，所以军人的实际受恤比例在抗战初期只有 2%—3%，最高

① 中国第二历史档案馆编：《中华民国史档案资料汇编》第 5 辑第 3 编，江苏古籍出版社 1988 年版，第 232 页。注：抗战伤亡数据素有争议，本文以 1946 年行政院公布数据为准，此数据以东北各省市及台湾以外之中国领土为限，共产党的抗日根据地未计在内。

② 中国第二历史档案馆编：《中华民国史档案资料汇编》第 5 辑第 3 编，外交，江苏古籍出版社 1988 年版，第 209 页。

③ 许高阳编：《国防年鉴》（第一次），香港中美图书公司 1969 年版，第 145—146 页。注：何应钦《八年抗战之经过》中的统计数据比许高阳早，所以，按他的数据计算只有 9.2%。

④ 敖文蔚：《中国近现代民政与社会》，武汉大学出版社 1992 年版，第 121 页。

⑤ 中国第二历史档案馆编：《中华民国史档案资料汇编》第 5 辑第 3 编，江苏古籍出版社 1988 年版，第 233 页。

的1945年但也只有26%，平均只有9.2%[①]。

但是即使是如此小的进步，国民政府也做出了巨大的努力，健全户籍、军籍、动员保甲长具保受恤人，要求各地发动教师帮助没有文化的受恤人，最有效率的措施是明令邮政机关代发恤金，减少中间环节。为了克服通货膨胀带来的恤金，国民政府一方面不断提高恤金数额，但是鉴于财政的困窘，所提高的金额与物价的上涨相抵，军人和公务员薪资的（包括恤金）实际购买力下降到了战前的10%，那么如何才能安孤寡而利残生呢？国民政府在提高恤金抚恤效率的同时，加强了精神抚恤和服务型抚恤，精神抚恤更多的是安抚亡故者遗族的心理，激发未亡者的斗志。诚如后来的联勤总署抚恤处处长吴仲行总结道："我国财力，不如欧美诸国的充裕，户籍军籍，亦不及其精密，专用物质，自所难能，只有依托死事情形，受伤轻重及级职，于规定其物质抚恤外，而兼采崇高之道德观念，以褒扬、表扬、祠祀、碑坊、国葬、公葬等精神抚恤，已祀忠烈，垂范后世，藉精神的鼓励，作物质的补助，换言之，即以物质和精神综合来抚恤。"[②] 我国抚恤的法则，是依照日本物质与精神两种抚恤相辅并用的，这样非常适合于国情，因为我国数千年来民族传统观念，大抵是精神胜过物质。[③] 吴仲行对此种抚恤模式感到非常自豪，曰："欧美的物质抚恤，加上东方的精神抚恤，二者并重，现在均有缺点，未必优于我也。"[④]

而服务性抚恤更多的是针对伤残军人，可以说是孙中山兵工政策的一个体现，只是将其"寓兵于工"的设想扩展到了"寓兵于工"和"寓兵于农"两个方面。尽管他所抚恤的人数与应该受恤的人数

① 张瑞德：《抗战时期的国军人事》，台北中央研究院1991年版，第105页。注：张瑞德统计的数字根据何应钦的《八年抗战》得来，与许高阳有出入，可能由于两个人统计的时间不同。

② 吴仲行：《进步性的抚恤》，《联勤月刊》1948年第10期。

③ 同上。

④ 同上。

之间仍有差距，但是这种模式却能给伤残者最为完全的保障，不仅能保障伤残军人及遗族的基本生活，而且能给其健康、发展提供服务，并以此为平台解决伤残者婚姻、家庭问题。按照美国心理学家亚伯拉罕·马斯洛的理论，人的需求包含 5 个层次：生理需求、安全需求、社交需求、尊重需求和自我实现。教养院的服务抚恤至少解决了前三个层次的需求，第 4 和第 5 个层次的需求有所涉及。应该来说在当时的社会条件下是一种较高层次的保障。

而对于公务员除在有限的财力条件下，提高公务员工资，改善待遇外，国民政府还强制性地要求公务员参加团体寿险，此种保险对于因公伤残或亡故的公务员来说不能不说是一种补充。重庆市社会局规定凡公务人员、企业职工人数在 30 人以上者，必须参加保险，保费由单位和职工各负担半数，参保单位一度占到重庆厂矿企业总数的 93%①。

此外，从恤金的保障能力来看，军人恤金一共调整了三次：

1. 自1942 年份起，照陆海军抚恤条例附表所载年恤金原金额加 1 倍发给；

2. 自 1944 年份起，照陆海军抚恤条例附表所载年恤金原金额加 2 倍发给；

3. 自 1945 年份起，改照退役俸数比例，增加恤金。② 公务员的恤金与工资挂钩，1937 年到 1944 年 1 月，公务员的工资收入指数从 95.1 上升到 1896，年平均增长 53%，上涨了约 20 倍。③ 但是物价从 1937 年到 1945 年上涨了大约 2000 倍④，综合工资和物价因素，公务员 1943 年工资的实际购买力只有 1937 年的 1/10（见表 3－16）。那就是说 1937 年的恤金保障能力到 1943 年缩水 10 倍，一个荐任官因

---

① 详见中国保险学会编《中国保险史》，中国金融出版社 1998 年版，第 135 页。

② 许高阳：《国防年鉴》（第一次），香港中美图书公司 1969 年版，第 143 页。

③ 孔敏编：《南开经济指数资料汇编》，中国社会科学出版社 1988 年版，第 354—356 页。

④ ［美］唐·帕尔伯格：《通货膨胀的历史与分析》，中国发展出版社 1998 年版，第 106 页。转引自杨兵杰《中国近代公务员工资制度思想研究》，上海财经大学出版社 2006 年版，第 312 页。

公殒命的恤金在1937年能保证一个5口之家生活120个月，到1943年只能生活12个月了。而军人的恤金实际上只增加了一倍，实际购买力只有1937年的1/10，更为清苦。总之，战前公务员和军人中的中级军官能够靠恤金得到完全保障的日子不复存在。

对于劳工，一部分是工厂里的职工，一部分是临时招雇为战争服务的雇工，如机工、民夫等。他们伤残得到的100—1000元恤金，在那个时候，只是一种象征意义，与实际生活无补，最多只能算是一种临时救助。但是他们在空袭，或战斗中意外伤亡都能得到来自政府的抚恤，这在以前是没有的。

表3-16　战时重庆公务员、工人、一般职工、农民的收入情况一览

1937年上半年=100　　计算公式：加权算术平均

年份	公务员		农民	产业工人			一般职工		
	实际收入指数	平均指数	实际购买力	实际收入指数	工资（元）	指数	实际收入指数	工资（元）	指数
1937	100	95.1	100	100	24	102.9	100	20	103.5
1938	77	85.2	111	124	41	179.8	143	32	167.4
1939	40	85.2	122	95	52	225.9	181	60	315.0
1940	21	102.5	63	76	100	437.0	117	138	718.0
1941	16	283.7	82	78	233	1017.6	91	317	1650.8
1942	11	464.4	75	75	436	2082.4	83	594	3076.8
1943	10	1132.3	58	69	1064	4822.6	74	1492	7776.6
1944		1896.0			3854	16808.0		5500	28671.0

资料来源：孔敏编：《南开经济指数资料汇编》，中国社会科学出版社1988年版，第354—356页。

张公权：《中国通货膨胀史》，文史资料出版社1986年版，第43页。

但是这一时期的抚恤问题也很明显。首先，在机构设置上政出多

门，部门重叠。如中央执行委员会——党员抚恤；铨叙部——公务员抚恤；内政部——依战地守土奖励条例与人民守土抚恤实施办法审核；教育部——学校教职员抚恤；海军司令部——海军抚恤；航空委员会——空军抚恤；抚恤委员会——陆军抚恤，海空军核转，守土人民的核定。[①] 何健曾对此提出过质疑：一个普通公民身份在生前成分属于党员、公务员、学校教职员、军人等，但其死后或因伤残不能再服兵役时，他便恢复普通公民身份，他的遗族更属于普通公民，因此抚恤机关的抚恤对象只是一般公民，不必因其生前身份的不同，而分隶于若干机构之下。[②] 但是，直到抗战结束，这种局面仍然没有改变。其次，抚恤效果参差不齐。军人抚恤，以空军抚恤最为优厚，陆海军的高级军官的恤金到抗战末已经形同虚设了，伤残军人的服务型抚恤效果明显，但遗族的抚恤基本听之任之。至于公务员抚恤的实际效果下降最快，无论是恤金标准、抚恤人数与战前相比都差之千里。至于壮丁、雇员、保甲长、乡镇长、民夫的抚恤似乎注重形式和本身所代表的荣誉胜过恤金的实际价值。值得注意的是，在抗战时期，恤金的价值日落千丈，能够称得上基本生存保障的只有伤残军人的服务型抚恤。那么数以万计的遗族、伤残军人、公务员及劳工为什么能仍然斗志昂扬地度过那段艰难岁月呢？

（一）国民政府不遗余力地推行抚恤业务，提高抚恤效率

恤金虽然不能保障受恤者长期的生活，但是能够救一时之需。首先，得力于国民政府各级官员的倾力投入。最高领导人蒋介石几乎每年都要发表针对伤残军人及亡故者遗族的演讲，对一些重要的恤案亲自批阅。蒋的夫人宋美龄更是身体力行，创办全国慰劳总会，举办遗族工厂，号召募捐，参与伤兵之友活动，亲临现场慰问伤残军人和遗族。中层官员如抚恤委员会委员长何健能够针对抚恤运行中的问题提

① 何健：《两年来办恤政经过与感想》，国民政府军事委员会编：《抚恤委员会成立三周年纪念册》，1941 年 8 月出版，第 8 页。

② 同上书，第 9 页。

出有效措施，如提倡“积极抚恤”取代“消极抚恤”；要求抚恤人员做到“即报即核，即核即恤”。程树荫、钟英、方秋苇等负责具体事务官员都据实及时研究抚恤问题，在《陆军经理杂志》上频频发表文章，改进抚恤不周等问题。从基层的一些抚恤档案中可以看到，所有的恤案都经过省主席、主管处长等签字、呈转，一些有问题的恤案甚至要辗转数次。保长、乡镇长要亲身调查，如实具保。

此外，抚恤措施改进达到了一定的效果。在抗战之初，由于战局变幻，界域不定，很难组织起有效的抚恤，但随后国民政府通过增设抚恤分支机构，完善户籍和军籍管理，特别是实行邮政代发恤金的手段，简化了抚恤环节，提高了抚恤效率，最高的时候1945年达到应受恤人数的26%，针对恤金贬值，伤残军人生存困难，扩大荣军教养院的规模，使大约100万伤残军人及家属，有所养、有所医、有所为，而且为国家节约大笔经费。

（二）民众抗战热情下的奉献精神也是解决这一问题的主要原因

翻开民国的报纸和刊物，可以看到许多讴歌为了民族利益而牺牲个人利益的文章。在那些血与火的岁月里，民族危亡代替了个人得失，许多人都以此作为贡献抗战的一部分。如抗战军人的抚恤率平均为9.2%，意味着有90.8%的应受恤人没有享受到国家抚恤。事实上大部分的伤残军人并没有进入教养院，而是回归乡里，依靠传统的家庭保障，自生自灭，大部分的遗族的生存仍然靠自谋生路。公务员的恤金与工资紧密相连，1942年以后，在公务员薪金贬值最为严重的岁月里，有的公务员不得不通过第二职业来补贴家用，更多的人是“勇敢地承受营养不良的危害，并看着家人的健康状态一天天下降”①。诚如后来《观察》杂志所言：“抗战以来，公教人员之实际待遇一再减低，菲薄到无以为生的不合理程度，但大部分人仍能坚守岗

① ［美］费正清编：《剑桥中华民国史》，章建刚等译，上海人民出版社1992年版，第646页。

位，奉公守法。当时正值民族存亡的关头，公教人员此种吃苦耐劳的精神，可谓无愧于国家。”①

再则，恤金贬值是那个时期的普遍现象。试想，一位中将司令退役的俸禄只能买两条烟，一个教授靠刻章、写字换钱，其余的士兵和公务员还有什么不满呢？中国社会不患贫而患不均。可见，在抗战救国的精神感召之下，更多的人本着奉献的精神，咬牙忍受，希望能够在抗战之后有所转机。

（三）国民政府能够考虑底层受恤人的利益

如公务员的工资增长，1941 年 4 月 15 日，考试院院长戴季陶就指示铨叙部注重提高中下级公务员的待遇：“政治的生命，在中级以上公务员力量之维系。行政的稳定，在中级以下公务员生活之安定。故对于中级以下公务员薪给，应从优铨叙。”② 实际情形是：简任公务员的工资指数从 1937 年的 93. 9 涨到 1944 年 1 月的 1015，上涨了 10. 8 倍；荐任由 1937 年的 94. 5 上涨到 1944 年 1 月的 1440，上涨了 15 倍；而最基层的委任公务员则从 1937 年的 96. 4 上涨到 1944 年 1 月的 2973，上涨 30 多倍。③ 可见在涨工资的环节，底层公务员是最大的实惠获得者。另外国民政府还提供特殊津贴、价格合理的住房和各种低价日用必需品。如有段时间，政府公务员购买的大米价格是每斤 0. 1 元，而市场价是每斤 5 元。④ 再则，军人的精神抚恤：刊印忠烈将士姓名录，入祀忠烈祠，编载史册和县志，颁发荣哀状，以及公祭等等，差不多士兵的人数，都占 8/10，受中央明令褒扬的，也以士兵为多，并非过去仅褒扬几个高级将领而已。⑤ 为了增加伤亡军人及遗族的抚恤待遇，采取颁发特恤金的办法。一共颁发过 2 次：“特

---

① 王遵明等：《我们对于改善公教人员待遇的意见》，《观察》1947 年第 3 卷第 8 期。

② 陈天锡：《戴季陶先生文存续编》，出版社不详，第 144 页。

③ 孔敏编：《南开经济指数资料汇编》，中国社会科学出版社 1988 年版，第 354 页。

④ ［美］费正清编：《剑桥中华民国史》，章建刚等译，上海人民出版社 1992 年版，第 646—647 页。

⑤ 吴仲行：《进步性的抚恤》，《联勤月刊》1948 年第 10 期。

给恤金，初仅限于阵亡官长，后来普及于阵亡的士兵，因公殒命的，特给恤金减半发给，不论阵亡公殒官兵，并且另发随军遗族的回籍旅费，已打破以前生死待遇的悬殊。”①

（四）国民政府在政府推行抚恤制度的同时，动员社会力量对遗族、伤残军人进行优待

为了解决伤残军人及遗族的生活问题，国民政府动员海外华侨和国内有能力者捐赠。八年间，国民政府通过捐赠得到的金额，达到了国民总收入的3.13%，最高的年份1939年达到了7.44%，这一大笔钱无疑为解决伤残军人及阵亡者遗族的生活提供了支持（表3－17）。

表3－17　　1937—1945年捐赠收入与国库总收入一览　　单位：元

年度	捐赠收入	国民政府年度收入（不包括借入款）	比例
1937	3248072	815070006	0.4%
1938	18690556	315001915	5.93%
1939	55083552	740254565	7.44%
1940	33102506	1324878298	2.5%
1941	20507514	1311380321	1.56%
1942	39203703	5631561230	0.70%
1943	20573156	20403573067	0.10%
1944	79593165	38204902465	0.21%
1945	8557761402	212883054009	4.02%
合计	8827763626	281629675876	3.13%

资料来源：根据财政年鉴编纂处编《财政年鉴三编》（第3篇），1948年版，第130—148页内容整理。

例如，为了解决伤残军人的问题，1940年5月12日“伤兵之

① 吴仲行：《进步性的抚恤》，《联勤月刊》1948年第10期。

友”总社在重庆成立的“荣誉军人职业协导会”为伤残军人提供贷款办理生产合作事业，使伤残军人能够从事生产，自食其力，1942—1946 年间，共计贷款总额为 231550433.82 元，但实际收回贷款仅 48122356.00 元，回收比例大约 20%①，其余 80% 也算是对伤残军人的一种贴补。另外，在宋美龄的亲自主持下，全国妇女慰劳总会自 1939 年 1 月到 1945 年 12 月共进行了前线慰劳 48 次，慰问过境国军 55 次，慰问空军及盟军 46 次，伤病官兵 115 次，征属（含遗属）19 次。② 足迹踏遍“绥远、河北、河南、山东、江苏、浙江、安徽、山西、陕西、江西、福建、广东、广西、湖北、贵州、四川、云南等省及印缅等地”③。劳军、慰问抗属（含遗属）、慰问伤兵，共计花费 205230626 元④。分别占该年度全国妇女慰劳总会所支款项的 75.5%、92.06% 和 71.25%。在抗战之前国民政府就对慰劳金大发放标准作了规定，如表 3－18、表 3－19。

表 3－18　　**给予革命阵亡遗族、受伤官兵慰问品标准**　　（元）

		将	校	尉	士	兵
阵亡		12	10	8	4	2
因公殒命		10	8	6	4	2
受伤	重	3	1.8	1.4	1.2	1.0
	轻	1.8	1.4	1.2	1.0	0.8

资料来源：台北国史馆藏：《历次阵亡残废受伤革命军人特别优恤办法》，行政院档案，档案号：62/1385。

---

① 《新生活运动促进总会伤兵之友总社历年推行“虽残不废”贷款概况表》，《新生活运动促进总会伤兵之友总社 7 年来工作简报》，1947 年版，第 25 页。

② 《中国妇女慰劳自卫抗战将士总会 8 年工作总报告》，《民国档案》2007 年第 1 期。

③ 同上。

④ 以现有数据为主，由于 1943 年 1 月 1 日到 1944 年 1 月 31 日，慰问伤兵的款项不详，实际金额应该大于此金额。

表 3－19　　全国慰劳总会 1939—1945 年支出明细

	1939.1.1—1942.12.31		1943.1.1—1944.1.31		1944		1945	
	金额	比例	金额	比例	金额	比例	金额	比例
劳军	3653584.66	63.15%	3744250.48	59.23%	66692353.5	83.96%	112634128.75	64.73%
抗属	52671	0.9%	10000	1.58%	372403.5	0.46%	4336300	2.49%
伤兵	664005.75	11.48%	—	—	6066800	7.64%	7004130	4.03%
合计	4370261.41	75.53%			73131557	92.06%	123974558.75	71.25%

资料来源：根据全国慰劳抗战将士委员会编《全国慰劳总会 8 年工作总报告》，和平日报印刷所 1947 年版，第 8—12 页内容整理。

另外，国民政府还不定期地发优待谷，组织设立工厂、合作社，优先吸收征（遗）属入厂、入社生产。1939 年 9 月，重庆市对本市抗属每户发给一次优待谷两石。据四川省民政厅《民国 29 年度民政统计》载：各行政督察区所属县拨用优待出征军人家属积谷 1563822 石。[①] 1945 年，据四川省社会处统计，成都、重庆、巴县、北碚、荣昌、泸县、南溪、中江、绵阳等 11 县先后成立征属工厂、合作社 18 家，职工 289 人，其中征属 284 人，占 98% 多。[②] 这些征属工厂、合作社都在一定程度上缓解了受恤人的生存压力。

总之，抗战时期是一段特殊的时期，国民政府虽然经济困窘、军事危殆，但政府权威尚浓，民心未失，一些抚恤措施尚能起到救人一时之效。抗战的胜利是全民族做出巨大牺牲换来的，伤残军人和他们的遗族所做奉献，由抚恤可见一斑。

---

① 四川省地方志编纂委员会编：《四川省志·民政志》，四川人民出版社 1996 年版，第 130 页。

② 同上书，第 131 页。

第四章

挣扎与崩溃：抗战后国民政府的抚恤制度（1945—1949年）

抗战胜利以后，国民政府应该是迎来了发展过程中的一个转机，因为国民政府此时无论政治威望、财政实力、民众认同都达到一个高峰，国民政府本应利用此契机整顿政治、休养生息、安孤恤残。但是党同伐异代替了求同存异，政治矛盾的解决诉诸战争的胜负，在这场惨烈的国内战争中，国民党军队伤亡共计1711110人，其中有85名军官被击毙。[1] 然而战场上的失败通常是政治腐败、经济困窘、社会失范的外在表现，具体到这一时期的抚恤制度，陷入了建设与破坏的双重境遇中：一方面由于前期运行抚恤制度的各种经验和教训的不断总结，使得这一时期的抚恤制度、措施更加完善；但另一方面政治的腐败和经济的衰微又使得抚恤效果与设想相去甚远，抚恤效果的低下与制度的完备相悖相生，其间虽然不乏一些别有特色的尝试，但政权的坍塌，让这一切戛然而止，机遇也就失之交臂，历史的无情在此得以展现。

---

① ［美］何炳棣：《明初以降人口及其相关问题1368—1953》，葛剑雄译，生活·读书·新知三联书店2000年版，第297页。

第一节　抗战后的军人抚恤

抗战后，国民政府的军事制度发生了新的变革。在抗战前，国民党军队后勤建制上仿照的是日本建制，不设置统一的后勤指挥保障系统，而是各军种各自负责[①]，这就造成了机构臃肿、人员庞杂，光负责军人抚恤的机构就有陆军的抚恤委员会 、海军的抚恤处和空军抚恤处三个 ，手续烦琐，一纸恤令要经过中央、地方、军队多重核审，效率低下，虽几经变革，但成效不大。抗战后，在美军的指导下，实行联勤制度，将后方勤务总司令部与军政部下属的军需署、兵工署、军医署等机构改编合并，仿行美军后勤联勤制度。

一　美军联勤抚恤模式的建立及运行

从理论上讲，联勤体制是一套比较先进的后勤保障体制，通过独立的供应、补给系统，统筹规划全军的后勤事务，能够起到整合资源、提高效率的作用，打破了以前各自为阵的局面。这一点在二战美军部队和抗战期间中国远征军的实际运行中得以体现。据中国远征军副司令郑洞国回忆：在中国远征军中一名士兵受伤，可以马上坐直升机离开战场验伤，由三名中美军官鉴定、批准立即发恤。可见，美军的联勤系统之所以能够高效运转，是建立在其强大的运输能力和服务网络的基础上的，美国军方的抚恤机构服务对象为 1800 万伤残军人，连同遗族在内约 4000 万，其抚恤服务机构的工作人员，全国高达 20 万人。[②] 这项制度在抗战后移植到国民党军队中，但是，由于中国交通落后，又没有发达的网络支撑，所以该制度推行以后在很长时间内一片混乱。

---

① 刘文英编：《世界军事后勤史》（中册），金盾出版社 1992 年版，第 452 页。

② 吴仲行：《进步性的军人抚恤》，《联勤月刊》1948 年第 10 期。

（一）战地抚恤业务的改进

1946 年 8 月 1 日，抚恤委员会及其所辖 13 个驻省抚恤处，一并裁撤，改组为联合勤务总司令部抚恤处，同年 10 月，接管海军总司令部转发恤金事务，除空军发恤部分仍由空军司令部自行暂办外，其余业务大致统一。[①] 抚恤处成立后，以高层组织而言，同于三级（处组科）制的署（局），而编制层级，则同于二级（处科）制的处（司），编制 215 员，比前抚恤委员会的编制 1117 员，仅及 1/5。然而统一陆海空抚恤业务后，业务比以前加重，据联勤总署抚恤处处长吴仲行回忆：胜利复员后，版图收复，沦陷区域成千百万的遗族和伤残军人，纷纷前来请恤，业务因之较以前繁多，汇集一处，更加艰难，兼之前抚恤委员会移交积压 9 个月未结案件达 30 余万件，少数人员一面办理新生案件，而后办理积压案，直至 1947 年底，尽其人力，日夜赶办，才全部清查处理完毕。[②]

1947 年前后，是国共战事日趋密集的阶段，战场辽阔，伤亡日众。为配合戡乱作战、提高士气，迅确优恤伤亡官兵，联勤总署抚恤处除设法改善核恤发恤文书，简化手续外，并于 1947 年 10 月起，先后在沈阳、北平、西安、徐州、汉口等地各成立战地抚恤组，对于各作战部队，于每一战斗终了，立即派员前赴战场，就地办理伤亡抚恤。联勤总署抚恤处长吴仲行著文称这种做法对负伤官兵及阵亡官兵遗族之便利有四：1. 在前方调查确实；2. 就地兑现；3. 调控负轻微伤官兵回其原属部队服务；4. 辅导部队办理请恤手续。他盛赞道：此种措施，不但提高士气，保持战斗力，且能使随军遗族，不致因而流离失所，并且减少部队作战的顾虑，实与过去抚恤分处在安静后方的工作迥乎不同，是我国的新创制，就是进步的欧美各国，以往亦未闻其抚恤行政施及战地。[③]

---

① 吴仲行：《进步性的军人抚恤》，《联勤月刊》1948 年第 10 期。

② 同上。

③ 同上。

另外，国民政府还实行视察制度，分别对部队方面[①]、地方政府方面[②]、各驻省抚恤处部分[③]、邮政机关部分[④]、伤残军人及遗族部分[⑤]进行视察，并据实汇报，于一个月内解决问题[⑥]。为了减轻遗族和伤残军人的经济压力，国防部联合勤务总司令部发布命令：但凡请恤领恤信件，只要在信封上之下款注明故兵×××遗族×××缄，或荣兵（员）×××缄字样，“可准视为公用军事邮件可纳单挂号邮资而仍按快信交寄。”[⑦]

（二）伤残军人生存保障的新办法

对于伤残军人抚恤的改进，主要体现在两部法规的颁布上：1947年12月30日的《荣誉军人授田条例》和《荣誉军人职业保障办法》。

《荣誉军人授田条例》规定：只要是伤残军人伤残部分不碍农垦工作而体力胜任和有自耕能力，志愿参加授田者就可以授田。每个伤残军人授予一个单位面积的土地。一个单位面积的土地其生产量足以维持5—8人之生活为标准。授予熟地免税3年，由地政机关发给土

① 注：具体内容包括：1. 抚恤事务委员会设置办理及结束后办理情形；2. 受伤（荣誉）官兵住院、转院、归队等办理情形；3. 受伤（荣誉）官兵及遗族调查慰问情形；4. 抚恤表例及呈转请恤是否切实迅速；5. 给阵亡官兵存饷遣送安置遗族等办理情形；6. 新兵顶替姓名更换情形；7. 对伤亡官兵遗族眷属流寓在外住各该部队指定集中居住之一般办理情形；8. 伤亡官兵之家属或遗族，经各部队设有工厂做事安置生产之一切状况；9. 官兵家属姓名、住址、平时调查表及册籍登记情形。

② 注：具体内容包括：1. 省、县、乡办理抚恤业务之一般情形；2. 省、县、乡镇办理抚恤业务人员，对各驻省抚恤处业务联系情形；3. 调查地方职业团体名称组织及概况；4. 调查地方公私立各级学校名称人数及科目；5. 乡镇请恤咨询处，及乡镇学校教师代办请恤手续，已否普及做到；6. 办理征属及遗族优待慰劳情形。

③ 注：具体内容包括：1. 人事情形；2. 经费管理及传记组织情形；3. 汇总及已未发恤令恤金缴款；4. 是否做到即报、即核、即发、即恤；5. 对委托邮政机关发恤之实施情形；6. 与部队及地方政府联系与督导情形；7. 伤亡官兵及遗族生产福利安置等一切事项之规划及办理或督导情形；8. 对地方政府乡镇办理户口普查及调查请恤情形；9. 忠烈祀祠及纪念坊塔办理或计划情形；10. 各荣教院之验伤情形；11. 对各部队及地方政府搜集恤政意见，与受恤人之愿望或疾苦暨困绝之点；12. 办理遗族子女免费就学情形。

④ 注：具体内容包括：1. 各局所发款情形，其恤金支付是否迅速确实；2. 款项存放数目；3. 改进意见。

⑤ 注：具体内容包括：1. 恤令及恤金已否确实领到；2. 慰问并查询结果。

⑥ 《军事委员会抚恤委员会视察办法》，《浙江省政府公报》1946年第3404期，第2—4页。

⑦ 《布告》，《上海市政府公报》1946年第5卷第24期，第441页。

地所有权证；授予荒地、发给承领荒地证书，自垦竣收获之年起免税 5—8 年，并自垦竣纳税之日起发给土地所有权证。而且向被授田的伤残军人发给应有设备或一次生产资金。每人授田亩数及生产资金不分阶级，官兵一律。于土地免税年限期满后应依法缴纳赋税，授田时即行办理除役退伍手续，编入当地籍，不得借故申请延展。①

《荣誉军人职业保障办法》于 1946 年 10 月 19 日颁布，只要是参加抗战因伤成残并经军事机关证明的官兵，有工作能力，无恶性传染病者，就可享受该办法。该办法规定：1. 各种工厂管理人员、轻工业工人及手工艺工人；2. 各交通机关之售货员、邮差、押运员、及各种轻便工作之职工；3. 各公务机关及社会团体之职员和工友；4. 学校中之教师、事务人员及工友；5. 民教馆中之演讲员、事务人员及工友；6. 图书馆、博物馆及美术馆中之管理人员；7. 各种业务机构之管仓员工；8. 各医药或卫生机构之医务助理人员；9. 各娱乐场所售票及售票人员；10. 各商店店员；11. 书报贩及固定摊贩；12. 其他荣军自选之职业。主管官署对于荣军职业，应视其伤残情形教育程度、职业知能及工作兴趣，并参酌当地荣军人数及各业机会之多寡，规定当地每一机关团体、工厂、商店，以其原设员工名额的 2%—3% 安置之，不得拒绝。凡荣军自愿经营小商业或小规模生产事业者，政府应予最初 2 年内免纳全部营业税，并准依照规定手续，在当地银行以低利长期贷借所需资金之一部。各地合作机构对于荣军社员申请贷款者，应优先贷给。凡在各机关团体、工厂、商店服务之荣军，其待遇须与一般员工相同，且不得无故解雇。荣军因原伤残部位发生病症，经法定医师证明者，当地主管官署应准在公立医药机关免费医疗，倘当地无适合之医药机关，而需易地医疗时，并准其呈验证件，免费搭乘交通工具②。

以上可见，国民政府在抗战之后，抚恤制度仿行美军，而且对

① 《残不废月刊》1948 年第 14 期，第 27 页。

② 《荣誉军人职业保障办法》，《青岛市政府公报》1946 年第 25 期，第 3—5 页。

“寓兵于工”“寓兵于农”的策略做了进一步的发展，直接授田或提供创业条件，使伤兵能够真正成为“自养之人”，从理论上讲，这种变革是一种进步。

二 抚恤不周的影响因素

政府在制度方面的努力，难以克服其政治腐败和经济衰微对抚恤的影响。抚恤牵涉众多部门，其运行好坏，反映了当时的政治、经济、军事环境。

（一）通货膨胀下恤金支出明升实降

抗战后，物价水平有过短暂的回落，但其后又一路飙升。以上海为例，其日用品零售价格在 1946 年达到了 1937 年的 4902 倍，而 1948 年 8 月的零售价格则是 1946 年的 1274 倍，北平与南京更高①。

国民政府只有不断增发恤金。1945 年 12 月，蒋介石亲自下令给每个官兵遗族发粮 7 石 2 斗，以代金的形式发给受恤人。并按照全国各地不同的物价水平将全国划分为 10 个区，第一区（江浙皖），每石按 500 元计算，每户 36000 元；第二区（湘鄂赣）每石按 600 元计算，每户 43200 元；第三区（东九省）按 750 元；第四区（闽台）按 450 元；第五区（粤桂）按 520 元；第六区（川康滇黔）按 1000 元；第七区（陕甘宁青）按 680 元；第八区（新疆）按 1780 元；第九区（冀鲁晋豫）按 750 元；第十区（热蒙绥）按 800 元计算②。事隔 12 天以后的 12 月 25 日，国民政府再次加发抗战遗族的公粮代金，加发金额几乎是原先的一倍③。1946 年 5 月 18 日，国民政府再次

① 贾秀岩、陆满平：《民国价格史》，中国物价出版社 1992 年版，第 399 页。注：文中倍数是根据书中所列数据计算得来。

② 《发给抚恤公粮代金》，《中央日报》1945 年 12 月 13 日。

③ 《军事委员会抚恤委员会加发抗战阵亡官兵遗族公粮代金公告》，《中央日报》1945 年 12 月 25 日。注：第一区 50000 元；第二区 60000 元；第三区 75000 元；第四区 45000 元；第五区 52000 元；第六区 100000 元；第七区 68000 元；第八区 178000 元；第九区 75000 元；第十区 80000 元。

“为体念抗战将士遗族生活艰苦……于例恤外特加发特恤金及胜利恤金两种。”[①] 1946 年武职人员待遇调整，由国家加拨经费，国防部统筹核定，每月约增预算 1750 亿元。[②] 从表 4 - 1 的 1947 年陆海空军恤金给予表可以看出其提高的程度。一个阵亡上将的遗族年恤金由 16 万上升到了 80 万，增长了 5 倍；而一个阵亡二等兵的遗族年恤金则由 1.5 万元提高到了 24 万元，增长了 15 倍多。

表 4 - 1　　　　**1947 年陆海军伤亡官兵恤金给予**　　　　单位：万元

种类 \ 等次		二等兵	一等兵	上等兵	下士	中士	上士	准尉	少尉	中尉	上尉	少校	中校	上校	少将	中将	上将
阵亡	一次恤金	8	9	10	12	14	16	20	24	28	32	40	48	56	64	72	80
	年恤金	24	24.5	25	26	27	28	30	32	34	36	40	44	48	52	56	60
负伤	一等	4	4.5	5	6	7	8	10	12	14	16	20	24	28	32	36	40
	二等	3	3.5	4	5	6	7	8	9	11	12	16	20	24	28	32	36
	三等	2	2.5	3	3.5	4	5	6	7	9	10	12	16	20	24	28	3

资料来源：四川省档案馆馆藏：《四川省民政厅等单位办理军人遗族抚恤及伤亡人员登记清册和邮政发恤办法等文件》，档案号：民 54 - 999。

但是这种努力作用仍然有限。1946 年，军法总监部执行总监何成濬以上将军衔退伍，退役金仅能买两条香烟。[③] 刘安祺升任军长，

---

① 《抗战将士遗族加领两种恤金》，《中央日报》1946 年 5 月 18 日。

② 万仁元、方庆秋主编：《中华民国史史料长编》第 70 卷，南京大学出版社 1993 年版，第 108 页。

③ 何成濬：《何成濬将军战时日记》，第 35 页。转引自张瑞德《抗战时期的国军人事》，台北中央研究院近现代史研究所 1993 年版，第 103 页。

但家中始终“连个煤油灯都买不起，也很少吃肉”①。遣散军人的薪饷尚不够从西南回到江、浙、冀、赣等省的路费。② 而且，国民政府的抚恤投入虽然在不断增加，但抚恤费在整个财政支出中的地位仍然不高。表4-2是国民政府离开大陆前1948年下半年的军费分配表，即使到政权的最后时刻，国民政府抚恤费占军费支出中的比例仅为0.7%，最不可思议的是抚恤费不仅远远低于兵工、通讯、海军装备等武器支出，甚至还低于美军的招待费。要知道美军在大陆的人数即使在1945年的最高峰也不过才6万人③，而国民政府的伤残军人及遗族的人数至少在1000万左右。按战前水平计算，世界上美国官兵的抚恤费占中央政府支出总数的26.1%；英国达到33.8%；法国达到40%。④ 而国民政府在战时只有区区0.7%，且是占军费开支的比例，相差之大，难以想象。

表4-2　　1948年下半年南京国民政府军费分配计划

项目	单位：亿元法币	项目	单位：亿元法币
薪饷	1734131.5	政工	37146
粮秣	713743	情报	84655
服装	101685.5	美军顾问招待	37345
兵工	400000	教育	
通讯	104345	退役	83073
卫生	69495	抚恤	35000
运输	600000	研究发展	4200
工程	166748	经常业务	191250
测量	6700	海军装备	75000
马政	23100	空军装备	134324
征募	9624	总计	4698644

资料来源：王孝贵、龚泽琪主编：《中国近代军人待遇史》，北京海潮出版社2006年版，第345页。

① 张玉法：《刘安祺先生访问记录》，台北中央研究院近代史研究所1991年版，第79页。

② 《遣散了的军人回不了家》，《新华日报》1945年10月5日。

③ ［美］费正清编：《剑桥中华民国史》，章建刚等译，上海人民出版社1992年版，第643页。

④ 刘觉民：《列强抚恤伤亡将士之现状》，《时代公论》1932年第26期。

再来看看国民政府从1937年到1947年的抚恤费在整个政府支出的比例变化。如表4－3。

表4－3　1937—1947 年抚恤支出与财政支出比例

年份	抚恤费（元）	财政支出（元）	比例
1937	6678497	1511293184.75	0.4%
1938	3339250	1293538753.78	0.2%
1939	6677727	2118084119.64	0.3%
1940	9901685	4591595299.55	0.2%
1941	1520485	10729942505.37	0.01%
1942	1940485	28283312283.16	0.007%
1943	7600000	5759627393.55	0.1%
1944	210000000	149330251813.00	0.14%
1945	860051725	1363576911772	0.06%
1946	2797617250	7022709378568	0.04%
1947	4500000000	9370406740000	0.05%

资料来源：罗光铮主编：《中华民国实录》第5册，吉林人民出版社1998年版，第5120页。比例由笔者计算。

根据实际情况，抚恤费至少在年恤金的支付期限（20年）内应该是逐年上升的，因为每一个伤亡官兵和公务员都有年恤金的累计支出，再加之每年的新伤亡人员，国民政府1947年的抚恤支出是1937年的900倍。但是在财政支出中的比例却是逐年下降，1946年和1947年基本处于最低点，只有0.04%和0.05%，与当时发达国家的高比例无法比拟，可见政府的重视程度。

1948年以后基本处于无序状态，微薄的薪饷也不能及时发放了，1949年6月10日，驻川荣誉军人第3、4、9教养院，第2盲残院，第8、18临时教养院和79伤兵医院联合呈文四川省政府称：“查本院等均驻四川境内，约有荣军官兵25000余人（眷属6万余在外），除四月份中央发官兵副食费1元，士兵饷副共2元外，5、6两月各领洋1角1分，实不敷杯水之费，妻啼子哭，索饷不休，缚腹企待，望钱救命，若无急救之方，立有不测之变……请准央行拨本院等银洋5万元，藉维现状，而弥乱源。情势迫急变乱堪虑。”但四川省政府于6月13日，以不在其职权范围内为由，电复“无法照办。”①

1947年5月12日，国民党中训团编余将官的哭陵事件，更是从另一方面说明了军人的境遇。中训团将官班学员500余人，12日晨10时半集合谒国父陵。读祭文之后，多掩面痛泣，有一个名叫奚泽的军官，在哭陵时，高呼“打倒贪官污吏!”后晕倒。这位军官入中训团受训，家中却无米为炊，妻子在卖掉了最后一只金戒指的第二天就失踪了。《大公报》评论道：“为了生活前途的渺茫，控诉无门……只好哭诉于中山先生的在天之灵了。当此‘军人第一’的时代，连军人本身，连高级军人都受到无情的处置，何况一般百姓……”②

（二）军纪废弛对抚恤的影响

一件恤案的发生，应该首先从请恤开始，而军人请恤的职责由各部队承担。给亡故者请恤，给伤残者医疗，这本是天经地义的事，但是当一支军队失去制度和道义的约束时，伤亡者这些基本的权利也随之丧失殆尽。

1945年6月5日，《新华日报》登载文章，报道一位生疥疮的士兵被开除之后，仅发给50元路费从独山到贵阳，路费很快用完，只有吃草回家③。更有甚者，一些重病兵被直接踢死④。1945年8月19日，常益师管区暂编第二营营长杨作云等殴打、活埋病兵，“积尸一

① 四川省地方志编撰委员会编：《四川省志·民政志》，四川人民出版社1996年版，第217页。

② 万仁元、方庆秋主编：《中华民国史史料长编》第70卷，南京大学出版社1993年版，第107页。

③ 《遗弃生病士兵讨饭吃草回家》，《新华日报》1945年6月5日。

④ 《重病兵被踢死》，《新华日报》1945年4月19日。

日达二十具之多”，后杨作云等虽被处以极刑，但逝者长已矣[①]。1944 年 2 月 14 日的常德会战，连蒋介石都不得不承认：“此次遗弃伤病 200 余人，后来都遭到敌人杀害。”[②] 众多的伤、残、病官兵被遗弃甚至杀害，原因何在？绝不仅仅如报纸所载“一些部队为了行动方便。”[③]

这里特别要提到的是军队里吃“空额”的现象。这一现象在民国史料的记录中并不少见。据记载：抗战以前，蒋介石的嫡系部队吃空额、侵占士兵薪饷的情况尚不严重，至抗战第三年，由于物价飞涨，吃空额的风气比杂牌更甚[④]。蒋介石 1946 年在陆军大学将官班开学典礼上公开承认军队中有吃“空额”的行为存在。[⑤]

所谓“吃空额”，在一般情况下，由上级默许各部队虚报兵额若干，通常连长可报两人，营团长依次加倍虚报，其薪饷即由主管官截留，这种陋规虽不合法但已在暗中被承认。抗战后期，这时候的军队，一般一个师只有 6700 人，但领军饷时都报足额 1 万人，其中虚报 3300 人的空额军饷大部分就落进主管官的腰包。部队虚报的情况一般都由师长作主，但必须得到战区司令长官的支持，否则人数相差数千，是很难蒙骗过关的。[⑥] 诚如蒋介石侍卫长唐纵所言：“今日如规规矩矩拿薪水，便要饿饭，而且不能做事，势必失败不可，反之，混水摸鱼，贪污舞弊，自己肥了。大家也可沾些油水，到时人人说声

---

① 万仁元、方庆秋主编：《中华民国史史料长编》第 65 卷，南京大学出版社 1993 年版，第 632 页。

② 王孝贵、龚泽琪主编：《中国近代军人待遇史》，北京海潮出版社 2006 年版，第 381 页。

③ 《重病兵被踢死》，《新华日报》1945 年 4 月 19 日。

④ 翊动：《蒋党真相：三十年见闻杂记之一》，北京大众出版社 1949 年版，第 8 页。

⑤ 蒋介石：《整军的目的与高级将领的责任》，秦孝仪编：《先总统蒋公思想言论总集》第 19 卷，中国国民党中央党史委员会 1984 年版，第 68—69 页。

⑥ 李良志、李隆基编：《中国新民主主义革命通史》（第 9 卷），上海人民出版社 2001 年版，第 365 页。

够交情，有了问题大家包涵。”[①] 由此可知，带兵官吃空额已成为国民党军队的痼疾了。

这和伤残军人及阵亡者抚恤有何关系呢？目前没有国民党军队中具体吃“空额”的统计，我们只能依靠时人的一些描述来了解其中一二。根据一位军官的描述，吃空额有“大吃”和“小吃”之分，军、师长的大吃，可以将编制上整营、整连的兵官“通杀”，每月粮饷照领，实际上有名册而无官兵，领来的薪饷、主副食费，都进了主管官的荷包。小吃是一个连少10个、8个士兵，这10个、8个中连长占几个，营长占几个；团长也可在团部的官兵上吃。[②] 官兵死亡后隐瞒不报，照样请领军饷，中饱私囊也是属于“小吃”的一种。

据高树勋回忆，当时一个团平均每天死四五个人。在国民党军队里士兵死了，当官的可以吃空额，一个士兵一个月八块钱，多死一个士兵，上司就可以多得一份薪饷，因此当官的都愿意士兵多死几个[③]。试想，就“小吃”而言，一个团每天有四到五名阵亡士兵被瞒报，每年一个团就有约1500名阵亡官兵杳无音信。而高树勋所描述的仅仅是其投诚前的情形，到了后来这种情形程度更烈，蒋介石对此也知之甚详，他曾说，前方部队兵额之空虚，已为全国尽知之缺点。各级层层蒙蔽，至有一师之中缺额至3000人以上者亦相对视为故常。平时领一师之饷，临时不能，作半师之用，及至事后申报战役经过则又任意浮报，动称一师死伤五六千人。[④] 缺额瞒报的人数当中不乏有伤残被遗弃者、阵亡者，而战役后的浮报人数，系无中生有，抚恤也就无从谈起。由此可见，当时因为“吃空额”而没有接受抚恤的受恤人数目是惊人的。

---

① 唐纵：《在蒋介石身边八年——侍从室高级幕僚唐纵日记》，群众出版社1991年版，第313—314页。

② 张瑞德：《抗战时期的国军人事》，台北中央研究院1993年版，第98页。

③ 公孙訇主编：《高树勋纪念文集》，中国文史出版社1998年版，第94页。

④ 李良志、李隆基编：《中国新民主主义革命通史》（第9卷），上海人民出版社2001年版，第365页。

军队中的这种痼疾，造成伤害最深的当然是伤残军人和阵亡者的遗族，我们不知道当时有多少伤残军人被遗弃荒野，无人问津？有多少病兵、伤兵死于这种痼疾之下，无人知晓？也不知道有多少阵亡者的遗族在望眼欲穿，等待早已逝去但仍然记录在案的“活着”的亲人的音讯，得不到丝毫的补偿……

（三）基层官员的腐败影响恤金发放

抚恤金发放过程中，基层官员的贪污腐败现象一直存在，到了战后，贪污遗族恤金的案件屡屡发生，而且情节触目惊心。为什么在这一时期的贪污如此猖獗呢？是政府控制不了吗？1946 年至 1947 年间的《新华日报》追踪报道的四川巴县太和乡的事例颇具代表性。

该乡征属（含遗族）500 余人的优待费、安家费、征集费，以及地方积谷 5800 余石不知下落，而且一些公产被人盗卖。该乡前任乡长廖炎清（现任县参议员）和现任乡长王子和嫌疑最大，征属（含遗族）联名向法院起诉，要求查处此事。但是半年过去了，毫无结果。

1947 年元月征属们到渝请愿，向有关机关控告。军委会遂批县政府查究，谁知县府置之不理。

2 月 9 日再到渝向监察院、行政院等机关请愿。监察院无奈只得派专员和法官去太和调查，法官传审被告人，但廖、王等却未到庭。[①] 法院才不得不下令拘捕。匪夷所思的是，在法院决定拘捕廖炎清、王子和的过程中，廖的侄儿廖茂达非常嚣张，还用枪射击金耻道等，结果只逮捕了廖一人，王逃走。廖被捕后，准备用 100 万保释，在征属代表金耻道等人的强烈要求之下，才未予同意。[②] 而此时金耻道等 80 余人，在城中（重庆）住了 20 余天，先后用了 80 余万元，花费不

① 《巴县太和乡征属控告前任现任乡长》，《新华日报》1947 年 3 月 2 日。

② 《廖炎德图保释未果》，《新华日报》1947 年 3 月 9 日。

非，[①] 可谓代价颇大。

廖虽然被拘捕，但法院迟迟不开庭审理。征属方面老幼妇孺60余人，留在南岸海棠溪民生旅舍，叫苦连天，度日如年，去留两难。欲全体过江向政府哭诉，又为宪警阻拦（只准少数代表过江请愿）。

3月16日，时间又过了2个多月，为敦促政府早日办案，征属们不得不求助于新闻界。下午3时，该团代表金耻道、叶树清等借百龄餐厅，茶话招待记者，痛陈太和乡500征属受害经过，此间6位穷苦老太婆，一齐跪在楼板上，向各报诉苦，老泪横流，泣不成声。她们说她们靠以为生的儿子都当兵去了，她们这条老命哪个来管！她们要那昧尽天良的廖炎清把优待谷、安家费还给她们。她们担心廖炎清有钱有势，串通官府，案子得不到水落石出，将来把廖炎清放回去，报她们的仇，更加欺压她们，因为廖炎清是有名的“通天教主”，家里又有枪，她们孤儿寡妇哪惹得起他，所以只望新闻界帮她们的忙，好几位同业（记者）惨不忍听，当即含泪辞去。[②]

4月13日，时间又过了约1个月，法院仍不见音讯。而巴县太和乡征属代表金耻道等人住在南岸海棠溪旅馆内，欠了一大笔伙食费，已经无法生活下去。同时廖炎清正在用巨款活动，企图保释，并所示流氓，威胁征属代表，使征属代表进退不能，痛苦万分。为此不得不再度在百龄餐厅，招待记者，呼吁新闻界援助，惩处不良乡长。鉴于廖的跋扈，重庆记者10余人联名致函兵役署长，请惩办该乡长，但是也没结果。[③]

4月14日，金耻道回太和乡打算借钱来还征属代表们的伙食费，不料廖某的侄子廖茂达及其兄廖从吾等，伙同爪牙陈金泉、陈国荣等

---

① 《巴县太和乡征属控告前任现任乡长》，《新华日报》1947年3月2日。注：征属是指出征军人的家属，在当时应该包括遗属和抗属两类。

② 《抗属昨天向报界哭诉》，《新华日报》1947年3月17日。

③ 《再呼吁惩处不法乡长》，《新华日报》1947年4月13日。

在太和乡殴打金耻道，金某虽侥幸逃脱，但征属当场就有人被打伤。[①]金耻道也被廖某爪牙张月清用开水淋坏大腿，其状至惨。[②]

4 月 17 日午后，为了抗议廖的蛮横，该乡征属代表金耻道及老弱妇孺 40 多人，再度向军政部兵役署请愿，警卫森严，征属代表屡次被呵斥，被赶走，最后兵役署设计司副司长秦修好代表接见，秦氏按官场惯例的答复，一再要老百姓“守秩序”，而对于摧残征属的贪污乡长，则要征属“不要结冤”，要“大事化小”，许下了“要负责任”的空洞之诺。征属代表拟向国府请愿，兵役署不得不答应当天派王参议陪同征属到巴县县政府请愿。[③]

4 月 18 日，征属向县政府提了三项要求：（1）请政府保障他们全体征属的生命安全并即惩办殴伤李吴氏等的凶手，凶手应负责医药费；（2）乡长廖炎清、王子和等侵蚀的优待金谷，请速予限期发给；（3）廖王等贪污的马乾费、积谷及公产谷物等立即依法处理。当时由兵役部派去的许参事，申明他的少将官衔后，逐条答复，照例像军队里上早操一样，来一套点名课，很富于分析能力地把这一条属于司法部分办理，那一款属于地方行政部分调查办理，以后就干干脆脆地说：我的任务是把你们交到县政府就完了。许参事貌似镇定地说：请愿我不怕，请愿越多越好。征属们是一些穷苦人民，自然不会这样伶牙俐齿，结结巴巴地说不出什么。巴县县长卢起勋答应保障征属生命安全，立即把凶手抓来讯办，最短期内领取优待金谷，唯有关司法部分者，即以法院判决为主。但征属鉴于过去情形，尚怀疑虑。[④]

又过了 10 余天，此案仍无结果，记者走访了检察官，据检察官陆某说：兵役署调查此案的卷宗，一直没有送来，曾几次去函巴县县

① 《唆使暴徒殴打征属》，《新华日报》1947 年 4 月 17 日。
② 《快一年了还未解决》，《新华日报》1947 年 5 月 15 日。
③ 《向兵役署再度请愿》，《新华日报》1947 年 4 月 20 日。
④ 《被害征属向巴县府请愿》，《新华日报》1947 年 4 月 21 日。

政府调卷，到今天也没有送来。[①]

5月11日，廖炎清竟公然被释放，怎么被释放的，谁也不知道，因为释放前没有传讯控方。曾经亲口答应征属要惩办犯人的卢县长，现在却不要征属知道一点风声就释放了廖炎清。廖被拘在案时，廖的集团还在外面变本加厉地横行无忌。如今廖又被释放，无异纵虎归山。因此，太和乡征属闻讯之余，人人自危。[②]

5月15日，重庆9家报社记者丁涪、邵子南等12人联名呼吁法院秉公办案。[③] 而此时征属金耻道等人，欠旅馆内的伙食共100多万，无钱付给，债主催收很急，二十多位征属不得不沿街讨钱付债。[④]

6月20日，法院方面仅就积谷一项提起公诉，且廖某借病逍遥法外，隐居乡间，唆使同党无端控告征属代表，县府饬该乡公所补发征属优待金谷，也未发放，为此征属代表6月21日午后2时再借百龄餐厅第三次招待新闻界[⑤]。

6月21日，记者招待会上，征属认为法院避开优待金谷不问，竟只以积谷提起公诉，是不合理的。而且该乡积谷有仓储保管委员会，该会的负责人王九成已逃走，将来传讯时，廖某可以借口推托，卸其责任，且优待金谷，县府已命令该乡补发，贪污的事实，已昭然若揭，法院却不提及。廖某逍遥法外，且唆使党羽反控告金耻道。爪牙陈国荣唆使佃户凌陈氏控告金在做乡队副时贪污，而后法院传讯，凌陈氏口供称陈某叫她告的[⑥]。

6月24日上午8时，原定开庭审讯积谷案，结果仅传廖炎清，征属代表金耻道等；并未提及何时审讯。法官陈迺章问廖炎清几时摊派积谷？几时将积谷发放征属？每须多少？有无证据？廖氏支吾搪塞一

① 《拖!》，《新华日报》1947年5月1日。
② 《组织暗杀团图杀征属代表》，《新华日报》1947年5月12日。
③ 《昨日竟被当局释放》，《新华日报》1947年5月15日。
④ 《发表告各界人士书》，《新华日报》1947年6月7日。
⑤ 《为啥至今还不解决?》，《新华日报》1947年6月20日。
⑥ 《廖炎清案还未解决》，《新华日报》1947年6月22日。

直未做明确答复。问到发放征属的优待谷有无证据一点，廖炎清更胡说一套，说是被火烧掉了。①

7 月 27 日，终于开始了第一次审讯，法官陈逎章问廖炎清共收了多少积谷，廖支吾搪塞，然后说收了 1100 多市石，廖某并供只发出 600 多石，其余的谷子，作何开支，廖某无法答复，只说被火烧了，复经金耻道提出有力证据，廖某先后已亏空 1084 个老石，并当庭请法官拘捕躲在廖某族中廖珍祥处的王子和，以便早日了结此案。但最后法官宣布，叫廖炎清交 500 万元书面保金释放。②

9 月 12 日，有消息称廖炎清已当上巴县参议员，太和乡征属中更盛传廖炎清已在某机关做事，且是少将军衔。③

10 月 6 日，由于廖案未得到合理解决，廖某反大肆活动，多方设法陷害金某，有一二家报载，说金耻道盗窃人物，当局拟拘捕金某，并谣传以前曾拐带公家枪支，故金某于当日下午第 4 次招待新闻界，说明造谣陷害的毒计，最后并说：“以后有贪污他不愿再检举了，老百姓有苦不愿再说了，只有苦死下去算了。他拟以明日向行辕最后申诉痛苦，且萌自杀之念。”④

这个案件的代表性在于：受害人人数众多，共有征属 500 人；参与此案的政府机构包括乡镇首脑、县府、兵役署、军委会、行政院、监察院、法院各级司法行政部门，可以说代表了国民政府整个政权机构；另外，10 多家报纸记者代表了社会公众的态度。这起案件可谓是一个国家、社会、底层民众互动的典范。

案情也并不复杂，廖的贪污事实昭然若揭，而且民众依法组织代表，逐级控诉，在法律允许的范围内请愿，尤其可贵的是民众代表是在经济困窘、生命受到威胁的情况下来参与这一控诉的。媒体

---

① 《法院定期开庭审讯》，《新华日报》1947 年 6 月 25 日。
② 《法院昨日开庭审讯》，《新华日报》1947 年 7 月 28 日。
③ 《廖炎清侵吞积谷案法院昨开庭审讯》，《新华日报》1947 年 9 月 12 日。
④ 《老百姓有冤无处申》，《新华日报》1947 年 10 月 7 日。

积极参与督促与公开，这一切是一个法治社会所应有的民众与政府之间的良性互动，民众积极参与政权的监督，对政府报以充分的信任。但是经县、兵役署、行政院、监察院、法院多个部门审理，不是托词，就是拖延，丝毫没有解决之意。而相反，廖等人枪击、报复、暗杀、陷害肆无忌惮，屡屡得逞。一个政权官僚机构的公正和廉洁，有两个监督是极其重要的：一是政府对基层官员的监督和惩治；二是社会舆论与民众的监督。这一外一内两种手段互相呼应，才能保证官僚组织的公正和效率。在这个案例中，民众冒着巨大风险诉诸法律和国家权力机关，媒体舆论自发组织声讨，体现了社会对于腐败的抗议，但是政府权力部门官员利欲熏心、强奸民意，置法律于不顾。民众对政府由依靠到希望、到失望、最后绝望，表现出一个政府合法性的丧失，是大厦将倾的征兆。巴县位于当时国都之下尚且如此，更何况其他地区。

诚如蒋介石所言："老实说，在古今中外任何革命党都没有像我们今天这样颓唐腐败；也没有像今天这样的没有精神，没有纪律，更没有是非标准，这样的党早就应该被消灭被淘汰了。"①

（四）阵亡者遗族与伤残军人的悲惨与抗争

在这种政治衰微、经济临崩、社会混乱的状态下，遗族和伤残军人的生活境遇可想而知。士兵曹志刚参加密支那的远征作战，光荣牺牲，其母亲没有得到一分钱的优待，只好饿肚子。② 更有甚者陪都歌乐山附近的一位姓向的保长，趁一位70多岁的遗属孤苦无助，强行将她价值30万元的产业以5万元强行霸占，这位银发如丝的老太婆只能日夜痛哭。③ 还有的甚至将抗属活活虐待致死。④ 伤残军人的境

① ［美］易劳逸：《蒋介石和蒋经国1937—1949》，王建朗等译，中国青年出版社1989年版，第262页。

② 《儿子打国仗牺牲，母亲饿肚子受气》，《新华日报》1947年6月14日。

③ 《保长强购抗属的产业》，《新华日报》1945年3月4日。

④ 《六旬老母被活活害死》，《新华日报》1945年2月19日。

遇同样悲惨。伤残军人毛友三等 20 余人在前线负伤残废后，入万县第四休养院，后被开除强迫离院，变卖了衣服做路费，由万县到重庆，无人接洽，生活无着，夜里露宿在朝天门菜园壩一带。①

丰子恺的这两幅漫画反映了当时伤残军人的悲惨命运。

荣誉军人　　同情

丰子恺绘：《荣誉军人》，丰陈宝、丰一吟编《丰子恺漫画全集 》，京华出版社 2001 年版，第 9 卷《彩色画卷精品画集》，第 143—144 页。

到了 1948 年以后，国民政府自顾不暇，伤残军人更是无人关注。于是一些伤残军人抢劫、犯罪的现象层出不穷。1949 年 3 月 4 日《申报》报道，2 日下午，数千名伤残军人，携带轻机关枪等武器。埋伏于粤汉铁路郴县车站附近，包围南下的火车，随车交通警察出面调解时发生火拼，混战良久，车上乘客被击毙数人，交警和伤兵各死一人，粤汉铁路郴县工务段全部被捣毁，交通中断 2 日。② 在城市，

① 《荣军廿多人被开除，求救无门夜宿街头》，《新华日报》1945 年 9 月 30 日。
② 《粤汉路交通中断》，《申报》1949 年 3 月 4 日。

200多名伤兵冲入上海中正中路舞台，占据座位，强行看戏，上海警备司令陈大庆率大批部队乘8辆装甲车前往镇压，才平息事端。[①]在农村，南京乍得镇，海塘宏远源鱼行，两名伤兵用400元强行购买市价每斤300多元的海鱼4斤半，行方以伤兵为国家民族受伤，故不予计较，谁知其又要买海鱼100斤，仍以原价付款，因言语误会，将行员范应耐和学徒陈大海凶殴。其报道引起乍得全镇罢工，要求严惩肇事伤兵。[②]

这些都反映了一个政府权威丧尽，社会失范状态下，暴力横行的情形。

第二节　抗战后公教人员抚恤制度

抗战结束以后，虽然有过短暂的物价回落，但大部分的时间仍然是物价疯涨。公教人员实际抚恤效果的优劣取决于恤金增长与通货膨胀的赛跑。国民政府一方面进行恤金的调整；另一方面对公教人员的抚恤办法进行改革。本章着手对这两方面进行探讨。

一　公教人员恤金抚恤的窘境

1945年抗战胜利之后，公务员伤残或亡故遗族的恤金保障能力最大的影响因素还是来自物价。这一时期的物价主要分为两个时期，以金圆券的发行为界，前后两个阶段，1948年8月实行金圆券前，国统区的物价除1945年8月到12月出现短暂的回落外，其余时间都是一路猛涨。到1948年8月，法币已经贬值了14285倍（表4-4）。

① 《伤兵数百人滋扰共舞台》，《申报》1949年2月8日。

② 《伤兵购货殴人》，《申报》1949年3月18日。

表4-4　　1945年9月—1948年8月法币购买力指数

年月日	1945.9	1945.12	1946.6	1946.12	1947.6	1947.12	1948.6	1948.8.21
指数	100	39.1	9.291	6.065	1.153	0.413	0.039	0.007

资料来源：杨荫缚：《民国财政史》，中国财政经济出版社1985年版，第209页。注：本表数据是以上海物价为基础所作的计算。设定1945年9月的法币购买力指数为100。

公务员本来微薄的薪金更加缩水，一时间叫苦不迭。1945年12月12日《中央日报》刊载了一些公务员眷属的呼声："……薪给永远都赶不上物价，先几年物价涨得慢（相对于1945年底），且或尚有积蓄可垫用，或衣履不必新添，还可以对付，后物价几何级数翻跟斗，公教人员的生活也就一天苦似一天，甚至有以'罚你下辈子做公务员'做咒骂别人的口头禅。"①

鉴于公务员的微薄待遇难以维持基本生活，国民政府在1945年12月14日按各地的物价水平分区提高公务员生活补助费。其中昆明区基本数32000元，薪给加倍120倍；重庆、贵阳区30000元，薪给加倍100倍；南京、上海、广州、四川、西康、云南、贵州区28000元，薪给加倍80倍；江苏、北平、天津、河北、山西、陕西、甘肃、湖北、湖南、广东、广西区24000元，薪给加倍70倍；浙江、福建、江西、山东、青岛、河南、安徽区20000元，薪给加倍70倍；宁夏、青海、绥远、热河、察哈尔区16000元，薪给加倍60倍②。这种方案从1946年1月1日开始实行。但仅过2个多月，由于各地物价的疯涨以及不同地区增长态势不同，国民政府不得不重新分区和订立标准③，

① 《公务员工的眷属》，《中央日报》1945年12月12日。

② 《公务员生活补助费重新调整》，《中央日报》1945年12月14日。

③ 《中央公教人员待遇本月份起提高标准》，《中央日报》1946年2月28日。注：新区划分为：1. 昆明、迪化、康定、归绥、包头等5地，基本数为50000元，薪给加倍150倍；2. 重庆、京、沪、平、津、桂林，基本数为50000元，薪给加倍150倍；3. 川、黔、鄂、苏、粤、桂、陕、晋、冀、青岛、甘、湘，基本数为35000元，薪给加倍110倍；4. 浙、闽、皖、赣、鲁、豫、绥、宁、青、察，基本数为30000元，薪给加倍90倍。

如昆明区不仅包括昆明还包括迪化、康定、归绥、包头等地，基本数升到了 50000 元，薪给加倍 150 倍。但是这种调整仍然跟不上物价上涨的程度，1947 年 6 月份法币的购买力只有 1946 年 12 月份的 1/6，1947 年 12 月份只有 6 月份的 1/5 不到，于是一些学者要求按物价指数来调整生活补助费[①]。1948 年 5 月 9 日，南京政府规定，对于公教人员的生活，实行生活费指数发薪的办法，具体规定如下：全国各地按物价水平分 5 个区，每个区的政府决定生活费指数，并以此为根据规定薪金倍数，每三个月调整一次，薪金以 30 元为基数，30 元以上部分按 1/10 计算[②]。后来又改成 8 个区，每一个月调整一次，倍数也是翻倍，如青岛 1948 年 1 月生活费指数是 15 万倍，到 4 月份就调整到了 36 万倍，涨了一倍多[③]。

由于公教人员的工资和恤金是紧密相连的，所以工资的调整实际也是恤金的调整。另外，国民政府对公教人员抚恤还另文优待。

首先，1947 年 6 月 25 日和 1947 年 12 月 22 日，国民政府分别公布了《公务员抚恤法》和《公务员抚恤法的施行细则》修正案，与 1943 年的原法相比，有三方面的变化。

1. 放宽了遗族年恤金和一次恤金的请领条件

因公死亡如任职未满 15 年，遗族年恤金仍按 15 年计算；公务员领退休金未满 10 年而死亡者，给予遗族年恤金，超过 10 年则给遗族一次恤金。一次恤金发放总计为 4 个月月俸；在职 3 年以上 6 年未满者，给予 6 个月月俸；6 年以上，每满 3 年加给 2 个月月俸。另外，

① 王遵明等：《我们对于改善公教人员待遇的意见》，《观察》1947 年第 3 卷第 8 期。

② 杨兵杰：《中国近代公务员工资制度思想研究》，上海财经大学出版社 2006 年版，第 250—251 页。注：第一区（青岛、保定、西宁、四平、长春、迪化等 6 地）生活费指数为 15 万倍；第二区（银川、兰州、康定、广州、西安、归绥、北平、天津、东九省、新疆等 10 地）生活费指数为 11 万倍；第三区（济南、镇江、杭州、南京、福州、合肥、长沙、上海、衡阳、万全、承德、开封、蚌埠、山西、青海、河北等 16 地）生活费指数为 8.5 万倍；第四区生活费指数为 6.5 万倍；第四区生活费指数为 6.5 万倍；第 5 区生活费指数为 5.2 万倍。

③ 杨兵杰：《中国近代公务员工资制度思想研究》，上海财经大学出版社 2006 年版，第 251 页。

因公死亡的范围有所扩大，增加了“因尽力职务积劳成疾，在任所死亡；因出差遇险或罹病，以致死亡；因办公往返在办公场所与意外危险以致死亡”等新内容。

2. 提高了恤金标准

公务员年恤金和一次恤金一并在原标准基础上提高 5%；在职 15 年以上 20 年未满的达到 35%；在职 20 年以上 25 年未满的 40%；在职 25 年以上 30 年未满的 45%；在职 30 年以上的 50%。长警的遗族年恤金和一次恤金照上述标准增加 10%。为抵消物价上涨的影响，抚恤金每年依现职人员的增给待遇和比例增加一次，遗族一次恤金增给额以不超过 50% 为限（原来是 30%）。

3. 在某些方面有新要求

如增加了遗族年恤金的享受时间上限：自公务员亡故之月起，最多不超过 25 年。在支给时间上，不再是按月给恤了，而是每年 6 月起一次发给，减少了发恤领恤的次数，但也转嫁了一部分通货膨胀给受恤人。① 1948 年 4 月 10 日，国民政府修正公布了《学校教职员抚恤条例》，该条例一方面继续将领受恤金的资格限在“公立学校专任教职员依规定资格任用而有证明者”，另一方面针对物价上涨又提高了抚恤数额，并按现任教职员的增给待遇比例增给，同时又扩大了领受恤金的遗族范围（原只指妻、子，现包括父母及兄弟姐妹）——就条款表面而言待遇非常优厚。②

其次，国民政府对公务员工资的补救措施同样反映在抚恤上，即由薪金乘以生活费指数。如，1948 年元月湖北省神龙架林区筹备处助理工程师郑品祥在与副工程师邢方训、贺有桂等人一起工作时，边说话边取枪，不慎将邢方训击伤毙命。神龙架林区筹备处为邢请恤时

① 《公务员抚恤法》，国民政府文官印铸局印：《中华民国国民政府公报》，1947 年 6 月 25 日，第 2860 号。

② 详见《学校教职员抚恤条例》（1948. 4. 10 修正公布），摘自蔡鸿源主编《民国法规集成》第 58 册，黄山书社 1999 年版，第 535—537 页。

称：邢方训的底薪为320元，湖北省元月份的生活指数为5200倍，总计应该给邢方训抚恤费21408018元。而另一位同时遇害的贺有桂底薪为90元，按5200倍计算，抚恤金为6740064元。[①]

国民政府不光对公务员恤金予以增加，对按照《战时乡镇保甲长暨联保主任因公伤亡给恤办法》抚恤的乡镇官员，也认为“担任工作至为艰巨，现时物价波动似不以足资救济”。发布训令按原标准增加5倍发给。[②]

但是这种生活费指数补助的办法在实际运行中还是受到众多批评。首先是生活费的指数拟定不科学，不能反映通货膨胀实情。《中国新闻》上撰文道：“目前政府所公布的生活费指数，不仅不正确，而且不合理！如果按战前的物价做比例，现在每一件东西，差不多都平均上涨了250万倍以上，我们现在以250万倍计算，则战前拿30元一个月的人现在便应该拿7500万。而平均拿300元一月的大学教授，现在应该拿7亿5千万。”[③] 但是当时一个大学教授的实际平均月薪是200万元，两者相差375倍。

还有些舆论甚至怀疑政府在掩耳盗铃、自欺欺人。“现在虽按月以物价指数调整，而物价实际已涨到400万倍以上，政府还在以160万倍来骗人。”[④] 认为政府实行该制度无非是掩人耳目，不是为了真正解决问题。如前文提到的邢方训与贺有桂两人，神龙架森林筹备处请恤时，认为应该按6500倍计算，结果到了省政府确定按5200倍计算，是新的调整指数还是其他原因，不甚了了。[⑤]

---

① 湖北省档案馆馆藏：《湖北省开发神农架森林筹备处关于测量队长刑方训被误杀及核发刑方训、贺有桂抚恤的代电、函及湖北省政府的指令》，1948年1月14日，档案号：LS45-2-0210-003。

② 《训令》，《湖北省政府公报》1945年第531期，第24页。

③ 《不能让公务人员饿死！》，《中国新闻》1948年第7期。

④ 《公务员的饥饿》，《法商论坛》1948年第5期。

⑤ 湖北省档案馆馆藏：《湖北省开发神农架森林筹备处关于测量队长刑方训被误杀及核发刑方训、贺有桂抚恤的代电、函及湖北省政府的指令》，1948年1月14日，档案号：LS45-2-0210-003。

公务员抚恤的请恤、核恤、领恤程序虽几经简化，但仍然繁琐。由中央到地方，几次呈转，少则 1 个月，多则几个月，而物价的上升几乎以日计算，一个请恤人由请恤到领恤，辗转数月，领到恤金时，已是“隔日黄花”，缩水不少。如浙江大学文学院院长梅光迪教授不幸患病去世，浙大于 1946 年 3 月向教育部呈送抚恤申请表，1 个月后教育部回文，认为梅院长“服务国内公立学校年资未满十五年，援例不能核给遗族年恤金”，并质疑“其赴美国哈佛大学讲学，是否系由政府派往”[①]，要求出具其在教育系统服务年限的合法证明，浙大呈递了相关文件证明梅光迪“前后服务公立学校已满十五年”，而教育部收文后一直没有回音。一直到 10 月，浙大不得不再次呈文教育部“请迅核发本校文学院院长梅光迪之抚恤费”；11 月 19 日，教育部才转呈行政院，行政院再转呈国民政府，谁知国民政府核查后认为“该故院长服务私立南开大学，年资依照规定不得并计，其服务公立学校时间核实应为 14 年又 5 个月”。但是网开一面，“姑准暂以服务国外年资并计，以满 15 年论给予年恤金”。1947 年 4 月，各级机关终于“核给梅故院长 1946 年度恤金 2880 元，并按现任教职员之待遇比例增给 563040 元”。等到财政部国库署浙江分处接到支付通知书已经是 1947 年 6 月的事了，距离请恤已经过去了一年多[②]。1946 年 3 月的 565920 元抚恤金，到 1947 年 6 月，实际购买力缩水近 10 倍。而且 56 万法币在 1946 年 3 月可以买 10 石米，到 1947 年 6 月只能买 1 石米了[③]，可见恤金仅有的救急功能都丧失了。

1947 年底，由于国民政府在军事上越陷越深，物价如同脱缰野

① 注：因为公务员和教师的待遇差不多，而且都由国家拨款，人们习惯把公务员和教师称作“公教人员”，研究时多数学者作为一个群体考虑。另外，据铨叙部的文件，大学高层也是作为公务员考绩的，因此，此处以两位大学教授为例。

② 浙江省档案馆馆藏：《国立浙江大学卷宗　梅光迪院长请抚恤》（1947），档案号：L33－1－206。

③ 中共北京市委党史研究室编：《反饥饿反内战运动资料汇编》，北京大学出版社 1992 年版，第 67 页。

马。当时美联社有一个著名的报道：1937 年以来法币 100 元之购买力逐年下降的情形，列表说明：法币 100 元在 1937 年可买两头牛；1938 年一头牛；1941 年一头猪，1943 年一只鸡，1945 年一条鱼，1946 年一个鸡蛋，1947 年三分之一盒洋火，四八年——只有天知道能买到什么！[①] 要求提高恤金的声音不断传出。翻开当时的报纸杂志，几乎每星期、每日都有公务员的呼吁。《观察》做了一番计算。

> 今设某人之底薪为 400 元，家有 5 口，供职于平津或京沪区，则其每月之货币收入为 116 万（底薪乘 1800 倍，基本数 44 万元），此外有配售米 8 市斗或面粉两袋以及其他零星小量实物（平津区仅在 9 月份配售过两袋面粉而已，则 5 口之家每月尚缺米面 70 斤。平均以 6000 元 1 斤计，则添购米面已去其货币所得 4/10，所余 70 万，必须支付菜蔬、房租、水电、燃料、衣着、子女教育、医药卫生，以及其他必需的杂项费用。以今日物价之昂，70 万仅抵战前之 10 元左右，项目如此之多，明显将顾此失彼。故公教人员之奉公守法者，都不能维持最低限度的生活，更遑论合理的生活。[②]

虽然《战时乡镇保甲长暨联保主任因公伤亡给恤标准》所定一次恤金按加成 1000 倍计，乡镇长最高额为 60 万元，但是湖北省政府依然认为："值此物价高昂之际实不足以安抚死者遗族，鼓励士气，关系戡乱工作綦重，经电请铨叙酌情提高加成倍数。比照公务员薪俸基数办法，遵照中央核定生活费指数随时调整发给比例。如原标准为 300 元以 30 元为基数，其余以 1/10 计算，计 27 元，连同上数 30 元

① 中共北京市委党史研究室编：《反饥饿反内战运动资料汇编》，北京大学出版社 1992 年版，第 68 页。

② 王遵明等：《我们对于改善公教人员待遇的意见》，《观察》1947 年第 3 卷第 8 期，第 3 页。

共为 57 元。57×85000＝4845000 元，以示优恤。”①

还有很多的恤案因为财政问题不了了之。武昌县招贤乡郑沸澄，队副郑守信于 1948 年 2 月 17 日深夜遭匪劫杀，县府派员主持召开地方保长、士绅会议决定治丧费用由全乡各保共筹现洋 500 元，2 月 20 日安葬费已由遗族垫出，但是过了一个月尚未收到分文，遗族郑子奇代表恳请“县长先行垫发以了遗族债务而免拖累”②。恤金最终是否拨发到位？何时拨发到位？这些问题在档案中都没有最终记录。但以上的记录就足以说明当时公务员抚恤经费的紧张。

另一则教授的例子也能从另外一个角度看出当时国民政府的财政窘境。浙江大学师范学院心理学教授黄翼患胃癌于 1944 年去世后，教育部核准了其抚恤申请，但一直未拨款，而由浙大先行垫付了 1944 年至 1946 年三年的抚恤金，总计 1029081 元。至 1947 年度的请领日期将近，黄翼教授家属以物价腾贵、生活维艰，恳请依照现任教职员待遇增给年恤金，浙大则于 11 月向教育部呈请“核发该故员 1947 年抚恤金汇本校以咨救济，并将 1944 年至 1946 年之抚恤金共 1029081 元汇拨本校，以便归垫”，教育部的指令是：同意核发黄翼教授 1947 年度抚恤金 4919652 元。但是又提到，1947 年度国立学校教员恤金国家总预算一亿元“已用罄”，教育部已经呈请行政院追加在案，并向浙大允诺“一俟奉准，即可连同该故教授 1944 年至 1946 年度应领恤金一并送拨”。相应地，财政部国库公署浙江分处也于 1947 年 12 月表示，该恤金案，“俟追加法案成立之后再行拨发……”③后事也是不知如何了结。堂堂一个大学教授的恤金都无款

① 湖北省档案馆馆藏：《湖北省政府关于提高乡镇保甲长暨联保主任抚恤金的训令》，1948 年 4 月，档案号：LS1－2－0889－008。

② 湖北省档案馆馆藏：《湖北武昌县招贤乡乡民代表会关于县长周文化对因公殉职抗匪牺牲的乡长郑沸澄队附郑守信从优抚恤垫发治丧费用的呈文》，1949 年 3 月 31 日，档案号：LS1－6－0265－009。

③ 浙江省档案馆馆藏：《国立浙江大学卷宗　黄翼教授请抚恤金》（1947），档案号：L33－1－945。

可发，更何况一般公教人员，可见国民政府财政的窘境。

据《中华民国统计提要》记载，1946 年，国民政府共抚恤了 487 名公务员（见表 4－5），占全部公务员 830084 人的 0.05%，委任官的伤亡人数仍旧高于长警，说明战争条件下，基层文官的伤亡概率较高，是抚恤的主要对象。

表 4－5　　1946—1947 年公务员抚恤一览

项目 / 时间	受恤人数					公务员总人数	财政支出
	合计	简任	荐任	委任	长警		
1946 年	487	11	76	237	163	830084	56000 亿元
1947 年（1—6 月）	410	22	76	225	87	886081	93000 亿元

资料来源：徐堪主编：《中华民国统计年鉴》，中华民国主计部统计局 1948 年印，第 424 页；

马寅初：《财政学与中国财政——理论与现实》（下册），商务印书馆 2001 年版，第 702 页；

杨培新：《旧中国通货膨胀》，北京人民出版社 1985 年版，第 41 页。

二　公务员保险制度的调适

在通货膨胀的严峻形势下，公务员伤残、亡故抚恤相关的《中央机关公务人员的团体寿险》也受到严重冲击，特别是定额的一费制保险，贬值速度极快，形如废纸。为了挽救保险，为抵御通货膨胀提供解决之道，1946 年 8 月 1 日，中央信托局人寿保险处出台了《物价指数团体寿险简章》，声称该保险“投保人之保费可随生活费指数涨落而自动增减，决不因物价波动而受影响”。先在京沪试办，然后推广①。该简章提供了两种方案供投保人选择。

甲种：生活费指数办法——暂以上海市政府公布之工人生活费指

① 颜鹏飞等编：《中国保险史志 1805—1949》，上海社会科学院出版社 1989 年版，第 439 页。

数为计算标准，以“生活费指数单位”为单位，上个月做本月，千位以下不计，千位四舍五入，例如 6 月份之工人生活费指数为 404065.39（简称 400000），则 7 月份一个单位的保额应为国币 40 万元。7 月份之工人生活费指数为 449420.28（简称 450000），则 8 月份一个单位的保额应为 45 万元，以此类推。此种保险暂以 1 个“生活费指数单位”为最低额，10 个“生活费指数单位”为最高额。

乙种：国币基数办法——各要保团体可选择其个别被保险人之第一次国币保额为基本保额不再改变，嗣后各月由要保人参酌物价变动情形，按月通知本处或分局增加或减低其倍数，但以不增减过巨为原则。此种保险基本保额暂以国币 50 万为最低额，500 万为最高额。

本团体寿险之保费按月征收千分之二，依照当月“生活费指数单位”数额乘要保单位数或依国币基本保额乘当月倍数计算汇缴之。

支付保费有给全数和半数的区别。给付全数：1. 因意外伤害或疾病致死亡者；2. 因意外伤害致双目失明者；3. 因意外伤害致丧失两手或两足或一手一足者；4. 因意外伤害致一目失明并丧失一手或一足者。给付半数：1. 因意外伤害致一目失明者；2. 因意外伤害致丧失一手或一足者。

并且特别说明下列事情不负责给付保险金：1. 被保险人投身陆海空军或武装队伍，因参加战斗致死亡、残废或任航空职务在飞行时因意外致死亡或残废者；2. 被保险人自杀致死者；3. 被保险人犯罪被执行死刑者；4. 要保人、被保险人或受益人有欺诈行为意图骗领保险金额者；5. 未照章缴付保费者①。可见该保险的主要对象是公教人员。

面对通货膨胀的汹涌浪潮，中央信托局人寿保险处不得不逐月增加首保金额以满足投保者需要。1947 年 8 月份保额为 318854620000

① 湖北省档案馆馆藏：《中央信托局物价指数团体寿险》，1946 年 10 月，档案号：LS80 - 1 - 65。

元；9月份334496270000元；10月份376328250000元。[①] 三个月增加了约600亿元。由于保险处承载着替政府减轻通货膨胀的功能，前事不可预料，因此，中央信托局在条文的核定过程中，一直要求加上一条："保委会为有限责任，所应支付之保额以所收之保费及其孳息为限度，如应付保额超过保委会之全部基金，则不负补偿之责。"[②]

国民政府在积极动员社会力量来提供公务员保障的同时，开始筹划更高层次的国家、公务员共同承担责任的社会保险。按戴季陶等原先设计的方案：被保险人月薪未满百元者，按其60元以上，或不满60元，定服务机关负担之60%或70%。保险费率最高不得超过千分之七六，公务员改职务时，其保险继续有效，离职时，不变更保险费率自行缴费，继续保险。遇物价显著变动，给付保险金，按物价指数酌量增减，加给之支出，由国库负担[③]。但由于物价形势严峻，原有标准需要重新核定，由考试院饬经铨叙部先后约集社会部、财政部代表开会商讨拟议意见，考试院1946年1月21日院会通过，于2月12日咨请行政院核复，1947年3月14日，方由两院会同召集铨叙社会财政经济各部派员开会就《公务员保险法草案》进行审查，酌加修正[④]。立法院于1947年11月20日和25日以及12月5日，召开第911次联席会议，铨叙、财政、经济、社会、卫生等各派代表列席讨论，该草案之所以历时2年，几经周折，迟迟不得通过，主要问题有三点："（1）目下关于公务员薪金之数额尚无确实之统计，故保险费额难于计算。（2）对于公务员之保险费比率如采一种标准而收费过低时，则对于公务员之裨益，实属无多；若收费过高，则公务员在日

① 颜鹏飞等编：《中国保险史志1805—1949》，上海社会科学院出版社1989年版，第439页。

② 湖北省档案馆馆藏：《中央信托局物价指数团体寿险》，1946年10月，档案号：LS80-1-65。

③ 陈天锡：《戴季陶（传贤）先生编年传记》，沈云龙编：《近代中国史料丛刊续编》第43辑，台北文海出版社1989年版，第300页。

④ 同上书，第300—301页。

前薪金收入状况之下，自难负担，倘用累进法则，高级人员负担过重且计算方法更加复杂。（3）给付时如按生活指数计算，国库负担亦觉过重。”于是各方没有更好解决办法的前提下，“基于上述理由，本法施行困难繁多，似宜暂从缓议”①。

1948年6月14日，立法院决定由铨叙部提供全国公务员现有人数暨有关资料经社会部编拟《公务员保险收支估计》以供参考。根据此决定，社会部派员分赴铨叙部、卫生部暨主计部等收集有关公务员现有人数及伤病、生育、退休、死亡等资料，并于10月20日拟订保险给付种类条件及数额作成《公务员保险收支估计》② 一案函送立法院社会委员审查。此估计案分三部分。

甲、保险给付种类条件及数额；乙、第一年保险给付支出初步估计；丙、第一年保险费收入估计。

甲、保险给付种类条件及数额

（1）伤病被保险人发生伤病时一律免费给予医疗；

（2）生育被保险人或被保险人之妻生育时免费给予助产；

（3）退休。

第一，老年：凡加入保险满5年，年满60岁申请退休者，其每月退休金额计算公式为：每月退休金额 = 40/100 × A + 10/100 × B + 5/100 × C × D，其中：A = 薪俸基数40金圆；B = 超过基数之实得的俸额；C = 40/100 × A + 10/100 × B；D = 参加年数。

第二，残废：心神丧失或身体残废不胜职务而经命令退休者，其退休每月金额计算方式与老年同；参加保险未满5年者仍以5年计算。

---

① 中国第二历史档案馆馆藏：《审查公务人员保障法及保险法》（1948），档案号：10－2489（1）。

② 杨兵杰：《中国近代公务员工资制度思想研究》，上海财经大学出版社2006年版，第264—266页。

第三，退休每月金额的限制，最高额不得超过200金元，最低额不得少于20金元。

（4）死亡丧葬费为死亡者原薪额两个月；遗族抚恤金，所有遗族每月金额合计不得超过照退休金计算方式死亡者应得或已得之退休每月金额。

乙、第一年保险给付支出初步估计

（1）此项估计以中央机关公务员327604人①及每人每月实得薪额平均数63.58元②为估计根据。

（2）全国伤病率以每年70%，因伤病而不能工作，每人每次平均住院30天，医药费住院费平均每次50元；轻微伤病每人每年平均为4次，每次平均医药费2元；生育率每年以20‰，费用为25元计算；养老退休率以1‰，保险费率以3.3%计算；残废率以1‰计算。

第一年支出统计：伤病给付3767446.00元，生育给付163802.00元，退休给付460724.82元，死亡给付2853502.59元，特种准备金639935.45元，预防设施费用113782.23元，总计为7999193.09元。

丙、第一年保险费收入估计

（1）各级公务员每月实得报酬总额为：20831232元③；

（2）各级公务员每年实得报酬总额为：20831.232×12＝249974784元；

---

① 铨叙部1948年6月19日提供的数字。

② 简任平均薪额为490元，其实得金圆券数为111元；荐任平均薪额为300元，其实得金圆券数为92元；委任平均薪额为140元，其实得金圆券数为60元；雇员平均薪额为70元，其实得金圆券数为46元。简任4246人，月平均薪额为111元；荐任37378元，月平均薪额为92元；委任269005人，月平均薪额为60元；雇员16975人，月平均薪额为46元。

③ 简任4246人，月平均薪额为111元；荐任37378人，月平均薪额为92元；委任269005人，月平均薪额为60元；雇员16975人，月平均薪额为46元。

（3）保险费率定为 3.2%，第一年收入为：249974784 ×3.2% = 7999193.09 元；

（4）上项保险费由政府与被保险人（公务员）各自平均负担为：7999193.09 ÷2 =3999596.55 元[①]。

从《公务员保险收支估计》草案来看，公务员保险包括范围较以前广泛，主要有伤病保险、生育保险、退休保险、死亡保险四项；保险的受益人可以得到退休金作为保障，力度有所加强，而且保险费实行政府和公务员共同负担的方法，彰显了政府责任。但由于南京国民政府已走入穷途末路，立法院方面，曾经交由法制财政两委员会联席会议，对原案又略有修正，旋值 1948 年行宪后立法院第一届集会，在第一会期第八次会议时，提交社会委员会审查，嗣因政府播迁，延置未议[②]。

第三节　小结

国民政府抗战后，政治上作为领导中国抗战的合法政府，威望达到了历史最高点；经济上接收了一大批日伪资产和美国的援助，实力大增，本可以利用这些有利条件改善民生，巩固政权，但是党派的纷争接踵而至，停战、调和、谈判……最后不得不付诸战争。客观来说，为了鼓舞军队士气，国民政府在抚恤方面是有所作为的，其美军化的联勤体制，其伤残军人授田、职业保障等条例；公教人员的工资指数化、团体保险的推行，都有助于受恤人生活的保障。比较军人、公教人员抚恤状况，不难看出其中的优厚与多寡。

① 转引自杨兵杰《中国近代公务员工资制度思想研究》，上海财经大学出版社 2006 年版，第 264—266 页。

② 陈天锡：《戴季陶（传贤）先生编年传记》，沈云龙编：《近代中国史料丛刊续编》第 43 辑，台北文海出版社 1989 年版，第 300—301 页。

从新条例办法的出台数量看，军人抚恤经历了向美军联勤抚恤体制的转型，抚恤机构、抚恤网络、抚恤管理都发生变革，但从实际效果来看并未带来军人受恤比例的提高，反而造成了一定的混乱。而在伤残军人的抚恤安置问题上，出台了《荣誉军人授田条例》和《荣誉军人职业保障办法》两部重要的规定，对保障伤残军人的生活起到了相当大的作用。而公教人员的抚恤更多的是恤金的实际购买能力与通货膨胀的赛跑，国民政府在不断地提高薪资标准的同时，着力用保险来削减通货膨胀的影响，保障伤残公务员和亡故公务员遗族的生活，其《物价指数团体寿险简章》就是这一时期特殊的产物。就政府层面的重视程度而言，军人抚恤仍然是重点。

从抚恤效果来看，政府虽然对军人抚恤不遗余力，但是由于军队中的"吃空额"等腐败现象，造成大量伤残军人和亡故者遗族的抚恤无影无踪。而在抚恤金的发放过程中，各级官员的贪污、侵占又使得受恤人享受抚恤优待无从谈起。诚如王奇生所言：如果仅依据法令、决议来研究国民党党史，定会认为国民党执政时期的中国已是一个具有相当现代色彩的法治国家。然而，国民党政权是一个由上下两个极不一致的机体组成的"夹层面包"。带有现代色彩的上层文官整天忙于制定各种法令、计划和决议，不管下层有无承接能力，其结果是"层层推转，步步变质。"①

而公教人员则陷入了群体性贫困之中，通货膨胀的疯狂，让无数食禄者度日如年。国民政府虽竭力救助，但贫弱的经济难以在巨额的军费开支和救助贫困政府职员之间达到平衡，最终未能把公教人员从贫困中解救出来，也无法保证伤残公教人员与亡故者遗族的基本生存，国民政府对这一群体救助的失败，也就实际地失去了执政的基础。诚如当时一位政论家所言："（国民党）政权的支持层原是城市

---

① 王奇生：《革命与反革命：社会文化视野下的民国政治》，社会科学文献出版社2010年版，第391页。

市民、公教人员、知识分子、工商界人。现在这一批人，一股脑儿都对南京政府没有好感。国民党的霸道作风使自由思想分子深恶痛绝；抗战以来对公教人员的刻薄待遇，使公教人员对现政权的赤诚全失；政府官员的贪污作弊，种种刁难，使工商界人物怨气冲天；因财政金融失策以及内战不停而造成的物价暴涨，使城市市民怨声载道。”①

有人甚至毫不留情地表明了对国民政府的失望。“在正路上挣扎，不失为一种努力；若走错路了，则所有的挣扎，都成为了一种浪费和罪行。”②

政府的“缺失”。军人与公教人员抚恤属于政府统包型，这种抚恤由于有政府的支持，在和平时期具有很高的保障性。但是抗战后，当政府陷入财政、军事、政治危机之中时，各级官员道义和道德的责任感削减，依靠政府而生存的受恤人的命运极其悲惨。

而各种保险在这种恶劣的条件下，呈现出各种命运。以政府融资为目的的简易人寿保险、公务员团体寿险，虽然政府百般挽救，但终究难以承担巨额的亏损，退出了市场。

纵观整个抗战后到国民政府离开大陆这段历史，政府抚恤制度在这一时期就像其政权一样百般挣扎，但积重难返，失去了其良性循环的土壤，最终失去了保障受恤人基本生存的作用。但是这种极端的条件，却成为检验政府包办抚恤的试验场，政府抚恤相对公平，但是需要良好的政治、经济、社会条件以及官僚机构有效运行。

---

① 储安平：《中国之政局》，《观察》1947 年第 2 卷第 2 期。

② 同上。

结　　语

回顾1927年到1949年间国民政府抚恤制度的变迁，不难发现其传统与现代交融的痕迹。“以恤代赏”“寓兵于农”“精神抚恤”等众多措施，无不承接着传统社会抚恤以恩赏功绩为圭臬的衣钵，而以受恤人基本生存为目的的抚恤标准；简洁、严密的请恤、发恤程序；以保险来保障受恤人利益的做法，无不彰显近代西方社会保障以国民生存权为主旨的抚恤理念。

一

国民政府在借鉴西方抚恤方法解决战乱岁月中受恤人及家庭基本生存的初衷无可置疑，但是，如果以近代西方社会保障的标准来衡量，民国的抚恤成效是极其有限的。

首先，受恤人数占应受恤人数的比例极其微小。军人抚恤在1927年到1949年的大部分年份里，比例徘徊在10%左右，大约有90%的伤残军人和阵亡者遗族因为各种原因未能得到恤金；而公教人员抚恤在南京国民政府初期虽然较有成效，但在抗战中因为政府迁徙、官员离散，众多的伤残人员及亡故者遗族不知下落，受恤人数一度低于战前。这些人数中还不包括在发恤过程中被各级官员侵吞、贪污未领到恤金或足额恤金的人数。

其次，受恤人所得恤金很难维持基本生活。从 1927 年到 1937 年，军人抚恤只有少校以上军官的阵亡遗族年恤金才能完全保证一个 5 口之家的 20 年生活，上校以上军官的伤残恤金才能保证一家人 20 年的生活，而国民党军队中从 1926 年到 1936 年受恤士兵人数为 56052 人，受恤官佐人数为 13765 人①，至少有 83% 的军人的抚恤金不足以保证自身和遗族的基本生存。到了抗战时期，由于通货膨胀，恤金极速贬值，1944 年一位上将阵亡后的遗族年恤金 800 元，尚不及当时重庆一位产业工人月收入 3854 元的 1/5，更谈不上维持遗族一年的基本生活。虽然收容伤残军人的荣军教养院，给伤残军人及遗族提供了相当的生活保障，但所占比例仍然有限。抗战后到国民政府离开大陆时期，情况更为严重，政府没有能力投入过多金钱，而与之配套的发恤、请恤、领恤各个环节的官员贪污成风，受恤人很难领到恤金；即使领到恤金，在疯狂的通货膨胀面前，形同废纸。公教人员在抗战前恤金颇为优厚，足以保证受恤人的基本生活，但是到抗战期间，通货膨胀的压力剧增，尽管国民政府通过补薪等办法极力挽救，但是在这场赛跑中，恤金的购买力仍然一泻千里，维持受恤人基本生活的时间越来越短，到 1949 年，一个亡故者的遗族年恤金仅能维持几天的生活。

最后，公平原则的欠缺是国民政府抚恤制度的弱点之一。社会保障制度面对的是全体国民，以保障全体国民的基本生存为目的，是社会稳定的安全阀。它应该以此为标准，公平地保障每一个公民的生存权。但是 1927 年到 1949 年国民政府的抚恤制度，从制度的设计来看，军人和公教人员的抚恤标准大大高于劳工，同样伤情的军人或公教人员和劳工相比，抚恤金额相差数十倍；从执行的情况看，政府对

① 许高阳：《国防年鉴》（第一次），香港中美图书公司 1969 年版，第 133 页。注：官佐是指准尉以上的军官。

军人抚恤和公教人员抚恤的请恤、领恤等细节的制定和监督都十分严格，对劳工则基本任由资方自行其是，对执行的程度、效果毫无强制要求，所进行的数次工厂检查，基本以搜集数据为主，并没有辅以政府权威来保证制度的执行；就各个阶层内部来看，军人当中的高级军官和底层士兵差别也很大。中尉以下的官佐因公阵亡后，遗族的基本生存只能短时间地被保障，而中将等高级官员因公阵亡后的抚恤金额遗族可以用几辈子。在公教人员中，简任、委任、荐任官员之间；教授和普通教师之间这种差别同样存在。这一方面使抚恤带有恩赏的意味，但是较高抚恤金的获得者根本用不完，而广大底层受恤人却只能得到短暂保障，造成了抚恤资源的巨大浪费。

二

国民政府抚恤制度和运行除了解决一部分军人、公教人员的暂时生存危机外，它的价值更多是在制度的探索方面。西方近代社会保障制度建立在工业发达、政治稳定、社会服务功能健全的基础上，而国民政府时期，中国工业化刚刚起步，而且政争不断、战事频仍、经济萧条、社会力量孱弱，在此基础上学习西方保障制度必须根据中国国情做出变通。国民政府抚恤制度可圈可点之处在于：

（一）建立了一套以政府责任为主的抚恤制度，维护了社会稳定并为社会保障的发展奠定基础

由于民间力量孱弱，因此国民政府运用政权的力量来解决军人、公教人员以及劳工的抚恤问题，军人和公教人员基本由政府统包，提供财力与制度的支持。这在当时的历史条件下是颇见成效的，它保护了一部分受恤人的生存权。因为在当时没有社会力量能承担对这些弱势群体的保护时，政府挺身而出，彰显了政府所代表的社会正义，宣扬了济弱扶贫的传统美德，有助于政权合法性的加强。事实证明，南

京国民政府初期的抚恤制度对控制军队、提高公教人员的认同感、消弭劳资矛盾是不无裨益的，在抗战时期对广大抗战民众的抚恤，虽然所给恤金寥寥，但在鼓舞民众抗日、提高政府声望上作用明显。

同时，由于政府对军人和公教人员抚恤的强力推行，使得因公伤残者及亡故者遗族的生存引起社会各界的关注和重视。在不同时期都有解决这些受恤人的生存问题的尝试，如简易人寿保险、服务型抚恤等，以及在 1945 年以后，政府缺失的情况下，原本发展缓慢的社会保险因其投入少、保障有力的特点，在不同时期都受到人们的热捧，得到快速发展，以致最后社会各界提出了用保险代替抚恤的建议。社会保障由政府包办发展到社会自为，这个过程中，国民政府的先行与示范可谓功不可没。

另外，国民政府的抚恤制度给中国传统的社会保障思想带来了冲击。国民政府在建立初期制定了一套保证受恤人长期生存的抚恤制度，虽然完全实现的程度有限，但是这种标准为人们所认可，以后制定各项抚恤、保险等措施时，基本都是以此为理想目标。这与传统社会的抚恤不虑多寡，重形式而疏实质相比有很大的进步 。

由此可见，在工业化初期，当社会保障体系的建立缺乏坚实的社会基础时，国家的示范和推行，有助于这种制度的迅速建立和发展。

（二）国民政府多元化的抚恤制度，为各种条件下的社会保障建设提供思考

纵观世界范围内对伤残和亡故者遗族的生存进行保障的方式有两种：一种是给抚恤金；一种是通过国家买保险，受恤人享受保险金。这两种方式一种是由政府提供保障，一种是政府利用社会力量来保障。但实现对受恤人保障的途径都是一样的，即受恤人得到抚恤金或保险金后，用这些货币到社会上去购买食品、服装等物质以及医疗、教育等服务，其运行的理想状态是：社会能够提供受恤人所需要的一切物质和服务，而且受恤人的恤金也始终能够购买这些物品和服务。

但是，1927 年到 1949 年间，经历了两场内战和一场民族战争，经济萧条，物资奇缺，通货膨胀严重，政府一方面难有财力来发放大量恤金，另一方面恤金也很难到社会上去买到相应的服务和物品。这种情况下如何保证受恤人的基本生存呢？国民政府在抗战时期以教养院方式推行的服务型抚恤，在有限的财力支持下对大批的伤残军人及家属实现了安置、管理、生产、医疗等多方面的服务，还创造了财富，这种将传统社会“寓兵于农”和“寓兵于工”灵活运用于伤残军人抚恤的做法，在当时条件下取得的良好效果，不能不说是一种创新。

另外，国民政府在推行抚恤的同时，在有限的条件下举办保险来弥补抚恤金保障的不足，如简易人寿保险和公务员团体寿险。虽然政府在举办过程中有“醉翁之意不在酒”之嫌，但其实际运行中还是为一些公务员提供了一定的伤残亡故补偿。这些都为我们今天的社会保障提供思考：今天我们的经济社会条件已经胜过民国千里，但为什么我们仍然在经济困难的理由下，享受着低水平的社会保障呢？很大一部分原因是思想的禁锢，认为社会保障就是给受益人提供金钱，而忽视了服务的提供，就业机会、发展机会的提供。

三

回顾 1927 年到 1949 年的历史，我们不禁悲叹芸芸众生的脆弱，众多的生灵在政治的取舍间、在经济的衰退间、在战争的无情倾轧下，失去了生存的权利，以抚恤为代表的社会保障体系是如此无力，所护之人是如此之少，所护之力又是如此之弱，不由得引发我们的思考：社会保障体系的良好运行需要什么样的环境呢？我们能否建立一种社会保障体系能够尽可能超出政治、经济、社会动荡的影响，即使在风雨飘摇的岁月，也能为众多无助者提供一个避难的港湾？

从民国抚恤制度的兴衰可以看出一个社会保障制度体系的良好运行，首先需要有稳定的政治环境。在一个工业化初起的国家，社会保障的推行需要有政府的示范以及政权强制力的保证，一个政府如果政权不稳或整天忙于内争，就很难推行有效的社会保障制度。1927 年到 1937 年，这是国民政府相对和平的一段时间，这一时期，政权相对稳固，经济社会秩序良好，以政府包办为特点的军人、公教人员抚恤保障有力，待遇优厚成为国民政府时期抚恤制度运行效果最佳的一段时期。到了抗日战争时期，虽然国民政府承担的经济、军事压力巨大，但是由于代表中国抗战领导者的政治地位，获得了广泛的民众支持和外交援助。当抚恤金额不能保障受恤者的最低生活水平时，意味着伤亡军人及其家属要做出包含肉体、家庭与财产的倾其所有的奉献与牺牲，但是，这种牺牲在民族大义面前尚能忍受。到抗战后，国民政府的经济状况虽然较抗战改观不少，但战争性质变为党派与政派纷争，政府的权威受到底层民众与外部政敌的质疑和挑战，政府已经无法约束官员的腐败而伸张正义了，继续这种无休止的竭泽而渔的奉献与牺牲，得到的终将是冲决政权的滚滚怒潮。可见，一个政府政治上的稳固，是推行社会保障的重要条件。

其次，社会保障制度的良好运行需要有一定的经济基础。政府抚恤开支虽然年年攀升，但是在疯狂的通货膨胀面前，这些努力显得苍白无力，最终在这场政府投入与通货膨胀的赛跑中，政府包办的抚恤制度彻底崩溃。可见，良好的经济基础是包括抚恤在内的社会保障制度发挥效力的重要支柱。

最后，由政府责任的抚恤制度向社会分担的保障制度转化，需要有一定的社会条件。在南京国民政府初期，由于各个工厂资本弱小，又要和外国企业竞争，所以给劳工提供高标准的抚恤金，实在是无从谈起。而后由于实行统制经济，国营企业得到壮大，此时的各企业才能为劳工提供诸如互助保险等更高水平的保障，同时如邮政储金汇兑局、中央信托局等各经营保险业务公司的壮大，也使得保险业务扩展拥有了条件。另外，民众对保险的认识也是这种转换的一个必要条件，起初的购买保险都带有强制性质，后来一些公务员之类的上层人士能够在宣传鼓动下购买。

那么，什么样的社会保障体系才能够为保障者提供最大限度的庇护呢？政治的倾轧、经济的兴衰、社会的动荡这些影响社会保障效果的因素难道真的不能克服吗？

1927 年至 1949 年间，国民政府的抚恤制度大致分为两类：一部分是由国民政府包办的军人、公教人员抚恤；另一部分是由政府出台法规，企业、个人等社会力量分担的劳工抚恤。在政治、经济、社会稳定的情况下，政府包办的抚恤显得尤为强大，但是进入抗战后，经济的困窘首先让这种保障体系由完全保障变成了暂时保障。抗战后，政治的危机和更为严重的经济危机最终使这一体系崩溃，整个军人和公教人员阶层的受恤人陷入生存危机中。反观劳工抚恤，在那种艰难的岁月中，其自为创造的能力却是让人侧目，在一些有实力的企业之中，劳工抚恤依然能够发挥相当作用，有的甚至更为有力，至少没有出现整个阶层陷入生存危机之中。国家与社会因素在此过程的消长，从中可以总结出几点教训。

（一）社会保障体系应当是政府主导而不是政府主责

包含抚恤在内的社会保障体系的建立和运行是一项复杂的社会工程，离不开政府的统筹规划、法律规范、权责分配以及示范引导，这些是任何一个国家，特别是工业化初始的国家迅速建立社会保障体系的必要因素。但是，如果把这种政府责任理解为政府主责，甚至政府包办，就会适得其反。首先，政府主责或包办就会出现不公平的现象。政治的倾向，利益的取舍都会影响政府分配社会保障资源的最终结果。民国时期，军人、公教人员所受的重视不是偶然，因为他们关乎政权的生存与稳定，劳工抚恤因其作用有限，所虑甚少也是必然；其次，政府掌握过多的社会保障资源，实际上增加了对被保障人的控制。传统社会的恩赏抚恤就是在赏恤的同时将统治阶级的价值标准、忠君思想强加给了受恤人。民国时期，国民政府以恤代赏，用抚恤来弘扬政府的价值理念，实际上限制了受恤人的自由。另外，政府包办的社会保障体系对政府依赖过多。当一个政府政治昌明、吏治廉洁时，被保障人也许衣食无忧；当一个政府陷入危机，官员道义和道德的责任丧失殆尽的时候，那么千万受保障者将无以聊生。可谓“一荣俱荣，一损俱损”。抗战后的抚恤状况深刻证明了这一点。

（二）社会保障责任应该由政府、社会、个人分担

在抗战后，国民政府陷入政治、经济危机，政府在社会保障中的责任除提供资金和法律的支持之外，就是要培植社会力量，将社会保障的风险分散到各个社会细胞当中，这样即使是灾难不可避免，也不会整体性地陷入危机之中。社会保险在动荡时期的表现可谓是“无心插柳柳成荫”。社会力量成为社会保障的主力军才能被称为真正的“社会保障”。众多的社会群体承担社会保障责任，不光可以分散风险，还可以为社会保障的发展提供不同的尝试，为受保障人提供不同的选择。只有社会保障真正成为一种公共服务产品，植根于广阔的社会土壤之中，个人的生存才能得到切实的保障。

参考文献

一　历史文献

（一）档案

1. 重庆市档案馆档案 10 卷
2. 国家第二档案馆档案 15 卷
3. 湖北省府档案馆档案 250 卷
4. 江西省档案馆档案 5 卷
5. 四川省档案馆档案 6 卷
6. 台北行政院档案 20 卷
7. 浙江省档案馆档案 32 卷
8. 云南省档案馆档案 4 卷
9. 中国第二历史档案馆编：《中华民国史档案资料汇编》，江苏古籍出版社 1998 年版。
10. 中国第二历史档案馆编：《中华民国史史料长编》，江苏古籍出版社 1998 年版。
11. 中国第二历史档案馆编：《南京保卫战殉难将士档案》，江苏古籍出版社 2007 年版。

（二）民国报刊（1927—1949 年）

公报类：

《安徽省政府公报》《北平市市政公报》《北平市政府公报》《财政公报》《察哈尔省政府公报》《大学院公报》《福建省政府公报》《国民政府公报》《甘肃省政府公报》《广东教育厅报》《广东教育厅月报》《广东省政府公报》《广西省政府公报》《广州市政府公报》《广州市政府市政公报》《广州市政公报》《海军公报》《河北省政府公报》《河南省政府公报》《湖北省政府公报》《湖南省政府公报》《监察院公报》《建设委员会公报》《江苏省政府公报》《江西省政府公报》《经济部公报》《军事委员会公报》《军政公报》《军政旬刊》《考试院公报》《立法院公报》《内政公报》《南京市政府公报》《青岛市政府公报》《铨叙公报》《山西公报》《汕头市公报》《上海市政府公报》《上海特别市市政公报》《社会部公报》《审计部公报》《实业部公报》《首都市政公报》《司法公报》《四川高等法院公报》《四川省政府公报》《铁道公报》《外交部公报》《外交公报》《行政院公报》《盐务月报》《银行周报》《云南省政府公报》《浙江省政府公报》《中央党务公报》《重庆市政府公报》《最高法院公报》《资源委员会公报》

报刊类：

《大公报》（1927—1949 年）

《新华日报》（1938—1946 年）

《中央日报》（1936—1946 年）

《安徽教育行政周刊》《北平邮工月刊》《残不废月刊》《财政日刊》《东方杂志》《法令周刊》《妇女新运》《工业合作月刊》《工业合作》《革命行动》《广东行政周刊》《国际劳工消息》《国闻周报》《河北银行月刊》《后方勤务》《湖南财政汇刊》《黄埔》《劳工月

刊》《简易人寿保险》《交通公告》《教育与职业》《教育周刊》《抗到底》《抗战》《垦讯》《联勤月报》《陆军经理杂志》《民众生活》《农业推广通讯》《社会服务周报》《社会教育辅导》《时代公论》《自由新闻》《粤汉半月刊》《浙江民政月刊》《中东半月刊》《中国劳动》《现代邮政》《新民族》《新中华报》《新运导报》《社会福利统计》《观察》

（三）资料汇编

1. 蔡鸿源：《民国法规集成》（66—100 册），黄山书社 1998 年版。
2. 财政年鉴编纂处编：《财政年鉴三编》，南京 1948 年版。
3. 国民政府铨叙部编：《铨叙年鉴续编》（1931—1933），大陆印书馆 1934 年版。
4. 国民政府主计部统计局编：《中华民国统计年鉴》，中国文化公司 1948 年 6 月发行。
5. 国民政府主计处岁计局编：《岁计法令汇编》，1935 年版。
6. 国民政府军事委员会编：《抚恤委员会三周年纪念册》，1941 年 8 月 1 日出版。
7. 国史馆编：《中华民国褒扬令集初编》（二）（三），台北商务印书馆股份有限公司 1984 年 12 月版。
8. 朱汇森编：《役政史料》，国史馆 1990 年版。
9. 考试院考铨丛书指导委员会主编：《中华民国铨叙制度》，（台湾）正中书局 1983 年版。
10. 考试院考铨丛书指导委员会主编：《中华民国公务人员退休抚恤制度》，（台湾）正中书局 1984 年版。
11. 孔敏编：《南开经济指数资料汇编》，中国社会科学出版社 1988 年版。
12. 考试院铨叙部编：《铨叙年鉴续编》（1931—1933），大陆印书馆 1934 年版。

13. 孔祥熙：《财政年鉴》，财政部财政年鉴编纂部1935年编。
14. 李文海编：《民国社会调查丛书》，福建教育出版社2004年版。
15. 罗元铮总主编：《中华民国实录——文献统计》，吉林人民出版社2005年版。
16. 内政部总务司第二科：《内政法规汇编礼俗类》，商务日报馆1940年印。
17. 潘懋元、刘海峰编：《中国近代教育史资料汇编（高等教育）》，上海教育出版社1993年版。
18. 强重华：《抗日战争时期重要资料统计集》，北京出版社1997年版。
19. 秦孝仪主编：《革命文献》第53、54、56、57、61、75、76、78辑，中央文物供应社1969年版。
20. 秦孝仪主编：《总统蒋公思想言论总集》，台北中国国民党中央委员会党史委员会1984年版。
21. 秦孝仪主编：《中华民国重要史料初编——对日作战时期》续编（一）（二），中国国民党中央委员会党史委员会1980年版。
22. 铨叙部秘书处第三科编辑：《现行铨叙法规汇编》，国民政府考试院印刷所1936年印刷。
23. 荣孟源：《中国国民党历次代表大会及中央全会资料》（上、下），光明出版社1985年版。
24. 上海申报年鉴社：《申报年鉴》，1935年版。
25. 上海社会科学院历史研究所：《五卅运动史料》，上海人民出版社1981年版。
26. 舒新城编：《中国近代教育史资料》，人民教育出版社1981年版。
27. 沈雷春编：《中国保险年鉴》，中国保险年鉴社1937年版。
28. 沈云龙编：《近代中国史料丛刊》，台北文海出版社1967年版。
29. 沈云龙编：《近代中国史料丛刊续编》，台北文海出版社1967年版。

30. 实业部中国经济年鉴编纂委员会编：《中国经济年鉴》，1934年版。
31. 万仁元、方庆秋主编：《中华民国史史料长编》，南京大学出版社1993年版。
32. 行政院编纂：《国民政府年鉴》，行政院1943年7月发行。
33. 行政院编纂：《国民政府年鉴》（第二回），行政院1944年10月发行。
34. 王清彬等编：《第一次中国劳动年鉴》，北平社会调查所1928年版。
35. 吴强、陈毅明、汤晓梅编：《南侨机工档案史料选编 云南省档案馆馆藏部分》，中国华侨出版社2009年版。
36. 徐堪主编：《中华民国统计年鉴》，中华民国主计部统计局1948年印。
37. 邢必信等编：《第二次中国劳动年鉴》，北平社会调查所1932年版。
38. 许高阳：《国防年鉴》（第一次），香港中美图书出版社1969年版。
39. 张侠等编：《北洋陆军史料（1912—1916）》，天津人民出版社1987年版。
40. 张梓生、章卓汉编：《申报年鉴（民国二十四年）补编》，上海申报年鉴社1935年版。
41. 浙江省中国国民党研究组编印：《抗日战争时期国民党战场史料选编》（第3册），第31—32页，出版社不详。
42. 中共北京市委党史研究室编：《反饥饿反内战运动资料汇编》，北京大学出版社1992年版。
43. 中华民国史公职志编纂委员会编：《中华民国史公职志（初稿）》，台北国史馆1990年版。
44. 中国社会科学院编：《中国近代史资料丛刊》，上海人民出版社

1988 年版。
45. 中央档案馆编：《北伐战争（资料选辑）》，中共中央党校出版社 1981 年版。
46. 周华孚、颜鹏飞编：《中国保险法规暨章程大全》，上海人民出版社 1992 年版。

（四）新编方志

1. 安徽省地方志编纂委员会：《安徽省志 · 民政志》，安徽人民出版社 1993 年版。
2. 大连史志办公室编：《大连史志 · 劳动志》，方志出版社 2004 年版。
3. 福建省地方志编纂委员会：《福建省志 · 民政志》，福建人民出版社 1993 年版。
4. 甘肃民政厅民政志编辑室编：《甘肃民政大事记》，甘肃人民出版社 1992 年版。
5. 广东省地方志编纂委员会：《广东省志 · 民政志》，广东人民出版社 1990 年版。
6. 广西省地方志编纂委员会：《广西省志 · 民政志》，广西人民出版社 1991 年版。
7. 广西省地方志编纂委员会：《南宁民政志》，广西人民出版社 1991 年版。
8. 河南省地方志编纂委员会：《河南省志 · 民政志》，河南人民出版社 1993 年版。
9. 湖北省松滋县志编纂委员会：《松滋县志》（内部发行），1986 年版。
10. 湖北省麻城市地方志编纂委员会：《麻城县志》，红旗出版社 1993 年版。
11. 湖北罗田县志编纂委员会：《罗田县志》，中华书局 1998 年版。

12. 湖北省通山县地方志编纂委员会：《通山县志》，中国文史出版社1991年版。
13. 湖北省襄樊市地方志编纂委员会：《襄樊市志》，中国城市出版社1994年版。
14. 湖北省鄂州地方志编纂委员会：《鄂州市志》，中华书局2000年版。
15. 湖南省地方志编纂委员会：《湖南省志·民政志》，湖南人民出版社1992年版。
16. 湖南省永州、冷水滩市民政局合编：《零陵县民政志》，出版社、出版时间不详。
17. 湖南省地方志编纂委员会：《南岳志》，湖南出版社1996年版。
18. 建始县地方志编纂委员会：《建始县志》，湖北辞书出版社1994年版。
19. 江苏省地方志编纂委员会：《江苏省志·民政志》，江苏人民出版社1992年版。
20. 江西省地方志编纂委员会：《江西省志·民政志》，江西人民出版社1993年版。
21. 青海省地方志编纂委员会：《青海省志·民政志》，黄山书社1998年版。
22. 山东省地方志编纂委员会：《山东省志·民政志》，山东人民出版社1992年版。
23. 陕西省临潼县地方志编纂委员会：《临潼县志》，上海人民出版社1991年版。
24. 四川省地方志编纂委员会：《四川省志·民政志》，四川人民出版社1996年版。
25. 四川省平昌县地方志编纂委员会：《平昌县志》，四川科学技术出版社1990年版。
26. 武汉市地方志编纂委员会编：《武汉市志·民政志》，武汉大学出版社 1990 年版。
27. 云南省地方志编纂委员会：《云南省志·民政志》，云南人民出版社 1994 年版。
28. 浙江省地方志编纂委员会：《浙江省志·民政志》，浙江人民出版社 1993 年版。

（五）回忆录及其他

1. 白崇禧：《白崇禧回忆录》（内部发行），解放军出版社 1987 年版。
2. 陈诚：《陈诚回忆录》，台北国史馆 2003 年版。
3. 陈存仁：《抗战时代生活史》，上海人民出版社 2001 年版。
4. 陈嘉庚：《民国笔记小说大观 陈嘉庚回忆录》，山西古籍出版社 1999 年版。
5. 陈立夫：《成败之鉴》，（台湾）正中书局 1994 年版。
7. 冯玉祥：《我的生活》，上海教育书店 1947 年版。
8. 冯玉祥：《冯玉祥日记》，江苏古籍出版社 1992 年版。
9. 高宗武：《深入虎穴》，台北《传记文学》2006 年 10 月号第 89 卷第 4 期。
10. 顾祝同：《墨三九十自述》，台湾国防部史政编译局 1981 年版。
11. 黄仁宇：《黄河青山》，生活·读书·新知三联书店 2001 年版。
12. 李汉魂：《李汉魂抗战回忆录》，河南文艺出版社 2003 年版。
13. 李品仙：《李品仙回忆录》，台北中外图书出版社 1975 年版。
14. 李宗仁：《李宗仁回忆录》，广西人民出版社 1991 年版。
14. 李默庵：《世纪之履——李默庵回忆录》，中国文史出版社 1995 年版。
15. 刘汝明：《刘汝明回忆录》，台北传记文学出版社 1979 年版。
16. 刘峙：《刘峙回忆录》，沈云龙编：《近代中国史料丛刊续编》第 87 辑，台北文海出版社 1982 年版。
17. 宋希濂：《宋希濂自述》，中国文史出版社 1987 年版。

18. 王恩茂：《王恩茂日记》，中央文献出版社 1995 年版。
19. 王子壮：《王子壮日记》，中央研究院近代史研究所 2001 年版。
20. 张群：《张群先生话往事》，中国友谊出版公司 1997 年版。
21. 张治中：《张治中回忆录》，中国文史出版社 1985 年版。
22. 陈天锡：《考试院施政编年录》，出版社不详，1935 年版。
23. 陈天赐：《戴季陶先生文存》（三续编），中国国民党中央委员会史料编纂委员会 1971 年 10 月版。
24. 何应钦：《八年抗战》，国防部史政编译局 1982 年印。
25. 黄嘉谟：《白崇禧将军北伐史料》，台北中央研究院近代史研究所 1994 年版。
26. 唐纵：《在蒋介石身边八年——侍从室高级幕僚唐纵日记》，群众出版社 1991 年版。
27. 孙中山：《孙中山全集》，中华书局 1982 年版。
28. 朱执信：《朱执信集》，中华书局 1979 年版。

二 论著

（一）专著

1. 敖文蔚：《中国近现代社会与民政》，武汉大学出版社 1992 年版。
2. 龚书铎主编：《中国社会通史 · 民国卷》，山西人民出版社 1998 年版。
3. 曹剑光：《劳工法的研究》，南华图书局 1929 年版。
4. 曹云屏编：《求索：一门三烈士》，中共党史出版社 2008 年版。
5. 陈诚：《八年抗战的经过》，国防部史政编译局 1982 年印。
6. 陈达：《中国劳工问题》，商务印书馆 1929 年版。
7. 陈国钧：《社会政策与社会立法》，三民书局 1984 年版。
8. 陈明远：《文化人的经济生活》，上海文汇出版社 2005 年版。
9. 陈志让：《军绅政权——近代中国的军阀时期》，生活 · 读书 · 新知三联书店 1980 年版。

10. 邓中夏：《省港罢工概观》，中华全国总工会省港罢工委员会宣传部 1926 年版。

11. 邓中夏：《中国职工运动简史》，中原新华书店 1949 年版。

12. 丁泽勋、王伯惠：《中国驻印军》（上），团结出版社 2009 年版。

13. 房列曙：《安徽敌后抗日根据地社会史研究》，安徽人民出版社 2007 年版。

14. 丰陈宝、丰一吟编：《丰子恺漫画全集 》，京华出版社 2001 年版。

15. 傅肃良：《考铨制度》，台北三民书局 1980 年版。

16. 高晓星、时平编：《民国空军的航迹》，北京海潮出版社 1992 年版。

17. 公孙訇主编：《高树勋纪念文集》，中国文史出版社 1998 年版。

18. 何家伟：《国民政府公务员俸给福利制度研究》，福建人民出版社 2010 年版。

19. 侯杨方：《中国人口史》（第 6 卷），复旦大学出版社 2001 年版。

20. 黄逸峰等：《旧中国民族资产阶级》，江苏古籍出版社 1990 年版。

21. 贾秀岩、陆满平：《民国价格史》，中国物价出版社 1992 年版。

22. 姬丽萍：《中国现代公务员考铨制度的初创：1928—1948》，天津古籍出版社 2000 年版。

23. 孔庆泰等：《国民党政府政治制度史》，安徽教育出版社 1998 年版。

24. 孟昭华、王明寰编：《中国民政史稿》，黑龙江人民出版社 1986 年版。

25. 刘国林：《中国历代优抚》，黑龙江科学技术出版社 1988 年版。

26. 刘凤翰编：《民国军制》，中国大百科全书出版社 2010 年版。

27. 刘巨壑：《工厂检查概论》，商务印书馆 1934 年版。

28. 刘明逵、唐玉良编：《中国工人运动史》（第 1—6 卷），广东人民出版社 1998 年版。

29. 刘明逵、唐玉良编：《中国近代工人阶级和工人运动》（第 1—14 卷），中共中央党校出版社 2002 年版。

30. 刘文英编：《世界军事后勤史》（中册），金盾出版社 1992 年版。

31. 李剑华：《劳动问题与劳动法》，太平洋书店 1928 年版。

32. 李俊清：《现代文官制度在中国的创构》，生活、读书、新知三联书店 2007 年版。

33. 李进修：《中国近代政治制度史纲》，求实出版社 1988 年版。

34. 李良志、李隆基编：《中国新民主主义革命通史》（第 9 卷），上海人民出版社 2001 年版。

35. 林嘉：《社会保障法的理念、实践与创新》，中国人民大学出版社 2002 年版。

36. 林炯如：《中华民国政治制度史》，华东师范大学出版社 1995 年版。

37. 罗哲文：《中国名祠》，百花文艺出版社 2002 年版。

38. 罗尔纲：《湘军兵志》，中华书局 1984 年版。

39. 罗尔纲：《绿营兵志》，中华书局 1984 年版。

40. 秦孝仪编：《中华民国社会发展史》，台北近代中国出版社 1985 年版。

41. 泉州华侨抗日史编委会编：《菲岛华侨抗日风云》，鹭江出版社 1991 年版。

42. 饶水利：《南京国民政府〈工厂法〉研究：1927—1936》，华中师范大学 2007 年硕士学位论文。

43. 任贵祥：《华侨第二次爱国高潮》，中共党史资料出版社 1989 年版。

44. 史国衡：《昆厂劳工》，商务印书馆 1946 年版。

45. 宋鸿兵：《货币战争：金融高边疆》，中华工商联合出版社 2011 年版。

46. 孙安第：《中国近代安全史（1840—1949）》，上海书店出版社 2009 年版。
47. 孙本文：《中国现代社会问题》（第四册），商务印书馆 1947 年版。
48. 陶百川：《中国劳动法之理论与实际》，大东书局 1936 年版。
49. 王益英主编：《外国劳动法和社会保障法》，中国人民大学出版社 2001 年版。
50. 吴相湘编著：《第二次中日战争史》（下册），综合月刊社 1974 年版。
51. 韦庆远、柏桦：《中国政治制度史》（第二版），中国人民大学出版社 2005 年版。
52. 肖如平：《国民政府考试院研究》，社会科学文献出版社 2008 年版。
53. 许师慎召集，国史馆中华民国史公职志编纂委员会：《中华民国史公职志》（初稿），台北国史馆出版发行 1990 年版。
54. 徐矛：《中华民国政治制度史》，上海人民出版社 1992 年版。
55. 徐有守等：《中华民国公务人员退休抚恤制度》，台北正中书局 1984 年版。
56. 许倬云编：《抗战胜利的代价——抗战胜利 40 周年学术论文集》，台北联经出版事业公司 1986 年版。
57. 许放：《中华民国政治史》，人民出版社 1994 年版。
58. 王孝贵、龚泽琪主编：《中国近代军人待遇史》，北京海潮出版社 2006 年版。
59. 文直公：《国民革命北伐成功史》，新光书店 1929 年版。
60. 文直公：《最近三十年军事史》，台北文海出版社 1987 年版。
61. 吴至信：《中国惠工事业》，世界书局 1940 年版。
62. 夏淑梅、罗遐主编：《社会保障概论》，安徽大学出版社 2005 年版。

63. 项怀诚主编：《中国财政通史》（中华民国卷），中国财政经济出版社 2006 年版。
64. 谢俊美：《政治制度与近代中国》，上海人民出版社 1995 年版。
65. 谢振民编：《中华民国立法史》，正中书局 1948 年版。
66. 许涤新、吴承明编：《中国资本主义发展史》（第一、二、三卷），人民出版社 1985 年版。
67. 薛世孝编：《中国煤矿工人运动史》，河南省人民出版社 1986 年版。
68. 薛毅：《国民政府资源委员会研究》，社会科学文献出版社 2005 年版。
69. 颜鹏飞等编：《中国保险史志》，上海社会科学院出版社 1989 年版。
70. 杨兵杰：《中国近代公务员工资制度思想研究》，上海财经大学出版社 2006 年版。
71. 杨德华等：《历史上云南对中华民族发展的贡献》，云南民族出版社 2006 年版。
72. 杨培新：《旧中国通货膨胀》，北京人民出版社 1985 年版。
73. 虞和平等主编：《招商局与中国现代化》，中国社会科学出版社 2008 年版。
74. 岳宗福：《近代中国社会保障立法研究（1912—1949）》，齐鲁书社 2006 年版。
75. 翊动：《蒋党真相：三十年见闻杂记之一》，北京大众出版社 1949 年版。
76. 赵立新：《德国日本社会保障法研究》，知识产权出版社 2008 年版。
77. 张润书：《行政学》，三民书局股份有限公司 1979 年修订初版。
78. 张瑞德：《抗战期间的国军人事》，中央研究院近代史研究所 1993 年版。

79. 张瑞英：《戴季陶与我国考铨制度之研究》，《戴季陶传记资料》（四），台北天一出版社 1985 年复印本。
80. 张解民编：《回望抗战：浦江战时实录》，浙江人民出版社 2009 年版。
81. 郑友揆、程麟荪、张传洪：《旧中国的资源委员会——史实与评价》，上海社会科学出版社 1991 年版。
82. 政协衡阳市委员会主编：《衡阳抗战铸名城》，中国文史出版社 2005 年版。
83. 政协文史资料研究委员会工商经济组编：《回忆国民政府资源委员会》，中国文史资料 1988 年版。
84. 《中国妇女慰劳自卫抗战将士总会 8 年工作总报告》，《民国档案》2007 年第 1 期。
85. ［美］德怀特 · L. 杜蒙德：《现代美国 1896—1946》，宋岳亭译，商务印书馆 1984 年版。
86. ［美］费正清主编：《剑桥中华民国史》，章建刚等译，上海人民出版社 1992 年版。
87. ［美］何炳棣：《明初以降人口及其相关问题 1368—1953》，葛剑雄译，生活 · 读书 · 新知三联书店 2000 年版。
88. ［美］科佩尔 · S. 平森：《德国近现代史》（上册），范德一译，商务印书馆 1987 年版。
89. ［美］齐锡生：《中国军阀政治 1916—1928》，杨云若、萧延中译，中国人民大学出版社 1991 年版。
90. ［美］易劳逸：《1927—1937 年国民党统治下的中国流产的革命》，王建朗等译，中国青年出版社 1992 年版。
91. ［美］易劳逸：《蒋介石和蒋经国 1937—1949》，王建朗等译，中国青年出版社 1989 年版。
92. ［美］约翰 · B. 威廉姆森、弗雷德 · C. 帕姆佩尔：《养老保险比较分析》，马胜杰等译，法律出版社 2002 年版。

（二）论文类

1. 慈鸿飞：《二三十年代教师、公务员工资及生活状况考》，《近代史研究》1991 年第 3 期。

2. 陈开芳、夏仲康：《盐垣沧桑——三台富顺盐厂简顾》，三台县文史资料编纂委员会 1985 年版。

3. 邓亦武：《论袁世凯政府的文官制度》，《济南大学学报》2002 年第 1 期。

4. 窦泽秀、王义：《1929—1937 年国民党政府推行公务员制度的特点及其历史反思》，《历史档案》1996 年第 4 期。

5. 范彬：《从传统到现代——孙中山的优抚思想与实践》，《绥化学院学报》2006 年第 1 期。

6. 房列曙：《民国文官制度的独特创制》，《史学集刊》2007 年第 6 期。

7. 高国俊、尹俊里：《近代文官制度与西方国家人事管理》，《周口师范学院学报》1995 年第 4 期。

8. 高钟：《南京国民政府文官建设浅议》，《邯郸师专学报》2001 年第 3 期。

9. 顾新生：《近代西方资产阶级的文官制度》，《史学月刊》1989 年第 6 期。

10. 胡翔：《民国时期公务员制度》，《淮阴师范学院学报》1995 年第 1 期。

11. 黄君略：《中国工钱制度》，《东方杂志》第 24 卷第 13 号。

12. 康琪：《近代西方文官制度与资产阶级人事管理》，《延安教育学院学报》2000 年第 3 期。

13. 李琼：《民国社会保险初探》，《华中科技大学学报》2006 年第 1 期。

14. 李翔：《抗战时期国民政府陆军抚恤机构初探》，《抗日战争研究》2008 年第 1 期。

15. 李翔:《抗战时期国民政府强化军人抚恤制度原因之分析》,《军事历史》2008 年第 1 期。

16. 刘波:《综观英国社会保障立法制度的历史演进》,《广东技术师范学院学报》2005 年第 1 期。

17. 鲁卫东:《制度设计与实践的背离——北洋政府时期文官考试初探》,《安徽史学》2008 年第 1 期。

18. 罗平飞:《建国前中国共产党军人抚恤优待及退役安置政策研究》,《中共党史研究》2005 年第 6 期。

19. 罗铭:《关于北伐战争的军费问题》,《民国档案》1992 年第 4 期。

20. 彭南生、饶水利:《简论 1929 年的〈工厂法〉》,《安徽史学》2006 年第 7 期。

21. 任同芹:《国民政府时期公务员退抚制度探略》,《河南师范大学学报》(哲学社会科学版)2009 年第 9 期。

22. 任同芹:《简论湘军的抚恤制度》,《许昌师专学报》2002 年第 4 期。

23. 任同芹:《孙中山的优抚思想与实践》,《南都学坛》(人文社会科学学报)2000 年第 2 期。

24. 沈阳:《抗战时期国民党军事优抚评析》,《党史文苑》2007 年第 2 期。

25. 苏红:《完善公务员社会保障制度》,《中国改革》1999 年第 7 期。

26. 田湘波:《训政前期南京国民政府公务员党化问题之研究》,《云南行政学院学报》2005 年第 6 期。

27. 王娟:《孙中山的社会保障思想与实践》,《华南师范大学学报》(社会科学版)2005 年第 1 期。

28. 王庆德:《民国年间中国邮政简易寿险述论》,《历史档案》2001

年第1期。

29. 温海红、郭新娟：《我国国家公务员社会保障制度研究综述》，《兰州大学学报》（社会科学版）2005年第3期。
30. 吴建国：《广州——武汉国民政府官制的特点》，《近代史研究》1990年第2期。
31. 武乾：《论北洋政府的文官制度》，《法商研究》1999年第2期。
32. 徐健：《“社会国家”思想、公众舆论和政治家俾斯麦——近代德国社会保障制度的起源》，《安徽史学》2007年第4期。
33. 姚琦：《论国民政府时期的公务员制度》，《贵州大学学报》（哲学社会科学版）2001年第2期。
34. 杨兵杰：《南京国民政府时期公务员工资制度思想评析》，《江苏社会科学》2003年第2期。
35. 叶铭：《从日本军方资料看南京保卫战中国军队损失》，《军事历史研究》2009年第3期。
36. 张敏：《魏晋南朝抚恤制度述论》，《文史哲》2001年第5期。
37. 张梁任：《邮政简易人寿保险之检讨》，《东方杂志》第32卷第16号。
38. 张为民：《汉代官吏的优抚制度》，《山东师大学报》（人文社会科学版）2001年第4期。
39. 朱金瑞、王少卿：《民国时期公务员制度述论》，《史学月刊》1990年第1期。
40. 朱正业、杨立红：《试论南京国民政府〈工厂法〉的社会反应》，《安徽大学学报》（哲学社会科学版）2007年第11期。
41. 衡芳珍：《1927—1936年南京国民政府劳工立法研究》，河南大学2005年硕士学位论文。
42. 胡彦旭：《抗战时期大后方劳工问题初探》，西南大学2008年硕士学位论文。
43. 李琼：《民国社会保险初探》，武汉大学2006年博士学位论文

（未刊稿）。

44. 李翔：《南京国民政府军队抚恤制度研究》，武汉大学 2006 年硕士学位论文。

45. 贾秀堂：《南京国民政府“邮政储金汇业局”研究》，华东师范大学 2008 年博士学位论文。

46. 赵洪顺：《国民党政府劳工政策研究（1927—1949）》，山东师范大学 2007 年硕士学位论文。

47. 张春志：《民国文官抚恤制度研究》，安徽师范大学 2010 年硕士学位论文。

48. 钟丽佳：《南京国民政府职工抚恤制度初探》，武汉大学 2006 年硕士学位论文。

后　记

也许是历史的巧合，在中国几千多年的历史中，曾经出现过两个短暂的王朝——秦朝和隋朝。它们分别只有15年和36年，在历史的长河中如同白驹过隙，转瞬即逝，但是却为其后的汉朝和唐朝的繁荣盛世提供了借鉴和教训。民国38年，国民党统治22年，深陷民族战争、文化冲突、党派纷争、自然灾害困境泥沼之中，举步维艰，但是其借鉴传统和西方制度解决中国问题的努力从未停止过。今天的我们似乎更应该抛开意识形态的话语体系和成败英雄论，珍惜这段历史，客观地考察那些曾经也许是失败的努力，总结经验、汲取教训，开创属于我们的万世太平。

意大利历史学家克罗齐曾说："为了将来，现在对过去进行反思。"本书正是立足于发现国民政府抚恤制度运行中的各种经验和教训，为今天社会保障体系的建立提供参考，寻找历史留给我们的点滴启示。民国社会保障研究是我的导师敖文蔚先生近年来为之倾尽心血的领域，我能够深入其间并略有所得，离不开导师的谆谆教诲，从选题的角度、材料的收集、内容的梳理，老师都事无巨细，亲自过问，严格要求。并且在我每次因为学路坎坷，而欲改弦易辙，或放弃之时，老师总是想方设法，给我希望，鼓我士气，使我一路前行至今。另外，李翔师兄，李琼、钟丽佳师姐前期的艰苦研究为本书打下了坚实的基础。李少军老师、彭敦文老师、张建民老师、任放老师、左松涛老师也不遗余力给予悉心指导。此外，中山大学的桑兵老师、中国台湾政治大学的吕绍理和唐启华老师、南开大学的江沛老师、日本东京大学的川岛真教授都能抛开国家与学校的畛域界限，为我的论文出谋划策。台湾政治大学的邱炳翰同学、四川大学的陈宾与仇丽萍同学、云南师范大学的刘秋梅同学、贵州大学的路庆阳同学、南京大学的魏晓凯同学、中山大学的史洪智同学、中国军事科学院的高云老师、国务院政策研究室的曾荣同学不远万里为我查寄资料，给我建议启发。还有我相濡以沫的妻子、活泼可爱的儿子，以及我那体弱多病的母亲，他们在我学习期间任劳任怨，承担许多本应由我来承担的为夫、为父、为子的责任，对此大恩无以回报。

敬爱的老师、亲爱的朋友、美丽的珞珈山、隽永的樱园……永远感谢你们带给我的一切，祝福你们！

姜迎春